সেক্স সমস্যা আর সমাধান

(যৌন রোগ এবং তার চিকিৎসা)

ডাঃ সতীশ গোয়েল

ডায়মণ্ড বুক্স

প্রকাশক ঃ ডায়মণ্ড বুক্স (প্রা.) লিমিটেড
X-30, ওখলা ইণ্ডাস্ট্রিয়াল এরিয়া, ফেজ - II
নূতন দিল্লী - 110 020
ফোন ঃ 011 - 40712200
ই-মেল ঃ sales@dpb.in
ওয়েবসাইট ঃ www.diamondbook.in

Sex Samasya Aur Samadhan (Bengali)
by ঃ Dr. Satish Goel

কিশোরাবস্থায় পদার্পন করার সঙ্গে-সঙ্গেই যৌন-কৌতূহলের সাথে-সাথে যৌনাকর্ষন শুরু হয়ে পড়ে। যৌনাকর্ষন থেকে সংকোচের প্রবৃত্তি যৌন-রোগও উৎপন্ন হয়ে পড়ে। এসব রোগের মধ্যে বেশ কিছু রোগ এমনও হয়, যা বাস্তবে কোন রোগই নয়, কেবলমাত্র ভ্রমের জন্য লোকে নিজেদের রোগী বলে মনে করে নেয়। অন্য দিকে বেশ কিছু ঠগ প্রকৃতির হাতুড়ে ডাক্তারও এই ধরণের ভ্রমের শিকার হয়ে পড়া লোকেদের আরও ভয় দেখিয়ে ওদের থেকে ভালমতন টাকা-পয়সা হাতিয়ে নেয়।

এই ধরণের পরিস্থিতিতে যৌন-রোগের সম্পর্কে জ্ঞান, কারণ, লক্ষণ আর চিকিৎসার সঙ্গে পরিচিত হওয়াটা অত্যন্ত জরুরী। এই পুস্তকে সেই চেষ্টাই করা হয়েছে। এতে যৌন রোগের কারণ আর চিকিৎসার বিস্তৃত এবং উপযোগী আলোচনা করা হয়েছে।

-ঃ সূচীপত্র ঃ-

ভূমিকা

কাম-প্রবৃত্তি মানুষের স্বাভাবিক প্রবৃত্তি। তারই পরিণাম হল এটা যে, মানুষের মধ্যে এই কাম-প্রবৃত্তি কোনদিনও কমও হয় ন, শেষও হয়না। সত্যি, মানুষের শরীরের একটা মূল জীবনী-শক্তি হয়। সেই জীবনী-শক্তির অধিকাংশ ভাগ কাম অথবা যৌন-ক্রিয়ার রূপে ফলিত হয়। মানুষের কামশক্তি পুরোপুরি ওর স্নায়ুমণ্ডল আর নলিকাবিহীন গ্রন্থির ওপর নির্ভর করে। তাই, ঐ স্নায়ুমণ্ডলের নীরোগ এবং শক্তিশালী হয়ে থাকাটা অত্যন্ত জরুরী ওর মসৃণতা এবং ক্রিয়াশীলতা সর্বদা বজায় থাকা উচিত।

যৌন-সম্বন্ধীয় অধিকাংশ রোগ কামাঙ্গের ক্ষুব্ধ হওয়ার জন্যই সৃষ্টি হয়। অত্যধিক স্বপ্নদোষ, প্রমেহ, শীঘ্রপতন ইত্যাদি এরকমই কিছু রোগ। যৌনাঙ্গে সর্বদা তাজা এবং পরিস্কার রক্ত পৌঁছনো অত্যন্ত জরুরী।

যৌন-রোগের অন্য আরো একটা কারণও আছে। মানুষের মেরুদণ্ড থেকে বেরোন একটা স্নায়ু হয়, যা মানুষের কাম-ক্রিয়াকে নিয়ন্ত্রিত করে তার মধ্যে বিকার হয়ে পড়লে, অথবা ওর মধ্যে কোন প্রকারের দূর্বলতা এসে পড়লে যৌন-রোগের সৃষ্টি হয়ে পড়ে।

যৌন-রোগের তৃতীয় কারণ হল মস্তিস্কের দূর্বলতা মনের ভ্রম, পছন্দ-অপছন্দ, এই ধরণের বাধা কখনো-কখনো ভয়ানক রূপে কাম-বিকারের সৃষ্টি করে। এই মানসিক বিকার মস্তিস্কের দূর্বলতার জন্য সৃষ্টি হয়। এর ওপর নিয়ন্ত্রণ রাখাটা অত্যন্ত জরুরী। শারীরিক দূর্বলতার তুলনায় মানসিক দূর্বলতা থেকে ক্ষতি বেশী হয়। মানসিক বিকার দূর না করে যৌন-বিকার দূর করা সম্ভব নয়।

খাওয়া-দাওয়া এবং চাল-চলনেরও কাম-বিকারের ওপর প্রভাব

পড়ে। পরিবেশ আর পরিস্হিতির মানুষের জীবনে সর্বাধিক যোগদান থাকে।

আজ গোটা বিশ্ব যৌন-রোগে পীড়িত হয়ে রয়েছে। অন্য দেশের কথা তো আমরা বলতে পারব না, কিন্তু আমাদের দেশ ভারতবর্ষেই আজ প্রায় দশ কোটি মানুষ যৌন-রোগে পীড়িত হয়ে রয়েছে। এদের মধ্যে 6 কোটির বেশী পুরুষ রোগী আর প্রায় 3 কোটি মহিলা রোগী। এই সংখ্যাটা কতটা সঠিক বা কতটা ভুল, সেটা নিয়ে তর্ক-বিতর্ক না করলেও এতটা নিশ্চিত যে, যৌন-রোগের আধুনিক যুগে অত্যধিক ভাবে ছড়িয়ে পড়েছে। একমাত্র ভারতবর্ষেই এই ধরণের যৌন-রোগ দূর করতে আসা অল্পশিক্ষিত অথবা অশিক্ষিত ডাক্তারদের জন্যই ভারতে এই ধরণের যৌন-রোগ এতটা ছড়িয়ে পড়েছে। রোগী নিজের মুখে নিজের রোগ প্রকাশ করতে চায় না। তাই, ওরা সেইসব লুটেরা ডাক্তারদের চঙ্গুলে ফেঁসে গিয়ে নিজের জীবনকে সংকটে ফেলে দেয়।

গুপ্ত-রোগ অথবা যৌন-রোগে আক্রান্ত রোগী প্রায় শীঘ্রপতন, বীর্যের ক্ষীণতা অথবা পাতলা হওয়া, ধাতু নষ্ট হওয়া, প্রমেহ, ধাতু দুর্বলতা, স্বপ্নদোষ, পুরুষত্বশক্তি হ্রাস পাওয়া ইত্যাদি রোগে বেশী করে পীড়িত হয়ে পড়ে। এটা মেনে নেওয়া হয়েছে যে, এই ধরণের রোগীদের জননেন্দ্রিয়ে অত্যধিক রক্ত জমে যায়। এতে সাধারণ স্নায়ুমণ্ডলের সঙ্গে স্হানীয় স্নায়ুমণ্ডলও সূক্ষ্মগ্রাহী হয়ে পড়ে। সুতরাং, এই ধরণের রোগীদের জন্য এটা অত্যন্ত জরুরী যে, ওদের জননেন্দ্রিয়কে শান্ত রাখা হোক। যতটা সম্ভব ওদের উত্তেজিত হয়ে ওঠা থেকে দূরে সরিয়ে রাখা উচিত।

রোগী যদি কু-অভ্যাসে ফেঁসে গিয়ে থাকে, ওর আচরণ যদি ঠিক না হয়, ও যদি অত্যধিক সম্ভোগে আসক্ত হয়ে ওঠে, তো সবার আগে ওকে এসব থেকে দূরে সরিয়ে রাখা উচিত। ওর ভেতর এবং বাহির-দুটো দিককেই শান্ত রাখার চেষ্টা করা উচিত আর এমন ওষুধ ওকে সেবন করতে দেওয়া উচিত, যাতে ওর এই রোগ শেষ করা সম্ভব।

রোগীর স্বাস্থ্য যদি সাধারণ রূপে ঠিক না হয়, যদি ওর কোষ্ঠকাঠিন্য থেকে থাকে, হজম-ক্রিয়া ঠিক না হয়, ক্ষিধে না লাগে অথবা এই ধরণের অন্য কোন রোগে ও আক্রান্ত হয়ে থাকে, তাহলে সবার আগে ওর এই সব রোগের চিকিৎসা করানো উচিত। যৌন-রোগের আক্রান্ত

রোগীর হজম-ক্রিয়া অত্যন্ত শুদ্ধ হওয়াটা নিতান্তই জরুরী। এরপর ওর মুখ্য রোগ অথবা যৌন-রোগের চিকিৎসা করানো দরকার।

সাধারণ স্বাস্থ্যের পতন, অরুচি, বদহজম, পেটে গ্যাস হওয়া, হৃদয় বেড়ে ওঠা আর কোষ্ঠকাঠিন্য থাকলে ধাতুক্ষয়, বীর্য-বিকার, মূত্র-বিকার, প্রমেহ, স্বপ্নদোষ, শীঘ্রপতন ইত্যাদি-ইত্যাদি রোগের চিকিৎসা করলে কোন লাভ হবে না। রোগের কারণকে দূর করাটা সবার আগে জরুরী। এরপর যৌন-রোগের চিকিৎসা করাটা অত্যন্ত সরল হয়ে পড়বে।

নপুংসকতার চিকিৎসায় প্রধান অঙ্গের পুষ্টির দিকে দৃষ্টি দেওয়াটা অত্যন্ত জরুরী। যেসব অঙ্গ দূর্বল, সেসব অঙ্গের দেখাশোনা করাটাও জরুরী। এতে শক্তিশালী ওষুধের তুলনায় পুষ্টিকর আহার গ্রহণ করাটা বেশী লাভদায়ক বলে প্রমাণিত হয়।

রোগীর হজম-শক্তিকে বাড়ানো, কোষ্ঠকাঠিন্যকে মূল থেকে নস্ট করাটাও অত্যন্ত জরুরী। এরপর মূল-রোগের চিকিৎসা শুরু করলে নিশ্চয়ই সফলতা পাওয়া সম্ভব।

যৌন-রোগের ইতিহাস অত্যন্ত প্রচীন। সৃষ্টির শুরু থেকেই না হলেও, তার কিছু সময় পর থেকে এর সূত্রপাত হয়েছে বলে মেনে নেওয়ায় কোন অসুবিধা নেই। প্রায়ই সমাজের নীচে স্তরের লোক এই ধরণের রোগে বেশী করে আক্রান্ত হয়ে পড়ে। এর পেছনে কারণ ওদের অশিক্ষা, কুশিক্ষা, খাওয়া-দাওয়া ইত্যাদি। গ্রামের তুলনায় শহরে যৌন-রোগ বেশী করে পরিলক্ষিত হয়। এর পেছনে একটা কারণ হল শহরের দূষিত পরিবেশ।

যৌন-রোগ যে শুধুমাত্র সাধারণ পুরুষদের মধ্যেই হবে, তা নয়। এখানে আমরা এমন কিছু নাম উল্লেখ করছি, যারা এই পৃথিবীতে কোন-না-কোন ক্ষেত্রে উঁচু স্থান পেয়েছেন, প্রসিদ্ধি পেয়েছেন। এমন কিছু নাম হলঃ জুলিয়াস সীজার, নেপোলিয়ান বোনাপার্টে, সিকন্দার, অস্টম হেনরী, মহারাণী এলিজাবেথ (প্রথম), মহারাণী ভিক্টোরিয়া এবং ওনার পুত্র। এইসব প্রখ্যাত ব্যক্তিরা একটু বেশীই বিলাসী ছিলেন। এই কারণে অসংযমী জীবন-যাপন করার জন্যই ওরা যৌন-রোগে আক্রান্ত হয়ে পড়েছিলেন।

এটাও জানা গেছে যে, স্যার উইনস্টন চার্চিলের পিতার মৃত্যু যৌন-

রোগের জন্যই হয়েছিল। মপাসাঁ, এডিমেড গোলকর্ড-ও যৌন রোগে গ্রস্ত ছিলেন। জেমস জায়সের মত প্রসিদ্ধ ব্যক্তিও যৌন-রোগের শিকার হয়ে পড়েছিলেন। আর সঠিক চিকিৎসা না হওয়ায় ওনাকে নিজের একটা চোখকেও হারাতে হয়েছিল। ইন্দোনেশিয়ার রোমান্টিক প্রকৃতির রাষ্ট্রপতি সুবর্ণ-ও যৌন-রোগী ছিলেন এবং ওনার জন্য না জানি আরও কত পুরুষকে এই রোগের শিকার হয়ে পড়তে হয়েছিল, সেটা অন্য কাহিনী। ইদি আমিনের সেই আগের প্রতিপত্তিও নেই, আগের সেই গরিমাও নেই, তবুও নিজের জীবনকালে উনি যত বড় শক্তিশালী ছিলেন, তার চেয়েও ভয়ংকর যৌন-রোগী ছিলেন। আজও ওনাকে সুস্থ বলা চলে না। এই ধরণের প্রচুর উদাহরণে ভরা রয়েছে এই পৃথিবী। এই পৃথিবীতে প্রচুর সংখ্যায় লোক আজ যৌন-রোগে গ্রস্ত হয়ে রয়েছেন।

এই পুস্তকে উদ্দেশ্য পাঠকদের এই ব্যাপারে সচেতন করে তোলা, শিক্ষিত করে তোলা, ওদের সঠিক রাস্তা দেখানো। যদিও এই পুস্তকে আমরা যৌন-রোগের উল্লেখ করার সঙ্গে-সঙ্গে সেইসব রোগের সাধারণ চিকিৎসারও উল্লেখ করেছি, তবু, সেই সবের ওপর ভিত্তি করে কোন যৌন-রোগাক্রান্ত রোগী যদি নিজেই নিজের চিকিৎসা করার চেষ্টা করেন, তা অত্যন্ত ক্ষতিকারক হতে পারে। উচিত এটাই হবে যে, এই পুস্তকের ওপর ভিত্তি করে নিজের অবস্থা বর্ণনা করুন এবং ওনার পরামর্শমত চিকিৎসা শুরু করুন। এই পুস্তক রোগীর পক্ষে পথ প্রদর্শকের কাজও করতে পারে, চিকিৎসকের নয়–এই কথাটা পাঠকদের সর্বদা-মাথায় রাখা উচিত। নমস্কার।

– ডাঃ সতীশ গোয়েল

স্ত্রী এবং পুরুষ

স্ত্রী এবং পুরুষ-দুজনেই মানব জাতির অঙ্গ। স্ত্রী এবং পুরুষের শারীরিক গঠন এবং স্বভাব ইত্যাদির মধ্যে প্রচুর পার্থক্য। সাধারণতঃ স্ত্রী-র মুখ অত্যন্ত কোমল এবং গোঁফ-দাড়িবিহীন হয়। এর ঠিক বিপরীত পুরুষের মুখ কঠোর এবং গোঁফ-দাড়িতে ভরা থাকে। স্ত্রী প্রকৃতিগত ভাবেই কোম হয়। স্ত্রীর গলার স্বরও মৃদু হয় এবং ওর শরীরের অঙ্গ-প্রত্যঙ্গও ছোট-ছোট হয়। কোন-কোন মহিলা এর ব্যতিক্রম হলেও, সাধারণতঃ স্ত্রী-পুরুষের মধ্যে এই পার্থক্যটুকু থাকে।

পুরুষেরা স্ত্রীদের উপরিউক্ত কোমলতা, মৃদুভাষিতা খুবই পছন্দ করে, কিন্তু এর ঠিক বিপরীত মহিলারা কঠোর অঙ্গের, দাড়ি-গোঁফওয়ালা এবং মজবুত মাংসপেশীর পুরুষদের বেশী পছন্দ করে। বিপরীত লিঙ্গের প্রতি স্ত্রী-পুরুষের এই রুচি শুধুমাত্র শরীরই নয়, ওদের দুজনের মন আর স্বভাবের বিষয়েও লক্ষ্য করা যায় স্ত্রী-রা লজ্জাশীল এবং সংকোচী প্রকৃতির হয় এবং উল্টো দিকে পুরুষেরা সংকোচবিহীন এবং সাহসী হয়। অবশ্য এর ব্যতিক্রম সব জায়গাতেই দেখতে পাওয়া যায়।

এর বিপরীত আকাংখার একটা মূল কারণ হল এই যে, যার যে জিনিষটার অভাব থাকে, সে সেই জিনিষটার জন্য লালায়িত হয়ে থাকে। পুরুষেরা যদি এটা ভেবে থাকে যে, একমাত্র পুরুষই স্ত্রীদের জন্য পাগল হয়ে ওঠে, তাহলে সেটা ওর মনের ভ্রম। স্ত্রীরাও একইরকম ভাবে পুরুষদের প্রতি মোহিত হয়ে থাকে। দুজনের মনেই পরস্পরের প্রতি গভীর ইচেছ এবং কামনা থাকে। এই জিনিষটা স্বীকার করে নেওয়া হয়েছে যে, প্রাণী জগতে বিশেষ করে মানুষদের মধ্যে স্ত্রী হচেছ হৃদয় আর পুরুষ হচেছ মস্তিষ্ক। স্ত্রী-পুরুষ একে-অপরের ওপর নির্ভর করে থাকে। ওরা দুজনে হচেছ বিদ্যুতের 'পজিটিভ' আর 'নেগেটিভ'

তরঙ্গের মত। একটা তরঙ্গ আকর্ষন করে, তো অন্য তরঙ্গ অপকর্ষন।

এই পৃথিবীতে সব জাতির মধ্যে স্ত্রী-পুরুষের প্রেম এরকম হয় না। আফ্রিকার হাবশী সম্প্রদায়, যারা পৃথিবীর স্ত্রী-পুরুষের মধ্যে অত্যন্ত কুৎসিত হয়, ওদের স্ত্রী-পুরুষের মধ্যে পারস্পকি প্রেম আর উৎসর্গের সর্বোত্তম উদাহরণ দেখতে পাওয়া যায়। ওরা ঠিক উল্টো, ফ্রান্স-যাকে পৃথিবীর মধ্যে সৌন্দর্য্য এবং শৃঙ্গারের দেশ হিসেবে স্বীকৃতি দেওয়া হয়েছে, সেই ফ্রান্সে এই ধরনের প্রেম এবং উৎসর্গের উদাহরণ খুব কমই দেখতে পাওয়া যায়।

প্রচীন ভারতীয় শাস্ত্রকারদের মতে পুরুষের তুলনায় স্ত্রীদের মধ্যে পুরুষের প্রতি আকর্ষণ আট গুণ বেশী হয়। কিন্তু আমাদের সমাজ হচ্ছে পুরুষ প্রধান, সুতরাং আমাদের সমাজ নিজের জন্য এমন কিছু-কিছু নিয়ম বানিয়ে রেখেছে, যার কারণে আজ স্ত্রীরা পুরুষের ওপর নির্ভরশীল হয়ে রয়েছে আর ওদের শারীরিক এবং আর্থিক দৃষ্টিতে পুরুষদের মুখাপেক্ষী হয়ে থাকতে হয়। এর একটা পরিণাম হচ্ছে এটা যে, একদিকে এমন বেশ কিছু মহিলাকে পতি-পরায়ণ এবং সতী-সাধ্বী হওয়ার জন্য আজীবন বৈধব্যের দুঃখ সহ্য করে যেতে হয়, আবার উল্টো দিকে এমন অনেক মহিলা এমনও আছেন, যাদের সমাজের ক্রোধের শিকার হয়ে পড়তে হয় এবং বেশ্যা বৃত্তি করে নিজেদের পেটের আগুন ঠাণ্ডা করতে হয়। এর ঠিক বিপরীত, আমাদের সমাজে পুরুষেরা এই ধরনের বেশ্যাবৃত্তি তো করে না, তবে এটা ঠিক যে, আমাদের সমাজে পুরুষেরা নিজেদের ইচ্ছে মতন, স্ত্রীদের শরীরকে ভোগ করে। প্রচীন যুগে এই জিনিষটাকে 'নিয়োগ'-এর নাম দেওয়া হয়েছিল। এই কারণেই তখনকার যুগে সন্তানদের মায়ের সম্পত্তি হিসেবে গন্য করা হত, পিতার নয়।

শুরুতে তো স্ত্রী-পুরুষের এই নৈসর্গিক প্রবৃত্তির জন্য সমাজে কোন রকমের স্বীকৃতি ছিল না। পরে, যেমন-যেমন সমাজের নীতি-নিয়ম এবং রীতি-রেওয়াজের প্রচলন বেড়ে চলল, তখন এমন একটা সময় এল, যখন স্ত্রী-পুরুষের সর্বপ্রধান অঙ্গ ওদের গুপ্তাঙ্গের রূপে প্রচলিত হয়ে উঠল।

একটা সময় এমনও এসেছিল, যখন ধার্মিক অন্ধবিশ্বাসের জন্য মানুষ বেশ কিছু বাঁধনে বাঁধা পড়ে গেল। ওর জীবনের লক্ষ্য দুর্গম হয়ে

উঠল। এই কঠোর বন্ধনের সাধারণ সীমা পার করে ফেলর জন্য মানুষের এই নৈসর্গিক প্রবৃত্তি ধীরে-ধীরে ব্যভিচারের রূপ ধারণ করে নিল। কখনো-কখনো এই ব্যভিচারকে সামাজিক স্বীকৃতি এবং সংরক্ষনও দেওয়া হতে লাগল। ভৈরবীচক্র এবং নিশা-নিমন্ত্রণ অথবা এই ধরনের অন্যান্য সমারোহের সৃষ্টির কারণ এটা একটা সময় এমন ছিল, যখন বাবিলনের নারীদের দেবীর মন্দিরে এসে কোন পরপুরুষের সঙ্গিনী হতে হত। এটা ছিল ওদের ধার্মিক বিশ্বাস। ভারতের মন্দিরেও দেব-দাসীদের পুরোন পরিপাটি অনেকটা এই রকম।

বেশ্যাবৃত্তি অর্থাৎ পুরুষের কাছ থেকে কোনরকম শুল্ক আদায় করে তার পরিবর্তে সহবাসের স্বীকৃতি দেওয়ার বিষয়ে এক পাশ্চাত্য বিদ্বান ডাক্তার এলিসের মতামত হল যে, এটা মনে করা অত্যন্ত ভুল যে, ঐ স্ত্রী কিছু টাকার বিনিময়ে নিজের শরীর বেচেছে। নিজের স্বামী দ্বারা নিজের শরীরকে উপভোগ করানোর কাজ তো সব পত্নীরাই করে থাকে। তার বিনিময়ে পত্নীরা পায় থাকার জায়গা, পরার কাপড়, অলংকার, খাবার এবং জীবনের সুরক্ষা। আচার-আচরণের দৃষ্টিতে বেশ্যাদের এই বিনামূল্যে সম্ভোগকে যতই খারাপ দৃষ্টিতে দেখা হোক না কেন, কিন্তু বেশ্যা হচেছ এমন এক স্ত্রীলোক, যাকে আমাদেরই সমাজ বিভিন্ন পুরুষের কাছে খুব সহজে নিজের শরীর সঁপে দেওয়ার জন্য বাধ্য করে তুলেছে।

প্রচীন ভারতে এমন স্ত্রীদের সমাজেরই এক গুরুত্বপূর্ণ অঙ্গ হিসেবে পরিগণিত করা হত। পুরুষদের তুলনায় তখন স্ত্রীদের স্হানকে নীচু বলে গণ্য করা হত। মন্দিরের দেবদাসীদের অত্যন্ত পবিত্র বলে মনে করা হত। কিছু-কিছু বেদ-ভাবষ্যকারেরা এদের বেদ-বিহিত বলেও অভিহিত করেছেন, যাদের মধ্যে সায়ন-এর নাম প্রসিদ্ধ। যজুর্বেদের প্রাপ্ত 'পুংশ্চলি' শব্দের অর্থ উনি ব্যাভিচারিনী বলেছেন। তৈত্যরীয় ব্রাহ্মণে এর সবিস্তার আলোচনা করা হয়েছে। যেহেতু এই বিষয়টা অত্যন্ত তর্কসাপেক্ষ, সুতরাং আমরা সেই ব্যাপারটার সমর্থন করি না। ভারতের নাট্যশাস্ত্রে 'জামা-জীব' শব্দটির অর্থ করা হয়েছে স্ত্রী দ্বারা অর্জিত জীবিকা। বাল্মীকি রচিত রামায়নেও এর উল্লেখ পাওয়া যায় যে, রামের রাজতিলক হওয়ার সময় বেশ্যাদের আমন্ত্রণ জানানো হয়েছিল। ওদেরকে মাঙ্গলিক

সামগ্রী হিসেবে ধরা হয়েছিল। এবং যখন রাজতিলক উপলক্ষ্যে, রামের শোভাযাত্রা বেরিয়েছিল, তখন 'রূপা-জীবা' অর্থাৎ বেশ্যারাও সেই শোভাযাত্রায় শামিল হয়েছিল। শ্রীমদভাগবতে দুটো যজ্ঞের সময়ও বেশ্যাদের উপস্হিতির উল্লেখ করা হয়েছে। তন্ত্র যুগের কথা যদি বাদও দিই, তাহলেও বৌদ্ধ গ্রন্থে আম্রালী নামক এক বেশ্যার উল্লেখ পাওয়া যায়। ঠিক এইভাবে জৈনগ্রন্থেও বেশ্যাদের উল্লেখ রয়েছে। পরে, বেশ্যারা আমাদের সাহিত্যের এক অবিভাজ্য এবং অবিচ্ছিন্ন অঙ্গ হয়ে উঠেছিল। জ্যোতিষ শাস্ত্রে কোথাও যাত্রা করার সময় বেশ্যাদের মুখদর্শনকে অত্যন্ত শুভ বলে মানা হয়েছে।

মোগল এবং ইংরেজ প্রতিপত্তির সময়ের এই প্রকারের প্রবৃত্তির উল্লেখ করাটা নিতান্ত সময়ের অপব্যয় হবে। মুস্লিম এবং খ্রীষ্টান সাহিত্যেও মেয়েদের যে ঘৃণ্য রূপ এবং কামুক শরীরের আলোচনা করা হয়েছে, তার বিষয়ে কিছু আলোচান না করলেই ভাল হয়।

এতে কোন সন্দেহ নেই যে, এই যুগে আর এই সব দেশেই যৌন-রোগ সর্বাধিক প্রচলিত। বিজয়ীর রূপে যেখানে-যেখানে এই সব জাতি গেছে, সেই সব দেশে যৌন-রোগ ছড়িয়ে দেবার পেছনে এই সব জাতির অবদান সর্বাধিক। ঐ সব দেশে এই সব জাতি পর্দাপন করা মাত্র ঐ সব দেশে যৌন-রোগে গ্রস্ত হয়ে পড়েছে।

স্ত্রীদের মধ্যে একটা বিশেষত্ব হচেছ এটা যে, ওরা আত্মাকে শরীরের অধীনে করে রাখার ব্যাপারে পুরুষদের তুলনায় অনেক বেশী পটু হয়। বুদ্ধির আদর্শে ওদের বিশ্বাস প্রায় কমই থাকে।

স্ত্রী-পুরুষের কার্যক্ষেত্র যতই আলাদা হোক না কেন, ওদের দুজনের মধ্যে প্রচুর ব্যাপারে মিল রয়েছে। দুজনের কাজই সমান ভাবে গুরুত্বপূর্ণ ও জরুরী। স্ত্রী-পুরুষ একে-অপরের থেকে পৃথক হয়ে থাকলে ওরা অপূর্ণ থেকে যায়। ওরা পরস্পরের সঙ্গে মিলিত হয়েই পূর্ণ হয়। এটাই সৃষ্টি, যা আদি-অনাদিকাল থেকে চলে আসছে এবং অনন্তকাল পর্যন্ত চলতে থাকবে। দুজনের একে-অপরের প্রয়োজন সর্বদা হয় এবং হতেও থাকবে। এটা জীবনের এক পরম সত্য। আমরা এটাকে অস্বীকার করতে পারি না।

কামাঙ্গের পরিচয়

প্রতিটি পুরুষ এবং নারীর একটা বিশেষ অবস্থায় এলে কামাঙ্গের দ্বারা প্রভাবিত হওয়া অথবা শারীরিক রচনা তন্ত্র আর যার সঙ্গে কাম-বাসনার সম্পর্ক আছে এবং সেগুলো কাম-তৃপ্তিতে প্রধান এবং সহায়ক অঙ্গের কাজ করে, এই সবগুলোর সম্বন্ধে সঠিক জ্ঞান থাকাটা অত্যন্ত জরুরী। এই জ্ঞানের অভাবে মানুষ কখনো-কখনো মারাত্মক জ্ঞান থাকাটা অত্যন্ত জরুরী। এই জ্ঞানের অভাবে মানুষ কখনো-কখনো মারাত্মক ভুল করে বসে, যার সংশোধন শুধুমাত্র কঠিনই নয়, মাঝে-মাঝে সেটা অসম্ভবও হয়ে ওঠে। সুতরাং, এটা আমাদের সবার নৈতিক কর্তব্য যে, আমরা যথা সময়ে এই সব অঙ্গের ব্যাপারে নিজের সন্তানদের আবশ্যক জ্ঞান দিই।

প্রতিটি ব্যক্তির কিশোরাবস্থা থেকেই ওর শরীরে কিছু-কিছু নতুন পরিবর্তন হতে শুরু হয়ে যায়। পুত্র এবং কন্যার কিশোরাবস্থায় মধ্যে কিছু-কিছু তফাত থাকে। কন্যার কিশোরাবস্থা মোটামুটি 12 বছর থেকে শুরু হয়ে যায় অন্য দিকে পুত্রের কিশোরাবস্থা 14 অথবা 15 বছরে শুরু হয়।

এই সময় পুরুষদের দাড়ি-গোঁফ, বগলে এবং লিঙ্গের আশপাশে ছোট-ছোট চুল গজাতে শুরু হয়ে যায়। এই বয়সে মেয়েদের স্তন প্রকট হতে শুরু হয়। ওদের বগলে এবং যোনির আশপাশেও চুল গজাতে শুরু হয়। এই বয়সে পৌঁছে একজন কিশোরীর স্বভাব আপনা থেকেই লজ্জাশীলা হয়ে পড়ে।

এটা হচ্ছে সেই সময়, যখন কিশোরীদের রজোদর্শন হয়। এই সময়টায় ওর মাসিক-ধর্মের অবস্থার মধ্য দিয়ে যায়। এই রজোদর্শন (মাসিক ধর্ম) এরপর প্রায় আঠাশ দিন অন্তর-অন্তর হতে থাকে। শরীর,

স্হান আর স্বভাব অনুযায়ী এবং বংশগত পরম্পরা অনুযায়ী এই সময়টার মধ্যে একটু-আধটু ব্যতিক্রমও পরিলক্ষিত হয়।

এইসব লক্ষনগুলোকে পুরুষ এবং স্ত্রী-র যুবাবস্হায় পদার্পন করার লক্ষন হিসেবে গন্য করা হয়। এই সময়ে কিশোর আর কিশোরী-দুজনের মধ্যেই চঞ্চলতা লক্ষ্য করা যায়।

এই বয়সে কিশোর এবং কিশোরী একে-অপরকে কামের দৃষ্টিতে দেখার, পরস্পরকে স্পর্শ করার, এক সঙ্গে খেলা করার ইত্যাদির জন্য লালায়িত হয়ে ওঠে। ওরা একে-অপরকে তেরছা দৃষ্টিতে অথবা ঘুরে দেখার জন্য, একান্তে কথা বলার জন্য লালায়িত হয়ে উঠে বারবার শুধু একে-অপরের বিষয়েই চিন্তা করে যায় এবং নিজের মনেই পরস্পরের সঙ্গে সম্ভোগ করার ব্যাপারে চিন্তা করে চলে। এই পরিস্হিতিতে এইসব চেষ্টা এবং ক্রিয়ার প্রত্যক্ষ প্রভাব ওদের চিন্তাশক্তির ওপর পড়ে। ওদের মস্তিষ্ক তৎক্ষনাত এর ব্যাপারে ওদের কামাঙ্গ, যাদের গুপ্তাঙ্গও বলা হয়, খবর পৌঁছে দেয় আর তার পরিণাম স্বরূপ এইসব অঙ্গ সহসা উত্তেজিত হয়ে উঠতে শুরু করে।

ওপরে যে সব ক্রিয়ার বর্ণনা করা হল, তদের মোট সংখ্যা আট (৪)। শাস্ত্রে এই আটকে কামের অবস্হা বলা হয়েছে। নিজের অজান্তে যে কিশোর বা কিশোরী এর প্রভাবে পড়ে যায়, তাদের শরীরের ওপর এর খারাপ প্রভাব পড়ে। কখনো-কখনো এর গহনতা বেড়ে উঠলে কিশোর-কিশোরীরা নিজে থেকেই স্খলিত হতে শুরু করে আর এর ফলে ওদের শরীরে দুর্বলতার সৃষ্টি হয়, ওদের স্মরণশক্তি নষ্ট হয়ে যেতে থাকে এবং শেষে ওরা এক বিশেষ ধরনের রোগের শিকার হয়ে পড়ে। এখান থেকে যৌন-রোগের সূত্রপাত হয়।

যেসব যুবক-যুবতী নিজের কাম-বাসনার ওপর নিয়ন্ত্রণ রাখতে পারে না, ওরা কৃত্রিম উপায়ে অথবা অপ্রকৃতিক রূপে নিজের কাম-বাসনার তৃপ্তি করতে শুরু করে। এদের প্রভাবও ওদের ওপর ভাল হয় না। এই প্রভাব অত্যন্ত অনিষ্টকারী হয়। এর ভয়ংকর পরিণাম যুবতীদের গর্ভস্হাপনের রূপে সামনে আসে। যেসব যুবক-যুবতী প্রথম থেকেই রোগগ্রস্ত, বিশেষ করে সংক্রামক রোগে গ্রস্ত, সহবাসের সময় তার প্রভাব ওর সাথীর ওপরও পড়ে আর ও-ও রোগে আক্রান্ত হয়ে পড়ে।

এটাও এক ধরনের দুষ্প্রভাব।

কুমারী অথবা অবিবাহিত মেয়েদের গর্ভবতী হয়ে পড়াটা আমাদের সমাজে ঘৃণার চোখে দেখা হয়। সেই সব যুবতীদের হেয় দৃষ্টিতে দেখা হয়। এর পরিণাম এটাই হয় যে, সেই যুবতী হয় নিজে অথবা ওর অভিভাবকেরা ওর গর্ভপাত করাতে বাধ্য হয়। এই জিনিষটা লোকেদের চোখ বাঁচিয়ে করা হয়। এই জিনিষটা (গর্ভপাত) যদি কোন আনাড়ীলেডী ডাক্তার অথবা অভিজ্ঞতাহীন নার্সকে দিয়ে করানো হয়, তাহলে হিতে বিপরীত হয়ে পড়ে। গর্ভবতী যুবতীর প্রাণ পর্যন্ত্য বিপন্ন হয়ে উঠতে পারে। এমনও হতে পারে যে, হয়তো চিরদিনের জন্য বন্ধ্যাও হয়ে উঠতে পারে।

আজকের পাশ্চাত্য সভ্যতার যুগে আর পাশ্চাত্য শিক্ষার প্রভাবে কলেজ এবং বিশ্ববিদ্যালয়ের হোটেল গুলোয় এই ধরণের যৌনাচার প্রায়ই দেখতে পাওয়া যায়। যুবক-যুবতীদের স্বচছ বিচরণ করাটা এই সব যৌনাচারের পক্ষে সহায়ক সিদ্ধ হয়। এজন্যই এখন এই ব্যাপারটা নিয়ে মতভেদের সৃষ্টি হয়ে পড়েছে যে, যুবক-যুবতীদের স্বচছন্দ এব একান্তে এক সঙ্গে মেলামেশা করতে দেওয়া উচিত কি উচিত নয়?

স্বচছন্দ বিচারণের অনুমতি না হয় নাই দেওয়া হল, কিন্তু ওদেরকে কামাঙ্গ, বাসনা আর যৌন-বিকারের সম্পর্কে জ্ঞান অতি অবশ্যই দেওয়া উচিত, যাতে ওরা নিজেদের জীবনে সাবধান হতে পারে।

পুরুষ জননেন্দ্রিয়ের রচনা

এটা সবাই জানেন যে, পুরুষের জননেন্দ্রিয় ওদের শরীরের ভেতরের দিকে না হয়ে শরীরের বাইরের দিকে হয়, আর এর ঠিক উল্টো নারীর জননেন্দ্রিয় ওদের শরীরের ভেতরের দিকে হয়। যদিও স্ত্রী এবং পুরুষ-দুজনের শরীরেরই কিছু-কিছু অঙ্গ এমন হয়, যা শরীরের বাইরের অংশের সঙ্গে সম্পর্ক রাখে, আবার ওদের শরীরের কিছু-কিছু অঙ্গ ওদের শরীরের ভেতরের অংশের সঙ্গেও সম্পর্ক রাখে। এই সকল অঙ্গের ব্যাপারে স্ত্রী এবং পুরুষ-দুজনেরই সঠিক ভাবে জ্ঞান থাকা উচিত।

সেক্সের সঙ্গে সম্পর্কিত পুরুষ অঙ্গল হল ঃ-

লিঙ্গ এবং অণ্ডকোষ ঃ এটা দুটো জিনিষই শরীরের বাইরের অংশে থাকে।

শুক্রাশয় এব শুক্রবাহিনী নলি ঃ এই দুটো শরীরের ভেতরে থাকে। এবার আমরা এই অঙ্গগুলির সম্পর্কে বিস্তারিত আলোচনা করব।

লিঙ্গ ঃ লিঙ্গ হল পুরুষের সবচয়ে গুরুত্বপূর্ণ অঙ্গ। সেক্সের ব্যাপারে এটাকে একমাত্র অঙ্গ হিসেবে গণ্য করা উচিত। লিঙ্গের শাস্ত্রীয় এবং চিকিৎসা জগতের নাম হচ্ছে 'শিশ্ন'। পুরুষের লিঙ্গ ওর দুই উরুর সংযোগ স্হলে থাকে। এর দৈর্ঘ্য 6 থেকে 11 ইঞ্চি অবধি হতে পারে দেশ, কাল, ঋতু এবং শরীর-গঠনের ভিত্তিতে লিঙ্গের দৈর্ঘ্য ছোট-বড়ও হতে পারে।

সাধারণতঃ লিঙ্গ স্বাভাবিক অবস্হায় থাকে, কিন্তু কামোত্তেজনা হলে লিঙ্গের আকার বেড়ে উঠে দ্বিগুন আকারের হয়ে ওঠে। তখন লিঙ্গে দৃঢ়তাও এসে যায়। যাকে উত্থিতাবস্হা বলা হয়। বীর্যপাত না করে যত বেশী সময় পুরুষের লিঙ্গ স্ত্রীর যোনির ভেতরে থাকবে, ততই সেটা স্ত্রী-পুরুষ-উভয়ের পক্ষে আনন্দের কারণ হয়ে উঠবে। সুতরাং,

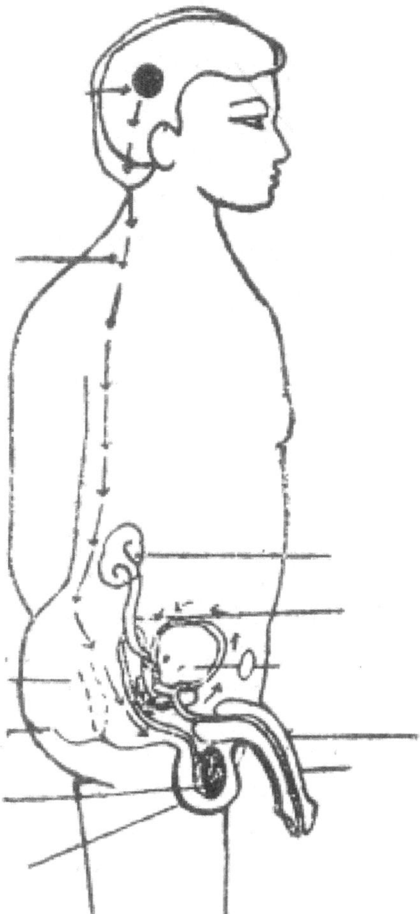

পুরুষকে যদি সম্ভোগে আনন্দ পেতে হয় এবং তার সঙ্গে-সঙ্গে নিজের পত্নীকেও আনন্দ প্রদান করতে হয়, তাহলে পুরুষের উচিত, সে যেন কোন প্রকারের শীঘ্রপতন রোগের শিকার না হয়ে পড়ে। নয়তো ওর আনন্দে বাধা সৃষ্টি হতে পারে।

পুরুষের লিঙ্গের মাঝে একটা নলি থাকে, যা মূত্রাশয়ের সঙ্গে জুড়ে থাকে। এই নলির মাধ্যমেই পুরুষ লিঙ্গ দ্বারা মূত্রত্যাগ করে।

লিঙ্গের ত্বক অত্যন্ত পাতলা এবং কোমল হয়। লিঙ্গমুখের ওপরে ত্বক মৈথুনের সময় ওপর দিকে সরে যায় এবং মৈথুনের পর আবার নিজের স্হানে এসে যায়। লিঙ্গের অগ্রভাগের গোড়ায় যদি কখনো ময়লা জমে যায়, তাহলে তার জন্য ত্বক গুটিয়ে যায়। সেই অবস্হায় যদি কখনো ময়লা জমে যায়, তাহলে তার জন্য ত্বক গুটিয়ে যায়। সেই অবস্হায় যদি মূত্রত্যাগ করতে হয়, তখন প্রচণ্ড কষ্ট হয়। এই ব্যাপারটা মৈথুন করার সময়ও হয়। কোন ছোট বাচ্চা যদি প্রস্রাব করার সময় যন্ত্রণা বা জ্বলুনি অনুভব করে এবং ও যদি চিৎকার-চেঁচামেচি করে, তখন তার মা-বাবার উচিত, তৎক্ষনাত সেই বাচ্চাটাকে কোন ডাক্তারের কাছে নিয়ে গিয়ে তার চিকিৎসা করানো। এই রকম পরিস্হিতিতে চিকিৎসক কখনো-কখনো সেই ত্বকটাকে কেটে দেবার পরামর্শ দেন। এইভাবে ত্বক কিছুটা কেটে দিলে এই কষ্ট বরাবরের মতশেষ হয়ে যায়।

যে ব্যক্তির একবার সিফিলিস রোগ হয়ে পড়ে, সেই ব্যক্তির ত্বক পরের দিকে প্রচণ্ড সংকুচিত হয়ে পড়ে। এর পরিণামস্বরূপ সেই ব্যক্তির লিঙ্গে খুব সহজে উত্থান আসে না।

মা-বাবা নিজেদের বাচ্চাকে স্নান করাবার সময় এই দিকে দৃষ্টি দিন যে, বাচ্চার ত্বক ওপর-নীচে করে ত্বকের ময়লা ইত্যাদি সাফ করে দেওয়া উচিত। এতে করে, ভবিষ্যতে এই ধরণের রোগ হবার আশংকা থাকে না।

আদর্শ লিঙ্গ সেটাকেই মানা হয়, যে লিঙ্গ সোজা এবং ওপরের দিকে ওঠানো থাকে। সেটা খুব লম্বা হওয়াও উচিত নয়, আবার খুব ছোট হওয়াও উচিত নয়। লিঙ্গ কঠোর হওয়া উচিত এবং তার সঙ্গে-সঙ্গে সুডৌলও। এর সঙ্গে-সঙ্গে লিঙ্গের অগ্রভাগ কিছুটা ছুঁচোল হওয়া উচিত এবং গোড়ার দিকট কিছুটা ছুঁচোল হওয়া উচিত এবং গোড়ার দিকটা

কিছুটা মোটা হওয়া উচিত। মূত্রমার্গের মুখ খুব বেশী চওড়া হওয়াটাও ভাল নয়।

লিঙ্গে উত্তেজনা আসার পর যদি লিঙ্গকে কিছুটা বেঁকা দেখায়, তবে সেই নিয়ে চিন্তা করার কিদুমাত্র প্রয়োজন নেই। এই ধারণাটা সম্পূর্ণ ভুল যে, লিঙ্গ একদম সোজা হয়। কিছু ছদ্মবেশী ডাক্তার নিজের ওষুধ বিক্রী করার উদ্দেশ্যে লোকেদের মনে এই ধরনের ভ্রান্তির সৃষ্টি করে দেয় যে, লিঙ্গ সর্বদা সোজা হয় আর যে ব্যক্তির লিঙ্গ কিছুটা বেঁকা, তার এটা মেনে নেওয়া উচিত যে, ছোটবেলার কু-অভ্যাস এবং কু-সঙ্গতির পরিণাম এটা। এটা মনে করা সম্পূর্ণ ভুল এবং ভিত্তিবিহীন, সুতরাং এই সব ডাক্তারদের চক্করে না পড়াই উচিত।

স্খলন অর্থাৎ বীর্যপাত ঃ রতিক্রিয়া অথবা সম্ভোগের সময় যে সময় বীর্য স্খলিত হয়, সেই সময়টা রতিক্রিয়ার চরামাৎকর্ষ হয় এবং বীর্যপাতের পর রতিক্রিয়া সমাপ্ত হয়ে যায়। যৌন আবেগ যখন চরম সীমায় গিয়ে পৌঁছয়, তখন মূত্রাশয় এবং শুক্রাশয়ের অনিচ্ছুক মাংসপেশী এক সঙ্গে গুটিয়ে যায়। এর ফলস্বরূপ শুক্র অত্যন্ত দ্রুত কিন্তু মিহি ধারার রূপে বেরিয়ে এসে প্রোস্টেট স্হিত মূত্রমার্গের দেওয়ালে গিয়ে আঘাত করে। এই সময় প্রোস্টেট গ্রন্হির অনিচ্ছুক মাংসতন্তুর মধ্যেও বিস্ফোরণ হয়, যার ফলে ওর সব নাড়ি থেকে প্রোস্টেট নির্মিত তরল পদার্থের স্রোত বেরিয়ে পড়ে। তীব্র বেগে বেরিয়ে আসা এই দুই প্রকারের স্রোত পরের প্রচীরে আঘাত করে বার-বার প্রত্যাবর্তিত হয়ে বেরিয়ে আসে। এরই ফলস্বরূপ লিঙ্গ এবং ওর আশপাশের মাংসতন্তু পূর্ণ ক্রিয়াশীলতার সঙ্গে সংকুচিত হতে থাকে আর মুহূর্তের মধ্যে বীর্যের এই স্রোত মূখ্য বহির্দ্বার দিয়ে বেরিয়ে আসে। একবারের স্খলনের মোটামুটি 5 থেকে 13 ভন সেন্টি মিটার বীর্য বাইরে বেরিয়ে আসে আর প্রতি ঘন সেন্টি মিটার বীর্যে মোটামুটি 6 কোটি শুক্রাণু থাকে।

এই প্রকরণে লিঙ্গের ভূমিকা প্রধান হওয়ায় আমরা তার বিস্তৃত ব্যাখ্যা করে দিয়েছি। এবার আমরা অন্য তিন অঙ্গের বর্ণনা সংক্ষেপে করছি।

অণ্ডকোষ ঃ অণ্ডকোষ একটা ফলের আকারে লিঙ্গের বাইরে অংশে নীচে অর্থাৎ লিঙ্গের গোড়ার সঙ্গে ঝুলে থাকে। অণ্ডকোষের আার

পাখীদের ডিমের মত হয় এই জন্য এদের 'অণ্ড' বলা হয়। এটা সংখ্যা দুটি হয়। তাই যে থলের এরা থাকে, তাকে অণ্ডকোষ বলা হয়।

এই অণ্ডকোষে শুক্রাণুর নির্মাণ হয়। স্ত্রী রজঃস্বলা হওয়ার পর একটা নির্দিস্ট সময় পর্যন্ত্য যখন পুরুষ ওর সঙ্গে সম্ভোগ করে, অর্থাৎ নিজের লিঙ্গ স্ত্রীর যোনিতে প্রবেশ করায়, তখন সেই সময় পুরুষের লিঙ্গ থেকে বেরোন বীর্য অর্থাৎ শুক্র স্ত্রী-র গর্ভে 'ডিম্ব'-র সঙ্গে সম্পর্ক স্হাপন করে নেয়, তার জন্য স্ত্রী গর্ভবতী হয়ে পড়ে।

এই অণ্ডকোষে পুরুষ যৌন গ্রন্হির উৎপন্ন হয় আর এই রস যখন শুক্রাণুর সঙ্গে গিয়ে মেশে, তখন তা বীর্যের রূপ নিয়ে নেয়। যে পুরুষের মধ্যে যত বেশী বীর্য হবে, তার মধ্যে এত বেশী শক্তি হবে।

অণ্ডকোষের থলে গুটিয়েও যেতে পারে আর ছড়িয়েও পড়তে পারে। এর ওপর ঋতুর প্রভাবও পড়ে। তাই শীতকালে অণ্ডকোষ সংকুচিত হয়ে থাকে এবং গ্রীষ্মকালে ছড়িয়ে গিয়ে ঝুলে থাকে।

যে ব্যক্তি নিবীর্য হয়, তার এই থলি ঢিলে হয় থাকে অর্থাৎ ঝুলে থাকে।

অণ্ডকোষের এই অণ্ডগ্রন্হি 'অণ্ডধারক রজ্জু' দ্বারা বেঁকা ভাবে ঝুলে থাকে। এই অণ্ডগ্রন্হিকেই শুক্রগ্রন্হি বলে। প্রত্যেক অণ্ডগ্রন্হিতে প্রায় এক হাজার পাতলা এবং মুড়ে থাকা নলি থাকে। এই সব নলির দৈর্ঘ দুই থেকে তিন ফুট পর্যন্ত্য হয়। বাস্তবে এই অণ্ডগ্রন্হিগুলো হচেছ এই নলিরই গুচছা প্রতিটা অণ্ডগ্রন্হির দৈর্ঘ মোটামুটি দেড় ইঞ্চি, প্রস্হ এক ইঞ্চির থেকে কিছুটা কম হয়।

শুক্রাশয় ঃ এই অঙ্গ মূত্রাশয় আর মলাশয়ের মাঝে থাকে। এই জিনিষ দুই প্রকারের হয়। এর নীচের ভাগ থেকে একটা নলি বেরোয়, যাকে শুক্রনলি বলা হয়। এর ওপরের ভাগ কিছুটা বড় হয়। নীচের ভাগ পৌরুষ-গ্রন্হির কাছে থাকে।

মূত্র-নলি মূত্রাশয় থেকে বেরিয়ে পৌরুষ-গ্রন্হি দিয়ে গিয়ে লিঙ্গের মাঝখান দিয়ে যায় আর লিঙ্গের মুখে সুপুরীর আকারওয়ালা ভাগের মাঝখানে গিয়ে পৌঁছয়। মূত্র-নলির দুটি কাজ হয়। মূত্রত্যাগ করার সময় ওটা এই পথ দিয়ে বেরোয় আর দ্বিতীয় কাজ, বীর্যস্খলনও এই পথ দিয়ে হয়।

শুক্রবাহিনী নলি ঃ এই নলি কখনো ছোট আর কখনো বড় হবার সামর্থ রাখে। এ পৌরুষ গ্রন্থি দিয়ে মূত্র-নলির মাঝের গ্রন্থি পর্যন্ত্য যায়।

পুরুষ যখন কামোত্তেজিত হয়ে ওঠে, তখন শুক্রাণু অণ্ডকোষ থেকে বেরিয়ে শুক্রনলিতে গিয়ে একত্র হয়। এটা ওখান থেকে শুক্রাশয়ে যায়। শুক্রাণু অণ্ডকোযে উৎপন্ন হয় আর বীর্যের উৎপত্তির অথবা রচনা শুক্রাশয়ে হয়। শুক্রাশয়ে যখন শুক্রাণু বীর্যের সঙ্গে গিয়ে মেশে, তখন সম্ভোগ-ক্রিয়ার সময় ঐ জায়গা থেকে বীর্য স্খলিত হতে থাকে আর মূল-নলির মাধ্যমে বাইরে বেরিয়ে আসে।

এই শুক্রাণু স্ত্রীর-র গর্ভের 'ডিম্ব গ্রন্থির' সঙ্গে মিশে গর্ভধারণের অবস্হা সৃষ্টি করে। এইভাবে নবজাত শিশুর নির্মাণের রচনা প্রক্রিয়া শুরু হয়ে পড়ে।

স্ত্রী জননেন্দ্রিয়ের রচনা

পূরুষ জননেন্দ্রিয়ের ব্যাখ্যায় এটা স্পষ্ট করে দেওয়া হয়েছে যে, পুরুষের অধিকাংশ জননেন্দ্রিয় ওর শরীরের বাইরের দিকে অবস্থিত হয়, কিন্তু এর ঠিক বিপরতী স্ত্রী-র অধিকাংশ জননেন্দ্রিয় ওর শরীরের ভেতরে অবস্থিত হয়। স্ত্রী-র প্রজননেন্দ্রিয়গুলিকে পাঁচটা ভাগে ভাগ করা যেতে পারে। এই পাঁচটা ভাগই মুখ্য, তবে অধ্যয়নের সুবিধার জন্য এর সংখ্যা আরও বাড়তেও পারে।

স্ত্রী-র শরীরে যৌন-ক্রিয়ার সঙ্গে সম্পর্কিত যে পাঁচটা মুখ্য অঙ্গ আছে, তাহল–যোনি, ভগনাসা, গর্ভাশয়, ডিম্ব প্রণালী এবং ডিম্বাশয়। এখানে সেই পাঁচটা অঙ্গের সংক্ষিপ্ত বিবরণ দেওয়া হলঃ-

যোনি ঃ পুরুষের লিঙ্গের মতনই স্ত্রী-র যোনির অবস্থিতি স্ত্রী-র দুটো উরুর ঠিক মাঝখানে মূত্র-নলির ঠিক নীচে হয়। সম্ভোগ করার সময় পুরুষকে নিজের লিঙ্গকে স্ত্রী-র যোনির ভেতরে প্রবেশ করাতে হয়। যোনিদ্বার থেকে গর্ভাশয় পর্যন্ত যে রাস্তাটা থাকে, তাকে যোনি-নলিকা বলা হয়। এর দৈর্ঘ্য মোটামুটি 4-5 ইঞ্চি পর্যন্ত হয় বলে মেনে নেওয়া হয়েছে। এই জিনিষটা কমতে-বাড়তেও পারে। এইজন্য সম্ভোগের মুহূর্তে পুরুষের লিঙ্গকে নিজের মধ্যে ধারণ করতে অথবা তার চেয়েও কঠিন মুহূর্ত প্রসবের সময় এই যোনি-নলিকা প্রয়োজন অনুসারে ছড়িয়ে পড়ে।

ভগনাসা ঃ এর আরেক নাম 'ভগাংকুর'। এটা যোনি এবং মূত্রমার্গের মাঝখানে অবস্থিত হয়। এটা দেখতে অনেকটা মটরের দানার মত হয়। পুরুষদের লিঙ্গের মত স্ত্রী-র এই অঙ্গ স্বাভাবিক অবস্থায় কোমল হয়, কিন্তু যখন স্ত্রী কামোত্তেজিত হয়ে ওঠে, তখন পুরুষের লিঙ্গের মত স্ত্রী-র এই অঙ্গও কঠোর হয়ে ওঠে। কামোত্তেজনার সময় নারীর চোখে

এক বিশেষ ধরনের মাদকতা পরিলক্ষিত হয়।

স্ত্রী-কে কামোত্তেজিত করে তোলার জন্য পুরুষের রতিক্রিয়ার আগে স্ত্রী-র কামোত্তেজক অঙ্গেভাল করে হাত বোলানো উচিত। বিশেষ করে ভগনাসায় অতি অবশ্যই হাত বোলানো উচিত। এই জিনিষটা (ভগনাসায় হাত বোলানো) স্ত্রী-কে কামোত্তেজিত করে তুলতে অত্যন্ত বেশী সহায়তা করে। পুরুষের তুলনায় স্ত্রী-র উত্তেজিত হয়ে উঠতে বেশী সময় লাগে। যদি পুরুষ এই কাজটা লাগাতার করে চলে, তাহলে স্ত্রী খুব তাড়তাড়ি কামোত্তেজিত হয়ে ওঠে।

গর্ভাশয় ঃ এই হচ্ছে স্ত্রী-র শরীরের একদম ভেতরের অঙ্গ। এটা যোনি-নলিকার ভেতরে একদম শেষের দিকে থাকে। এর আকার অনেকটা নাশপাতি অথবা পেয়ারার মতন হয় বলে ধরে নেওয়া হয়েছে। এই হচ্ছে স্ত্রীর-র অত্যন্ত গুরুত্বপূর্ণ অঙ্গ স্ত্রী যখন গর্ভবতী হয়, তখন

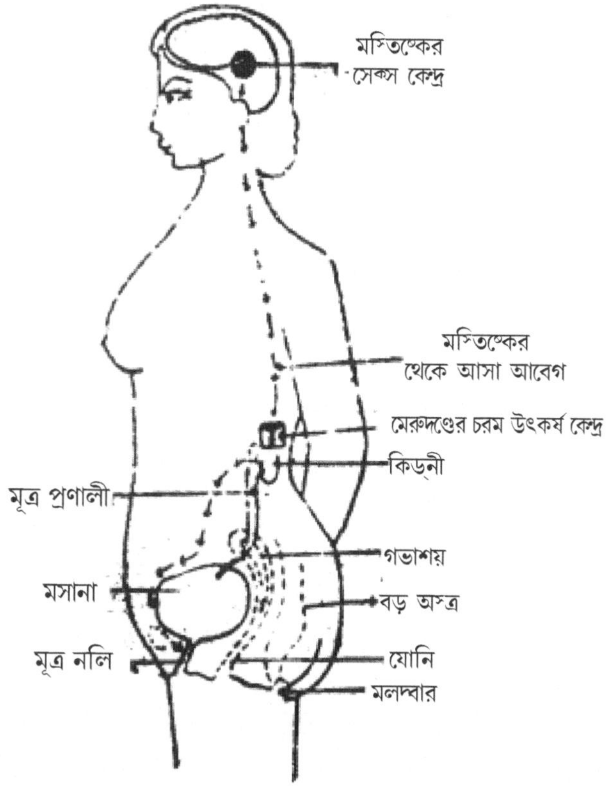

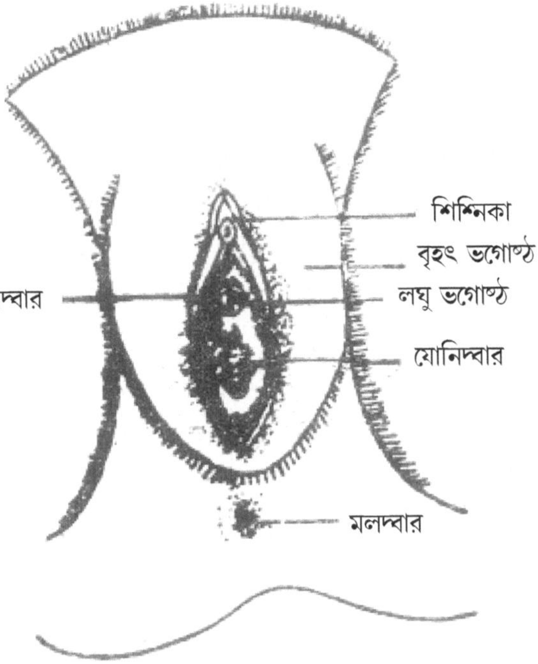

স্ত্রী জননেন্দ্রিয়

9 মাস ধরে বাচ্চা এর ভেতরেই বড় হতে থাকে।

ডিম্ব প্রণালী ঃ এই প্রণালী গর্ভাশয়ের ভেতরে ওপরের দিকে দু পাশে ছড়িয়ে থাকে। এটাও মোটামুটি পাঁচ ইঞ্চি লম্বা হয়। এই জিনিষটা জালিদার হয়। এর একটা প্রান্ত গর্ভাশয়ের সঙ্গে মিলে থাকলে অন্য প্রান্তটা ডিম্বাশয়ের সঙ্গে মিলে থাকে।

ডিম্বাশয় ঃ ডিম্বাশয়ও সংখ্যায় দুটি হয় আর এটা ডিম্ব প্রণালীর দু দিকে লেগে থাকে। এতে অনেক ডিম্বকোষ হয়। এতে রজ ডিম্বের রচনা হয়। যেভাবে পুরুষের অণ্ডকোষের শুক্রের নির্মাণ হয়, সেরকমই স্ত্রী-র ডিম্বকোষের রজের নির্মাণ হয়। গর্ভস্থাপনের জন্য ডিম্বকোষে নির্মিত ডিম্ব এবং অণ্ডকোষে নির্মিত শুক্রাণুর গুরুত্ব প্রচণ্ড। এদের অভাবে শিশুর রচনা সম্ভব হয়।

সংক্ষেপে স্ত্রী-র জননেন্দ্রিয়ের ব্যাখ্যা এখানে হল। নারীর গুপ্তাঙ্গের গঠন বড়ই প্যাঁচালো। খালি চোখে তো যোনি-মুখ আর মহাভগোষ্ঠকেই

দেখা যায়। মহাভাগোষ্ঠের ভেতরে লঘু ভগোষ্ঠ থাকে। এই দুটোর মাঝে কিছুটা জায়গা খালি থাকে। একে যোনিভাগের দরজা বল হয়। এই দরজার ভেতরে একটা পদার্থ থাকে। এই পর্দার মধ্যে একটা ছিদ্র থাকে, যে রাস্তা দিয়ে স্ত্রী-র মাসিক ধর্ম বাইরে বেরিয়ে আসে। সাধারণতঃ এই পর্দা প্রথম বার রতিক্রিয়ার সময়ে ফেটে যায়। একেই কৌমার্যভঙ্গের লক্ষণ মেনে নেওয়া হয়। কিন্তু কখনো-কখনো এই পর্দা অন্য আরও কিছু কারণেও ফেটে যায়। এর ঠিক বিপরীত, কিছু-কিছু স্ত্রী-র এই পর্দা অপারেশন করে কাটাতে হয়।

যোনিমার্গের ওপর থাকে মূত্রমার্গ। মূত্রচিছদ্র থেকে প্রায় এক ইঞ্চি দূরত্বে যোনিলিঙ্গ নামে একটা উত্থানশীল অঙ্গ থাকে, যার বর্ণনা আমরা এর আগে 'ভগনাসা'-র রূপে করেছি। এর আকার পুরুষের লিঙ্গের সঙ্গে অনেকটা মেলে। কোন-কোনস্ত্রী-র এই যোনিলিঙ্গ বেশ কিছুটা লম্বাও দেখা যায়।

যোনিমার্গের ভেতরের দিকে গর্ভাশয় থাকে। এই ব্যাপারটার উল্লেখ এর আগেও করা হয়েছে। এর আকার অনেকটা পেয়ারা অথবা নাশপাতির মত হয়। এর পাতলা মুখটা যোনিমার্গে এবং বাকী অংশটা বাইরে থাকে। যোনিমার্গ গর্ভাশয়ের সঙ্গে চার পাশ থেকে জুড়ে থাকে। গর্ভাশয়ের ওপর দিয়ে দুটো নাড়ি বীজকোষ পর্যন্ত্য যায়। বীজকোষ থেকে প্রতি মাসে একটা করে রজোগেল পক্ক অবস্থায় বাইরে বেরোয় আর এই নলির মধ্যে দিয়ে গর্ভাশয় পর্যন্ত্য যায়। এই রজোগোলের সঙ্গে পুরুষবীর্যের অণুর মিল হলেই স্ত্রী গর্ভবতী হয়। দুটো জিনিযের মিল না হলে রজোগোল পড়ে যায়।

বৈজ্ঞানিকেদর অভিমত যে, কখনো-কখনো তো বীর্যকীট আট দিন পর্যন্ত্য যোনি-মার্গে জীবিত থাকে। এটা গর্ভাশয়ে প্রবিস্ট হয়ে রজোগোলের সঙ্গে যুক্ত হয়ে পড়ে। যদি এদের দুজনের মিল না হয়, তবে গর্ভস্থিতি হয় না। সম্ভোগের মুহূর্তে পুরুষ যখন তীব্র বেগে বীর্যস্খলন করে, তখন স্ত্রী-র কামতৃপ্তি হলে গর্ভাশয়ের মুখ পদ্মের মত ফুটে ওঠে। সেই সময় বীর্যের সঙ্গে-সঙ্গে শুক্রাণুও গর্ভাশয়ে চলে যয়। ওখানে পৌঁছে ওরা রজোগোলের সঙ্গে যুক্ত হয়ে পড়ে আর গর্ভস্থাপন হয়ে পড়ে।

এখানে এটা উল্লেখযোগ্য যে, একমাসে কেবলমাত্র একটা রজোগোল

পরিপক্ক হয়। এর সময় রজোদর্শনের দশ-পনেরো দিনই হয়। সুতরাং, এই দিনগুলো বাদ দিয়ে স্ত্রী-পুরুষের মধ্যে সম্ভোগ হলে গর্ভস্থাপন হবার কোন সম্ভাবনাই থাকে না।

ঋতুস্রাবের কিছুদিন আগে একটা বীজকোষ ফুলে ওঠে। এটাই হচ্ছে রজোগোল পরিপক্ক হবার সময়। একবার বাঁ দিকের এবং পরের বার ডান দিকের বীজকোষ পাকে। এরপর ওটা বীর্যবাহক নলি দ্বারা গর্ভাশয়ে এসে পৌঁছয়। এই নলি দুদিকের গর্ভাশয় থেকে বেরিয়ে সেই দিকের বীজকোষের সঙ্গে জুড়ে যায়। নলির এই প্রান্তটা খোলা থাকে। যেদিকে রজোগোল পরিপক্ক হয়, সেদিক থেকে বীজকোষ ওটা চিরে বাইরে বেরিয়ে আসে এবং নলির আভ্যন্তরীন গতির কারণে গর্ভাশয়ে ঠেলে দেওয়া হয়।

স্ত্রী জননেন্দ্রিয়ের ওর স্তন জোড়ার সঙ্গে খুবই গভীর সম্পর্ক থাকে। প্রায়ই এটা দেখা যায় যে, বিভিন্ন স্ত্রীদের স্তনের আকার বিভিন্ন রকমের হয়। কিছু স্ত্রী-র স্তন খুবই লম্বা হয়। সাধারণতঃ স্ত্রীদের ডান এবং বাঁ-দুদিকের স্তন একই রকমের হয়। শুরু-শুরুতে স্তন কিছুটা কঠোর হয় বটে, কিন্তু যখন স্ত্রী একবার গর্ভধারণ করে নেয়, তখন ওরস্ত আপনা থেকেই কোমল হয়ে পড়ে। কিছু-কিছু স্ত্রী-র স্তনে ওদের মাসিক স্রাব শুরু হবার আগে কিছুটা যন্ত্রণা হতে থাকে। কিন্তু যখন ওদের মাসিক স্রাব বন্ধ হয়ে যায়, তখন স্তনসংকুচিত হয়ে পড়ে। গর্ভধারণ করার পাঁচ মাস পর্যন্ত্য স্ত্রীদের স্তনের আকার বাড়তে থাকে। পরে এই বেড়ে চলাটা কিছুটা কম হয়ে পড়ে, কিন্তু প্রসবের সময় ওদের স্তন আবার বেড়ে ওঠে। বাচ্চা যখন নিজের মায়ের স্তনপান করে, তখন মায়ের স্তনের আকার কখনো-কখনো তিন গুণ পর্যন্ত্য বড় হয়ে ওঠে।

শারীরিক রচনা প্রক্রিয়ার ওপর সুক্ষ্মভাবে বিচার-বিবেচনা করে আমরা এটা জানতে পেরেছি যে, পাখী এবং মাছেদের মধ্যে মল-মূত্র এবং গর্ভাশয়ের একটাই পথ থাকে, কিন্তু মানুষের মধ্যে নারীর তিনটে আলাদা-আলাদা পথ রয়েছে। পুরুষের গর্ভাশয় থাকেনা, তাই পুরুষের শুধুমাত্র মল এবং মূত্রমার্গই থাকে। পুরুষের বীর্য ওর মূত্রমার্গ দিয়েই প্রবাহিত হয়। সুতরাং, ওর দুটোই পথ থাকে।

বীর্য হচ্ছে এক প্রকার তরল পদার্থ। এই জিনিষটা অনেকটা চোখের জলের মত বলে মনে করা হয়। এ না তো জলের মত তরল হয়, না মলের মত কঠিন। এটা ট্রান্সপারেন্ট (পারদর্শী) হয় আর এর রং দুধ আর জলের মাঝামাঝি হয় বলে ধরে নেওয়া হয়েছে। এতে গন্ধ থাকে, কিন্তু সেই গন্ধটাকে সুগন্ধ বলা চলে না।

মল অথবা মূত্রের শরীর থেকে বেরোন যেমন জীবনের পক্ষে অনিবার্য, বীর্যের ক্ষেত্রে কিন্তু এই কথাটা ঘাটে না। যদি মল-মূত্র বেরোন বন্ধ হয়ে যায়, তাহলে প্রাণ সংকটে পড়ে যায়, কিন্তু বীর্য না বেরোলে তেমন কোন ক্ষতি হয় না। অন্ততঃপক্ষে শরীর থেকে বীর্য না বেরোবার কারণে কোন ব্যক্তি মারা পড়ে না।

কামোত্তেজনার সময়ে স্ত্রী এবং পুরুষ-দুজনেরই ইন্দ্রিয় থেকে এক প্রকারের স্রাব বেরোতে থাকে। যদি ওদের দুজনের মধ্যে যে কোন একজনের যৌন-রোগ থেকে থাকে, তাহলে এই স্রাব দূষিত হবে আর ওদের দুজনের ভেতরে যে নীরোগ হবে, দুটো স্রাবের মিল হওয়ার সেও যৌন-রোগে আক্রান্ত হয়ে পড়বে।

সুতরাং, এটা অত্যন্ত জরুরী যে,স্ত্রী-পুরুষের মধ্যে যদি কেউ কোন ধরনের যৌন-রোগে আক্রান্ত হয়ে ওঠে, তাহলে তার উচিত হল যে, ও নিজের সঙ্গী অথবা সঙ্গিনীর সঙ্গে সম্ভোগকে এড়িয়ে চলবে। এতে ওর এবং সমাজের-দুজনেরই মঙ্গল। এরকম না করলে সেই যৌন-রোগে আক্রান্ত দম্পতির ভবিষ্যৎ সন্তানেরাও সেই যৌন-রোগে আক্রান্ত হতে পারে। সুস্থ সমাজের জন্য সুস্থ দম্পতি হওয়াটা অত্যন্ত জরুরী।

বীর্য আর শুক্রের পার্থক্য

সাধারণতঃ 'বীর্য' আর 'শুক্র' এই শব্দ দুটি লোকেদের মনে ভ্রমের সৃষ্টি করে দেয়। কিছু-কিছু ব্যক্তি এই দুটো জিনিষকে একই জিনিষ বলে মনে করেন আর কিছু-কিছু আলাদা-আলাদা জিনিষ বলে মনে করেন। এখানে আমরা এই দুটো জিনিষের অর্থ আর এদের মধ্যে পার্থক্য নিয়ে আলোচনা করছি।

সম্ভোগের সময় পুরুষ যখন স্খলনের পর্যায়ে পৌঁছে যায়, তখন ওর শুক্র প্রণালী এবং শুক্রাশয়ে উরেচন মিশ্রিত কণা আসে। এতে প্রোস্টেট থেকে সৃষ্ট 'স্পার্মিনযুক্ত' তরল এবং শিশুমূল গ্রন্থি আর মূত্র-মার্গের গ্রন্থির তরল স্রাব মিলে যায়। এই ভাবে স্ত্রী যোনির ভেতরে স্খলিত হওয়া এই সামূহিক তরল পদার্থকেই 'বীর্য' বলে।

শুক্র গ্রন্থি অর্থাৎ ডিম্ব গ্রন্থিতে নির্মিত হওয়া পদার্থকে 'শুক্র' বলে।

প্রচীন বৈজ্ঞানিকদের এই ধারণা আজও প্রচলিত হয়ে আছে যে, রক্তের চল্লিশ ফোঁটা থেকে এক ফোঁটা বীর্য তৈরী হয়। যেভাবে দুধের মধ্যে মাখন লুকিয়ে থাকে, ঠিক সেই মতন বীর্যও পুরো শরীরের মধ্যে লুকিয়ে থাকে। দুধকে মন্থন করে যেমন মাখন বের করা হয়, ঠিক সেই রকম সম্ভোগ-ক্রিয়া দ্বারা শরীর মন্থন হয়ে বীর্য বেরোয়।

কিন্তু আধুনিক বৈজ্ঞানিক অনুসন্ধান এই প্রাঙ্গীন বৈজ্ঞানিক মতকে ভুল বলে প্রমাণিত করে দিয়েছে। আধুনিক শরীর-ক্রিয়া বিজ্ঞান অনুযায়ী বীর্য শরীর মন্থন করে বেরোয় না আর প্রতি চল্লিশ ফোঁটা রক্তেও এক ফোঁটা বীর্য তৈরী হয় না। ওনাদের বক্তব্য হল যে, বীর্য হল অণ্ডগ্রন্থি, শুক্রাশয়, পৌরুষ গ্রন্থি আর কাউপার গ্রন্থির স্রাব।

ভারতে একটা জিনিষ প্রচীন কাল থেকে মেনে আসা হচেছ। তা হল এই যে, প্রাণী-জীবের বীর্যে অনেক ধরণের প্রাণীর উৎপন্ন করার ক্ষমতা

আর শক্তি আছে। সুতরাং, এটা স্বাভাবিক রূপে অসাধারণ রূপে একটা শক্তিশালী পদার্থ।

আধুনিক রসায়নশাস্ত্রবিদদের মত অনুযায়ী বীর্যে তিন শতাংশ অক্সাইড অফ প্রোটিন, পাঁচ ভাগ ফস্ফেট অফ লাইম, চার ভাগ ফ্যাট অর্থাৎ চর্বি, কিছুটা ফসফরাস এবং কিছুটা ফস্ফেট থাকে। ও ছাড়া আশী থেকে নব্বই শতাংশ এতে জল থাকে।

লিঙ্গকে স্বাভাবিক এবং অস্বাভাবিক রূপে ঘষলে ওর থেকে ফোঁটা-ফোঁটা বীর্য ঝরে পড়তে থাকে এবং এই জিনিষটা জলের থেকে বেশী ভারী হয়। এতে একটা চ্যাট্‌চেটে ভাব থাকে এই জিনিষটা গাঢ়ও হয়। এর মধ্যে চ্যাট্‌চেটে ভাবটা এমন হয় যে, বীর্য কাপড়ে লাগার পর শুকিয়ে গেলে কাপড়ের সেই অংশটা শক্ত হয়ে ওঠে।

সাধারণ লোকেদের মনে এই প্রশ্নটা বারবার ওঠে যে, একবার মৈথুন করলে ঠিক কতটা বীর্য নষ্ট হয় ? বৈজ্ঞানিকদের ধারণা হল যে, একবার মৈথুন করলে প্রায় পনেরো গ্রামের মত বীর্য লিঙ্গ থেকে বেরোয়। এই পনেরো গ্রাম বীর্যের মধ্যে গাড় আট গ্রাম শুদ্ধ বীর্য থাকে আর বাকীটা ঐ র-এর শ্বেত পদার্থ হয়, যা প্রোস্টেট ইত্যাদি গ্রন্থিতে তৈরী হয় এবং তারপর মৈথুনের সময় শুদ্ধ বীর্যের সঙ্গে মিশে যায়।

বীর্য পরীক্ষা করার সময় সূক্ষ্ম বীক্ষণ যন্ত্র দ্বারা দেখে এটা জানা গেছে যে, বীর্যের মধ্যে লাখো-লাখো সূক্ষ্মাতিসূক্ষ্ম পোকা থাকে। বীর্যের এই সব পোকাকে শুক্রকীট, শুক্রাণু বা বীর্যাণু বলা হয়। বৈজ্ঞানিকদের মত হল যে, যে পুরুষ যত বেশী বলবান এবং নীরোগ হবেন, তাঁর বীর্যে ততই বেশী সংখ্যা এই বীর্যের কীটাণু সবলরূপে থাকবে। দূর্বল এবং রোগী পুরুষদের বীর্যে এই কীটাণুর সংখ্যা কিছুটা কম হয়। এছাড়াও বীর্য-কীটাণু পাতলা এবং দূর্বলও হয়। মাছ যেভাবে জলে সাঁতার কেটে বেড়ায়, ঠিক তেমনই বীর্যের কীটাণুও বীর্যের মধ্যে সাঁতার কেটে বেড়ায়। এদের আকার খুবই ছোট-ছোট হয়, তাই এদের খালি চোখে দেখা যায় না।

সবল পুরুষদের বীর্যে এই কীটাণু অত্যন্ত বলশালী হয়। এর গতিও তীব্র হয়। কিন্তু দুর্বল ব্যক্তিদের বীর্য-কীটাণু পাতলা হওয়ারা সঙ্গে-সঙ্গে এদের গতিও ধীর হয়। এজন্যই সবল পুরুষদের সন্তান বলবান এবং

মজবত মাংসপেশীর হয়। এর ঠিক বিপরীত দূর্বল ব্যক্তিদের সন্তান বলবান এবং মজবুত মাংসপেশীর হয়। এর ঠিক বিপরীত দুর্বল ব্যক্তিদের সন্তান এমনিতেতো উৎপন্ন হতেই চায় না, আর যদিও বা উৎপন্ন হয়, তাহলে তারা দূর্বল এবং নিস্তেজ হয়।

বীর্যের এই পোকা আকারে লম্বা হয়। ওদের মাথার দিকটা চ্যাপ্টা হয় আর এদের আকার অনেকটা সাপের মত হয়। এদের সামনের দিকটা গোল আর চ্যাপ্টা হয়, লেজ লম্বা কিন্তু পাতলা হয় আর সুতোর মত হয়। এদের মাথার দৈর্ঘ্য এক ইঞ্চির দুই থেকে তিন হাজার ভাগ পর্যন্ত্য লম্বা হয় বলে ধরে নেওয়া হয়েছে। এই সব বীর্য-কীট সমজীব হয় এবং বীর্যের মধ্যে ঠিক সেইরকম ভাবে চলা-ফেরা করতে থাকে, ঠিক যেভাবে জলে মাছের বাচ্চরা সাঁতার কেটে বেড়ায়। এদেরগতিসব সময় সামনের দিকেই হয়। এরালেজের ওপর ভর দিয়ে তীব্র গতিতে ছুটে বেড়ায়। পাশ্চাত্য দেশের ডাক্তারদের অভিমত হল যে, একবার মৈর্থুনে এক কোটি আশী লাখ থেকে বাইশ কোটি ষাঠ লাখ পর্যন্ত্য বীর্যের কীটাণু বেরোয়। এর মধ্যে মাত্র একটা শুক্রাণুই স্ত্রীকে গর্ভবতী করে তুলতে সক্ষম হয়।

বীর্য তৈরীর অবস্হা

এই সম্বন্ধে বিভিন্ন বৈজ্ঞানিকদের মত বিভিন্ন-বিভিন্ন। কোন-কোন বৈজ্ঞানিক মনে করেন যে, শরীরে যৌবন এলেই বীর্য তৈরী হয়। এর ঠিক বিপরীত কিছু-কিছু বৈজ্ঞানিকের ধারনা যে, মানুষ যখন কিশোরাবস্হায় পদার্পন করে, তখন থেকেই ওদের মধ্যে বীর্য তৈরী হতে শুরু হয়। ভারতীয় চিকিৎসা-পদ্ধতি অনুযায়ী বালক অবস্হাতেই মানুষের মধ্যে তৈরী হওয়া শুরু হয়ে যায় এবং আমৃত্যু কোন-না-কোন মাত্রায় ওদের শরীরের মধ্যে বীর্য উৎপন্ন হতেই থাকে।

ঠিক যেমন একটা না ফোটা ফুলের মধ্যে সুগন্ধ তো থাকে, কিন্তু আমরা বাইরে থেকে সেটা জানতে পারি না। যখন সেই না ফোটা কুঁড়ি ফুল হয়ে পুরোপুরি ফুটে ওঠে, তখন তার থেকে সুগন্ধ নিজে থেকেই বেরিয়ে আসে। ঠিক তেমনই বালকদের মধ্যেও বীর্য তৈরী হয় বাল্যবস্হায় বীর্য পরিপক্ক না হওয়ায় অথবা বালকের সৌম্য স্বভাবের জন্য ও

বীর্যকে নিজের শরীরের মধ্যেই জমিয়ে রাখে। এজন্যই এই পরিস্থিতিতে বালকের শরীর দিন-দিন বেড়ে উঠতে থাকে। চৌদ্দ-পনেরো বছর আয়ু এবং প্রায় যে বয়সে ওর বীর্য স্খলিত হতে শুরু করে, তখন থেকেই বালকের শরীরের এই বৃদ্ধিতে বাধা এসে পড়ে।

বীর্যের পরিচয়

শুদ্ধ বীর্যের পোকা সরল ও দ্রুত গতিসম্পন্ন হয়। এই সব পোকার সন্তানের জন্ম দিতে সক্ষম হয় ভাল বীর্য মৈথুনের সময় ধীরে-ধীরে এবং ঝট্‌কা দিতে-দিতে বাইরে বেরিয়ে আসে। ভাল বীর্যে এক ধরণের চ্যাট্‌চেটে ভাব থাকে, যা কাপড়ে লেগে শুকিয়ে গেলে কাপড় শক্ত হয়ে যায়, ঠিক যেন কাপড়ের ঐ অংশটাকে মাড় দেওয়া হয়েছে।

শুদ্ধ বীর্য গাঢ় এবং ভারী হয়। জলে ফেললে ডুবে যাওয়া এবং অতি কষ্টেও না বেরোন বীর্য শুদ্ধ এবং ভাল হয়। শ্বেত পাথরের মত সাদা, পাতলা এবং মিষ্টি বীর্যকেই বিশুদ্ধ বীর্য হিসেবে মেনে নেওয়া হয়েছে। এর থেকে মধুরমত সুগন্ধ আসে।

এর ঠিক বিপরীত দূষিত বীর্যের কীটাণু দূর্বল, পাতলা এব গতিতেও অত্যন্ত ধীর হয়। এই সব কীটাণু সন্তানের জন্ম দিতেও বেশী সক্ষম হয় না। এই বীর্য মৈথুনের সময় জলের মতই অত্যন্ত দ্রুত বেরিয়ে আসে। এতে চ্যাট্‌চেটে ভাবটা থাকেই না বললেই চলে আর যদিও বা থাকে, তাহলে অত্যন্ত কম মাত্রায় থাকে। কাপড়-চোপড় লেগে গেলে দূষিত বীর্য কাপড়কে শক্তও করে তোলে না। দূষিত বীর্য ওজনেও হাল্কা য়। একে যদি জলে ফেলা হয়, তাহলে এই বীর্য ডুবে যায় না। এই বীর্য বেরোবার সময়ও কিছুটা কস্ট অনুভূত হয়। এই বীর্য পাতলা হয়। অত্যধিক মৈথুন করলে লিঙ্গ দিয়ে লাল রং-য়ের বীর্য বেরোত থাকে।

বীর্যের গন্ধ

বীর্যে এক বিশেষ প্রকারের গন্ধ থাকে। কিছু-কিছু বৈজ্ঞানিক বলেন যে, এই গন্ধটা ঝাঁঝালো হয়। বিশেষ করে পূর্ব দিকের দেশের পুরুষদের বীর্যের গন্ধ এই ধরনেরই হয়। যেসব পুরুষ রসুন-পেঁয়াজ বেশী করে খান, বিশেষ করে তাদের বীর্যে এই ধরণের গন্ধ বেশী করে দেখতে

পাওয়া যায়।

বীর্যের গন্ধের ওপর কোন দেশের জলবায়ুর প্রভাব বেশী করে পড়ে। যদি পুরুষ রোগ হয়, তবে তার বীর্যে এক প্রকারের দুর্গন্ধ হবে। কিছু-কিছু বিশেষজ্ঞ এটাও বলেন যে, অধিকাংশ পুরুষের বীর্যের গন্ধ চৌদ্দ মিনিট থেকে এক ঘন্টা পর্যন্ত্য থাকতে পারে। তবুও এই বিষয়ে নিশ্চিত করে কিছুই বলা সম্ভব নয়। এই বিষয়ের ওপর এখনও অনুসন্ধান চলছে।

যদি পুরুষ নীরোগ হয় এবং ও সেই সমস্ত জিনিষ সেবন করে, যেসব জিনিষের প্রতি ওর পত্নীর ঘৃণানা থাকে, তাহলে ওর বীর্যের গন্ধ ওর পত্নীর অত্যন্ত প্রিয় হয়। কিন্তু একজন পুরুষের কাছে অন্য একজন পুরুষের বীর্যে দুর্গন্ধেরই আভাষ হয়। মৈথুনের ওপরও এই গন্ধের কখনো-কখনো প্রভাব পড়ে। কোন-কোন দম্পতি মৈথুনের সময় এই গন্ধে এত বেশী উত্তেজিত হয়ে ওঠেন যে, ওনাদের বার মৈথুন করতে হয়।

মানুষের মধ্যে যখন মানসিক উত্তেজনার সৃষ্টি হয়, তখন ওর বীর্যের গন্ধ ঝাঁঝালো হয়ে ওঠে, কিন্তু পেশী সঞ্চালনের পর যে বীর্য বেরোয়, তার গন্ধ খুব বেশি প্রিয় হয়ে ওঠে।

সাধারণতঃ স্ত্রীদের সবল পুরুষদের বীর্যের গন্ধ প্রিয় হয়। এর সাথে-সাথে কোন-কোন স্ত্রী-র কোন-কোন বিশেষ পুরুষের বীর্যের গন্ধ খারাপও লাগতে পারে।

পাশ্চাত্য দেশে কখনো-কখনো এমনও শুনতে পাওয়া যায় যে, ঐ সব দেশে বীর্যের গন্ধকে কেন্দ্র করে দম্পতিদের মধ্যে ডিভোর্সও হয়ে যায়। স্ত্রীরা নিজেদের পতি দেবতার বীর্যের গন্ধে আপত্তি তুলে আদালত থেকে ডিভোর্স পেয়েও যায়। এইসব ক্ষেত্রে স্ত্রীদের যুক্তি এটাই থাকে যে, ওদের পতিদের বীর্যে এত বেশী দুর্গন্ধ আসে সে, ওদের সঙ্গে মৈথুনে লিপ্ত হবার ইচ্ছেটাই নষ্ট হয়ে পড়ে। এর ফলে মানসিক সন্তুলন নষ্ট হয়ে পড়ে এবং ওরা পতির সঙ্গে মৈথুনে অতৃপ্তই থেকে যায়।

তবুও, বীর্যের গন্ধের কোন পুরুষ বা স্ত্রী-র জীবনে অত্যন্ত বেশী

গুরুত্ব থাকে সুতরাং, পুরুষদের উচিত যে, ও নিজের বীর্যের সম্বন্ধে সদা সতর্ক থাকবে। নিজের বীর্যকে কখনো পাতলা এবং দূষিত হতে দেবে না আর এমন কোন পদার্থ সেবন করবে না, যা থেকে অসহ্য দুর্গন্ধ আসে। সুগন্ধিত বীর্য সুখী দাম্পত্য জীবনের ভিত্তিস্বরূপ হয়।

চ্যাটচেটে তরল পদার্থ

কখনো-কখনো কোন-কোন পুরুষের লিঙ্গ থেকে মৈথুন-ক্রিয়া করার সময় অথবা মৈথুনের আগে এক ধরনের পাতলা, চ্যাটচেটে তরল পদার্থ ফোঁটা-ফোঁটা হয়ে ঝরে পড়ে। এটা কি বীর্য ? এই ব্যাপারটা নিয়ে কখনো-কখনো পুরুষদের মনে সন্দেহের সৃষ্টি হয়ে পড়ে এবং ওরা মনে করতে থাকে যে, এটা বীর্যই। এরপর এই ব্যাপারটা নিয়ে ওদের মনে চিন্তা হতে থাকে। এই চিন্তায় ওরা মনে-মনে দুঃখী হয়ে ওঠে। কিন্তু এমন কোন ব্যাপারই নেই, এই ঝরে পড়া তরল পদার্থ বীর্য নয়।

এই তরল পদার্থের মধ্যে শুক্রাণু থাকে না। এটা হল স্থানীয় গ্রন্থির স্বাভাবিক রস। এটা হচেছ প্রোস্টেট এবং লিঙ্গ গ্রন্থির রস। পশুদের মধ্যেও এই ব্যাপারটা পরিলক্ষিত হয়।

সুতরাং, কোন পুরুষের লিঙ্গ থেকে যদি এই ধরনের তরল পদার্থ ফোঁটা-ফোঁটা করে ঝরে পড়তে থাকে, তাহলে সেটা নিয়ে সেই পুরুষের বিন্দুমাত্র চিন্তিত হবার প্রয়োজন নেই। এই তরল পদার্থটা বীর্য নয়।

প্রেম, কাম-বাসনা এবং বশীকরণ

মানুষের মনে নিজের চিত্তকে আনন্দিত করে তোলার মত কিছু-কিছু ভাবনার উৎপত্তি হয়। সাধারণতঃ একে 'প্রেম' বলা হয়। মানুষ যদি সত্যিকারের প্রেমের অনুভূতি প্রাপ্ত করতে থাকে, তাহলে ও ভৌতিক জীবন থেকে ক্রমশঃ দূরে সরে যাবে।

কিছু-কিছু বৈজ্ঞানিকদের ধারণা হল যে, মানুব-বিকাশের ইতিহাস কাম-বিকাশের সঙ্গে-সঙ্গে শুরু হয়। বালক-বালিকা এই ব্যাপারটা থেকে দূরে থাকে। বালক নিজের পুরুষত্বের শুরুতে নিজের প্রতি ক্ষতিকারক হয় না। এই কথাটা বালিকাদের পক্ষেও প্রযোজ্য বালক-বালিকারা সরল এবং সিধেসাধা হয়। এ জন্য ওরা পরস্পর বিপরীত লিঙ্গের হওয়া সত্ত্বেও গর্বের সঙ্গে একে-অপরের সঙ্গে বন্ধুত্ব করে থাকে। ওদের মধ্যে কোন প্রকার লৈঙ্গিক সম্পর্ক থাকে না। কিন্তু যেই ওদের মধ্যে শারীরিক আকর্ষন অনুভূত হতে শুরু হয়, ওরা নিজেদের এই বিকৃতি থেকে নিজেদের বাঁচিয়ে রাখতে পারে না।

এটা মেনে নেওয়া রয়েছে যে, যদি বালক-বালিকাদের কাছ থেকে কাম-সম্বন্ধীয় ব্যাপারটাকে লুকিয়ে না রাখা হয়, তাহলে ওদের ওপর কোন প্রভাব পড়ে না। যেহেতু কাম-চেস্টা খোলাখুলি ভাবে করা সম্ভব পর নয়, তাই এই জিনিষটা বালক-বালিকাদের কাছে গোপনই থাকে। এই জন্যই বালক-বালিকারা যখন বয়স্ক হয়ে ওঠে, তখন ওদের ভেতরেও উত্তেজনার আভাষ হতে শুরু করে। এই পরিস্হিস্হিত ও নিজের সঙ্গের প্রভাবে পড়ে হস্তমৈথু করতে শুরু করে দেয়। সুযোগ-সুবিধা পেলে ওরা বিপরীত লিঙ্গের সঙ্গে যৌন-ক্রীড়া করে নিজেদের বাসনা-তৃপ্তিও করে নেয়। এটাই হচেছ কাম-বিকাশের প্রাথমিক রাস্তা।

শুরুর দিকে বালকদের এবং বালিকাদের মধ্যে যে প্রেম জেগে ওঠে,

তা কাম-রহিত হয়, কিন্তু যেমন-যেমন বড় হতে থাকে, ও স্বতন্ত্র হয়ে পড়তে শুরু করে এবং মায়ের আবশ্যকতা ওর ধীরে-ধীরে কম অনুভব হতে থাকে। শেষে, ও বাস্তব দুনিয়ায় পা রাখলে মায়ের প্রতি প্রেমের জাগায় ওর নিজের পত্নীর প্রতি প্রেম হতে শুরু করে। তখন ওর মধ্যে কাম-বাসনা জাগ্রত হতে শুরু করে। মাতৃপ্রেমের এই ভাক কাম-প্রেমে পরিবর্তিত হয়ে নতুন রূপ ধারণ করে। এটা হচেছ সেই অবস্হা, যখন ওরা দুজনে পূর্ণরূপে যুবক-যুবতী হয়ে এবং বিবাহ-বন্ধনে বাঁধা পড়ে পরস্পরের মধ্যে জীবনের আনন্দ উপভোগ করে। ওরা পরস্পরকে আলিঙ্গন এবং চুম্বন করে আনন্দ পেতে থাকে। ব্যস, এই আনন্দটাই সেই সময় চরম সীমায় পৌঁছে যায়, যখন ওরা দুজনে কাম-বাসনার পূর্তি অত্যন্ত উত্তেতি অবস্হায় করতে থাকে।

যুবক-যুবতীরা যখন ভৌতিক রূপে নিজেদের ইচছাকে সাকার করে তোলে, তখন ওরা নিজেদেরকে এক সম্পূর্ণ নতুন পৃথিবীতে আবিষ্কার করে। ওরা অত্যন্ত আনন্দ এবং প্রসন্নতার সঙ্গে পরস্পরের সঙ্গে মিলিত হয়। এই নতুন পৃথিবীটা ওদের কাছে কিছুটা আশ্চর্যজনক বলে মনে হয়। এই প্রকার আনন্দের অনুভূতি করতে-করতে ওরা কাম-বাসনার মধ্যাহ্ণে পৌঁনেছ যায়। তখন ওরা সব সময় একে-অপরের কথাই চিন্তা করতে থাকে। ওদের শক্তি এবং আকাংখা সর্বদা একে-অপরের মধ্যেই কেন্দ্রীভূত হয়ে পড়ে। ওদের হৃদয় স্পন্দন অত্যন্ত দ্রুত হয়ে ওঠে। ওরা মনে-মন ভবিষ্যতের রঙ্গীন স্বপ্ন সাজাতে শুরু করে।

যখন কোন ব্যক্তি কামোত্তেজিত হয়ে ওঠে, তখন ওর শরীরের রক্ত সঞ্চার পরিবর্তিত হয়ে পড়ে। মহিলাদের গুপ্তাঙ্গে এক বিশেষ প্রকারের অস্হিরতা এবং চুলকোনি হতে শুরু হয়। যখন বাসনা শান্ত হয়ে পড়ে, তখন উত্তেজনা স্বাভাবিক গতিতে আবার আগের অবস্হায় এসে পড়ে। তখন শরীর কিছুটা শান্তও অবশ্যই হয়ে পড়ে। যখন কোন মানুষ গভীর ভাবে কিছু একটা চিন্তা করতে থাকে, তখন তার মস্তিস্কে রক্তসঞ্চার বাড়তে শুর, করে। এই রকম যে সময় মানুষ নিজের শরীরের যে-যে অঙ্গকে কাজে লাগায়, সেই-সেই অঙ্গে রক্তসঞ্চার বেড়ে ওঠে। ঘুমোবার সময় রক্তসঞ্চার শান্ত হয়ে পড়ে।

মানুষের জীবনে রক্তসঞ্চারের গুরুত্ব অপরিসীমা। মানুষ যখন রাতে

কামোত্তেজিত হয়ে ওঠে, তখন রক্তসঞ্চারও বেড়ে ওঠে আর কাম-বাসনা শান্ত হয়ে পড়লে রক্তসঞ্চারের গতিও কমে আসে। এখন শরীর আরাম পায় আর মানুষের মন আনন্দে ভরে ওঠে। কামোত্তেজনাকে জীবনের সব কাজের থেকে গুরুত্বপূর্ণ বলে মেনে নেওয়া হয়েছে। এতে মস্তিস্কেরও বিকাশ হয়।

এজন্যই নপুংসকতাকে অভিশাপ বলে মেনে নেওয়া হয়েছে। নপুংসক যুবক-যুবতীদের এই পৃথিবীতে হেয় দৃষ্টিতে দেখা হয়। যেমন-যেমন বয়স বাড়তে থাকে, কাম-বাসনার মধ্যেও অভাব পরিলক্ষিত হতে থাকে। যতটা সম্ভব, সময়ের আগে কামোত্তেজনার ওপর নিয়ন্ত্রণ বজায় রাখা উচিত। শক্তির সঞ্চয় করা উচিত, যাতে প্রয়োজন পড়লে শারীরিক এবং মানসিক শক্তি আপনাকে সাহায্য করতে পারে। যেসব ব্যক্তির রক্তের অভাব আছে, অথবা যাদের হৃদয় দুর্বল, তাদেরও নিজেদের কাম-বাসনার ওপর নিয়ন্ত্রণ বজায় রাখা উচিত।

কামোত্তেজনাকে শান্ত করার উপায় কি ? হস্তমৈথুন অত্যন্ত ক্ষতিকারক এবং এতে মানুষের মধ্যে প্রেম-ভাবনার বিকাশ একদমই হয় না। দ্বিতীয় উপায় হল সমলৈঙ্গিক বিপরীত রতি এটা হচেছ সবচেয়ে ঘৃণিত, বর্জিত এবং নিন্দনীয়। শুধু তাই নয়, এতে দুজনের শরীর, বিশেষ করে কামোঙ্গের প্রচণ্ড ক্ষতি হয়। আর একটা উপায় হচেছ, বেশ্যাগমন। এটা যেমন নিজের শরীরের পক্ষে ক্ষতিকারক, ঠিক এটা নিজের সামাজিক মান-সম্মানের প্রতিও প্রচণ্ড ক্ষতিকারক। এর মধ্যে প্রেমের বিন্দুমাত্র স্হান নেই। এই তিনটে উপায়ের মধ্যে প্রেম-ভাবনার কোন স্হানই নেই, একে শুধু পশুত্বের প্রদর্শনই বলা চলে। এসব থেকে মুক্তি পাবার একমাত্র উপায় হল বিবাহ এবং পত্নীর সঙ্গে সহবাস। মানসিক উত্তেজনা এব আনন্দের জন্য যে জিনিষটার প্রয়োজন-তা হল কামানন্দ। এর জন্য স্ত্রী-পুরুষদের মধ্যে পারস্পরিক বশীকরণও বিভিন্ন প্রকারে প্রযুক্ত হয়ে আসছে।

ইটালী, রোম এবং ইউনান ইত্যাদি দেশে এই ধরনের বশীকরণের বিভিন্ন প্রকারের কাহিনী শুনতে এবং পড়তে পাওয়া যায়।

খাওয়া-দাওয়ার জিনিষের মধ্যে বশীকরণের বস্তুর প্রয়োগ প্রাচীন কাল থেকে প্রচলিত হয়ে আসছে। দুজন অপরিচিত ব্যক্তিও যদি এই

ধরনের জিনিষ সেবন করত, তবে তারা পরস্পরের প্রেমে পড়ে যেত। এর জন্য কখনো-কখনো তো বিয়েও প্রয়োগ করা হয়। সাধারণতঃ ধুতরার রস পান করিয়ে স্ত্রীকে গভীর ঘুম অথবা অজ্ঞান হওয়ার অবস্হায় আনা হত এবং তারপর ওর সঙ্গে বাসনা-পূর্তি করতে পুরুষের বিন্দুমাত্র অসুবিধা হত না।

ইটালী এবং ইউনানেও এই ধরণের প্রয়োগ করা হত। ওখানে প্রচীন যুগের বসন্তের টাকার মত কামোত্তেজক ওষুধের প্রভাব রক্তে পৌঁছিয়ে দেওয় হত। সদ্য জন্ম নেওয়া বাছুরের মাথায় ছাল ইউনানী লোকেরা পুড়িয়ে সেই ছাই নিজের প্রেমিকের রক্তের সঙ্গে মিশিয়ে অন্য লোকেরা পুড়িয়ে সেই ছাই নিজের প্রেমিকের রক্তের সঙ্গে মিশিেয় অন্য লোকেদের খাওয়াত। রোম বাসীরাও এই প্রকার বস্তুর প্রয়োগ জানত আর তার প্রয়োগও করত। ল্যকুলাস এরকমই কিছু একটা জিনিষ খেয়ে প্রথমে পাগল হয়ে গেছিলেন এবং পরে উনি নিজের প্রাণটাই দিয়ে দিয়েছিলেন। এই ধরণের সমস্যার মুখোমুখি রোমের বিখ্যাত কবি ল্যটিয়াসকেও হতে হয়েছিল। ওনাকেও নিজের প্রাণ বিসর্জন দিতে হয়েছিল। এপ্যুলিয়াস প্রচণ্ড ধনী যুবতী প্যুডেন্টিলাকে প্রেমের ওষুধ খাইয়েই জিতে নিয়েছিলেন। সেই ওষুধ মাছের ডিম, পায়রার রক্ত এবং এক বিশেষ প্রকারের পাখীর জিভের সংযুক্ত মিশ্রণে বানানো হয়েছিল।

ফ্রান্সে আজও এই অন্ন বিশ্বাস প্রচলিত হয়ে আছে যে, যদি কেউ ঈগলপাখীর মাথাটা নিজের বুকের সঙ্গে লাগিয়ে রাখে, তবে যে নিজের প্রেমিক/প্রেমিকার হৃদয় জিতে নিতে পারবে। প্রেমিকাকে শেয়ালের লেজের শেষ চুল খাওয়ালে প্রেমিকা বশীভূত হয়ে পড়ে। হরিণীর হৃদয়, গাধা, ঘোড়া অথবা মোরগের অণ্ডকোষ এবং যুবতীর ঋতুস্রাবের রক্ত দিয়ে তৈরী ওষুধ কাউকে খইয়ে দিলে তাকে খুব সহজেই নিজের বশীভূত করে নেওয়া যেতে পারে।

বোসনিয়ার লোকের নিজের প্রেমিক/প্রেমিকাকে বশ করার জন্য এমন এক আংটি বানিয়ে নিত, যার ভেতর দিয়ে সেই ব্যক্তি বিশেষকে দেখলে তাকে সহজেই বশীভূত করে নেওয়া যেত।

ঠিক এইরকম বশীকরণের প্রভাবকে নষ্টকরার ওষুধও সভিয়ানরা জানত। এটা কোন বিশেষ গাছের শেকড় হত। ইউরোপে এই গাছটাকে

'প্রেম-বৃক্ষ' হিসেবে সবাই জানে। আরব দেশে এক 'কামুন মলুকী' এবং ফ্রান্সে 'নাচনা' বলা হয়। ইউরোপীয়ান তুর্কের উষ্ণ প্রদেশে এই গাছ প্রচুর মাত্রায় দেখতে পাওয়া যায়। রোমের কৃষক-কন্যারা বশীকরণের প্রভাব সৃষ্টি করার অথবা বশীকরণের প্রভাবকে নষ্ট করার উপায় খুব ভাল করেই জানে।

তুর্কী (টার্কী)-র বশীকরণ বড়ই মারাত্মক। যদি কোন পুরুষ কোন স্ত্রী-কে নিজের বশে আনতে চায় আর সেই স্ত্রী তার বিরোধিতা করে, তাহলে সেই পুরুষ নিজের সব কামনাকে নিজের চোখের ভরে নেয় আর তারপর সেই স্ত্রী-র দিকে এক দৃষ্টিতে তাকিয়ে দেখে। এইভাবে সেই পুরুষ নিজের দৃষ্টিকে সেই স্ত্রী-র ওপর নিবদ্ধ করে দেয়। ও নিজের বাঁ হাতের মুঠিকে এত জোরে চাপ দেয় যে, ওর হাত থেকে রক্ত বেরোতে শুরু করে। ও এই রকম চেস্টা করার ফলে সেই স্ত্রী ওর বশীভূত হয়ে পড়ে। যদি প্রথম বারের চেস্টায় প্রেমিক পুরুষ সফলতা না পায়, তাহলে তাকে এই কাজটা দু-তিনবার করতে হয়। কিন্তু শেষ পর্যন্ত্য ও নিজের প্রেমিকাকে নিজের বশীভূত করে নিয়ে তবে ছাড়ে।

মরক্কোর বাসিন্দাদের এটা দৃঢ় বিশ্বাস যে, বাছুড়ের ছালে এক বিশেষ প্রকারের গাছের শেকড়ের ধোঁয়া দিয়ে সেই ছালটাকে যদি প্রেমিকার পোশাকের ওপর রেখে দেওয়া যায়, তাহলে সেই স্ত্রী বশী ভূত হয়ে পড়ে। সিরিয়ার প্রেমিকারা নিজেদের মাথায় লাগানো ফুল নিজের প্রেমিকের পত্নীর চুলে লাগিয়ে দেয় এবং এর ফলে ওর প্রেমিক ওর বশীভূত হয়ে পড়ে। সিরিয়ার প্রেমিকারা নিজেদের প্রেমিককে বশ করার জন্য আরও একটা কাজ করে। তাহলে, ওরা নিজেদের প্রস্রাব মদের সঙ্গে মিশিয়ে নিজেদের প্রেমিককে পান করিয়ে দেয়, যাত ওদের প্রেমিকরা ওদের বশীভূত হয়ে পড়ে বলে ওদের দৃঢ় বিশ্বাস।

ঠিক এই মত প্রাচীন ভারতীয় কাম-শাস্ত্রের গ্রন্থেও বশীকরণের বিভিন্ন প্রয়োগের উল্লেখ আছে। এই রকম একটা গ্রন্থ হল–'অনঙ্গরং'। এই বইতে একটা প্রয়োগের সম্বন্ধে লেখা আছে যে, লজ্জাবতী গাছের বীজ, মূলহটী, গরুর ঘি, পদ্মের শেকড় আর নিজের বীর্য–এসব মিলিয়ে কপালে তিলক কাটলে নিজের প্রেমিক অথবা প্রেমিকা বশীভূত হয়ে পড়ে।

আচার্য বাৎসায়ন এক জায়গায় লিখেছেন যে, সাদা তাকের মূল, মজিষ্ঠ, বচ, মোথা আর কুঠ, মাসিক স্রাবের রক্ত—এই সব জিনিষগুলোকে মিশিয়ে তিলক লাগালেও প্রেমিক/প্রেমিকের বশীভূত হয়ে পড়ে। গোচোনায় যদি নিজের রক্ত মিলিয়ে কোন মহিলা নিজের কপালে তিলক কাটে, তাহলে সে নিজের পতিকে নিজেরে বশে করে রাখতে সমর্থ হয়। মহাষ্টমীর দিন মাঝ রাতে যদি কেউ শ্মশানে গিয়ে মানুষের মাথার খুলিত কাজল তৈরী করে নিজের চোখে লাগিয়ে নেয়, তাহলে ও অপরের দিকে তাকানো মাত্র তাকে নিজের বশীভূত করে নিতে সক্ষম হয়। গোচোনা, কেশর ঘিংবারের রস আর মৈনসিলের জল চোখে লাগিয়ে অপরের দিকে তাকানো মাত্র বশীকরণ হয় পড়ে। তাশি পাতা, তগর আর কুটকে পিষে রেশমী কাপড়ে জড়িয়ে আর সর্ষের তেলে তার পলতে রেখে যদি মানুষের খুলিতে কাজ তৈরী করা যায়, তাহলে সেই কাজল চোখে লাগিয়ে যার দিকে তাকাবেন, সেই আপনার দাসানুদাস হয়ে পড়বে। খঞ্জন পাখীর অন্ত্র বের করে সেটাকে ধুয়ে পরিস্কার করে নিয়ে তাকে নিজের বীর্য পুরে দুটো মাটির পাত্রের মধ্যে ভরে সাতটা দিন মুখ বন্ধ করে রাখলে এবং সাত দিন পর বের করে পিষে গুলির আকার বানিয়ে নিলে সেই গুলি যাকেই খাওয়ানো হবে, সেই বশীভূত হয়ে পড়বে।

মৈথুনের পর নিজের বীর্য ডান হাতে নিয়ে স্ত্রীর বাঁ পায়ের তালুতে ঝট করে লাগিয়ে দিলে সেই স্ত্রী সর্বদা বশীভূত হয়ে থাকে। কর্পূর আর মালুকে মধুতে মিলিয়ে নিজের লিঙ্গে লাগিয়ে যদি কোন পুরুষ সম্ভোগে লিপ্ত হয়, তাহলে স্ত্রী সর্বদা সেই পুরুষের দাসী হয়ে থাকে।

এইরকম বশীকরণের অনেক যন্ত্রও এই গ্রন্থে দেওয়া আছে। 'পঞ্চসাধক' নামক এক গ্রন্থে এরকম উল্লেখ আছে যে, কুঠ, পদ্ম, মূলহী, তগর, সাদা কাকের জংঘা আর ওর দুটো পাখনার চূণ বানিয়ে সেটা যার মাথায় ঢেলে দেওয়া হবে, সে বরাবরের মত বশীভূত হয়ে পড়বে। বশীকরণের জন্য বিভিন্ন প্রকারের মন্ত্রেরও উল্লেখ করা হয়েছে। এই ধরণের প্রয়োগের উল্লেখ কম-বেশী আরও বেশী কিছু গ্রন্থেও করা হয়েছে।

আনন্দের প্রাপ্তি

মানুষের মধ্যে সেক্সের ইচেছ অত্যন্ত স্বাভাবিক আর তার সন্তুষ্টি হলে মানুষ এক অসীম আনন্দ উপভোগ করে। সুতরাং, মানুষকে এই

পরামর্শ দেওয়া হচেছ যে, ওরা যেন সেক্সের ক্ষেত্রে সেই সীমা রেখা পর্যন্ত্য পিত থাকে, যতক্ষন না ওদের কাম-বাসনা ওদের উন্নতিতে কোন প্রকারের বাধা হয়ে দাঁড়াচেছ। এই কারণেই ভারতীয় জীবন-পরম্পরায় সন্তান-নিরোধ কৃত্রি উপায়ে না করে প্রাকৃতিক উপায়ে করা হত।

ভারতীয় জীবন-পদ্ধতি আধ্যাত্মিক বিকাশকে জীবনের চরম লক্ষ্য হিসেবে মানে। তার জন্য শরীর এবং আত্মার উন্নতি অত্যন্ত আবশ্যক এবং অনিবার্য্য। শারীরিক উন্নতির সঙ্গে অর্থ আর কামের যথেষ্ঠ সম্পর্ক রয়েছে। এই অর্থ আর কামকে মর্যাদার বাঁধনে বেঁধে রাখার জন্য জীবনের একশো বছরের কম পক্ষে তিন-চতুর্থাংশ ভোগের প্রতি অর্পন করে দেওয়াটা অত্যন্ত আবশ্যক বলে বলা হয়েছে। ব্রহ্মচর্য আর ত্যাগের তিন চতুর্থাংশ হল–ব্রহ্মচর্য, বানপ্রস্হ এবং সন্ন্যাস। বাকী এক-চতুর্থাংশ ভাগ গার্হস্হ্য জীবন, অর্থ আর কামের উপভোগের জন্য।

মানুষই হচেছ এমন এক প্রাণী, যে ক্ষিধে না পেলেও খেয়ে নেয় এবং সময়ের ব্যাপারটা মাথায় না রেখে যখন খুশী মৈথুনে লিপ্ত হয়ে পড়ে। এইরকম আরও কিছু কাজ আছে, যা মানুষ প্রয়োজন না থাকা সত্ত্বেও করে নেয়। এ সব কাজ অস্বাভাবিক হওয়ায় শারীরিক এবং মানসিক স্বস্হ্যের প্রতি অত্যন্ত ক্ষতিকারক হয়। কৃত্রিম উপায়ের ব্যবহার করার ফলে মানুষের মন থেকে সন্তানের জম্ম হওয়ার ভয়ের ব্যাপারটা যদি বের করে দেওয়া হয়, তবে কাম-বাসনা নিরাকুশ এবং অমর্যাদিত হয়ে পড়ার ব্যাপারে কোন সন্দেহই থাকবে না। এটা বলা হয়ে থাকে যে, যেমন ক্ষিধেকে শান্ত করার জন্য খাবার খাওয়াটা অনিবার্য, সেই রকম কামেচছার তৃপ্তির জন্য মৈথুনও অত্যন্ত জরুরী। এটা বলা হয় যে, মৈথুন করার ইচেছকে জোর-জবরদস্তি আটকাবার চেস্টা করলে মানুষের মন এবং শরীরের ওপর তার বিপরতী প্রভাব পড়ে।

মানুষ আর জানোয়ারের মধ্যে এটাই পার্থক্য হয় যে, জানোয়ার কামেচছার তৃপ্তিতে কেবলমাত্র শারীরিক সুখ অনুভব করে, আর মানুষ এতে আত্মিক তৃপ্তিও পায়। সুতরাং, মানুষকে যদি মানুষ হয়ে থাকতে হয়, তাহলে ওকে নিজের কামেচছাকে সংযমের মধ্যে বেঁধে রাখতে হবে। দুর্ভাগ্যবশতঃ কিছু-কিছু মানুষের মনে এই চিন্তাটা ঢুকে বসেছে যে, পুরুষ আর স্ত্রী কেবলমাত্র কাম-আনন্দের জন্যই বিবাহসূত্রে বাঁধা পড়ে পতি-

পত্নী হয়ে পড়ে। ওদের মনে এই ধারণারও সৃষ্টি হয় যে, এতে সন্তান উৎপত্তির উদ্দেশ্য বলে ওদের আনন্দ আর স্বাধীনতায় হস্তক্ষেপ করা যেন না হয়।

মানব-আদর্শ আর সুখী জীবন সাংস্কৃতিক ভিত্তিতে হওয়া উচিত। তখনই এই কাজটা সহজ, কল্যাণকারী এবং সম্ভব হতে পারবে। মানুষের শরীর দীর্ঘদিন ধরে সুস্থ, সুন্দর এবং তেজস্বী থাকতে পারে। মাতা-পিতা এবং সন্তানের শারীরিক, মানসিক এবং আত্মিক বিকাশ হতে পারে। পরমানন্দের প্রাপ্তির জন্য 'সংযম'-এর সিদ্ধান্তই সর্বশ্রেষ্ঠ। এই প্রকারের বশীকরণ থেকে মানুষ যত বেশী নিজেকে বাঁচিয়ে রাখতে পারবে, ও তত বেশী দীর্ঘজীবি এবং সুস্থ থাকতে পারবে।

'ন বেগাত ধারয়েত ধীমান' (অর্থাৎ বেগকে আটকানো উচিত নয়) সিদ্ধান্ত সব সময় সব জায়গায় প্রযোজ্য হয় না। কম-সে-কম তৃপ্তির জন্য তো এই সিদ্ধান্তকে স্বীকৃতি দেওয়া কখনোই উচিত নয়। এর জন্য তো 'সংযমই জীবন' সিদ্ধান্তই হচ্ছে সর্বশ্রেষ্ঠ সিদ্ধান্ত।

সম্ভোগ বাধা

মাঝে-মাঝে এমনও হয় যে, সম্ভোগে বাধা উৎপন্ন হয়, যার জন্য সম্ভোগ-ক্রিয়া শুধুমাত্র নিরানন্দই হয়ে ওঠে না, উল্টো কখনো-কখনো কষ্টকরও হয়ে ওঠে। এর মধ্যে কিছু বাধা এমনও থাকে, যা একটু-আধটু এদিক-ওদিক করে নিয়ে তৎক্ষনাত দূর করা যেতে পারে এবং সম্ভোগের সঠিক আনন্দ প্রাপ্ত করা যেতে পারে। এই ধরনের বাধা সাধারণতঃ মেয়েদের মধ্যেই উৎপন্ন হয়। কিছু-কিছু মহিলা এমনও থাকেন, যাদের প্রথম বাচ্চার জন্ম হয়ে যাবার আগে রতিক্রিয়ায় একদম আনন্দ আসেন না। প্রথম প্রসবের পরই ওদের এই সম্ভোগ-বাধা দূর হয়।

আবার কিছু-কিছু মহিলার ব্যাপারে শোনা যায় যে, প্রথম বাচ্চার জন্ম হয়ে যাবার পরও ওরা রতিক্রিয়ায় আনন্দ পান না।

এই দুই ধরনের বাধারই মূল কারণ হচ্ছে ঐসব স্ত্রীদের বিয়ে। অর্থাৎ ওদের হয় এমন পুরুষের সঙ্গে দিয়ে দেওয়া হয়েছে, যাদের সম্বন্ধে দের ধাণরা সম্পূর্ণ বিপরীত অথবা বিয়ের পর বা বিয়ের সময়ই ওরা নিজেদের স্বামীর সম্বন্ধে এমন কিছু ব্যাপার জেনে ফেলেছে, যার ফলে ওদের মনে নিজের স্বামীর প্রতি ঘৃণার সৃষ্টি হয়ে পড়েছে। বিয়ের বন্ধনকে ওরা সামাজিক বিধান এবং বন্ধন মনে করে ভেঙে ফেলতে পারেনা আর স্বামীকে ছেড়ে দিতেও পরে না, কিন্তু এই বাধার জন্য ওরা দাম্পত্য সুখটাও উপভোগ করত পারে ন। এই পরিস্হিতিতে ওদের নিজে আনন্দ পাওয়া এবং স্বামীকে আনন্দ দেওয়াটা অত্যন্ত কঠিন হয়ে পড়ে। এই অবস্হায় পতি-পত্নী দুজনের জীবনই নারকীয় হয়ে পড়ে। এই বাধাকে দূর করার জন্য পতি-পত্নী দুজনকেই নিজের-নিজের অবস্হা ভাল করে বুঝতে হবে। যদি কোন ভাবে ওরা এটা জানত পারে যে,

ভুলটা কোথায়, তাহলে ওরা হয়তো সেই ভুলটাকে শুধরে নেবার চেস্টা করতে পারে। কিন্তু কিছু-কিছু অশিক্ষিত লোক এই সমস্যাটাকে ভাল করে বুঝতেও পারে না। তখন কিন্তু পরিস্থিতিটা একইরকম থেকে যায়। তার কোন সমাধান সম্ভব হয় না। এর ফলে সমস্যা কখনো-কখনো ভয়ংকর রূপও ধারণ করে নেয়।

আবার কখনো-কখনো এমনও বাধার উৎপত্তি হয়—পুরুষের অত্যন্ত নির্মম এবং ক্রুর স্বভাবের হওয়া। এ ক্ষেত্রেও ওর পত্নীর ওপর খারাপ প্রভাব পড়ে আর সেই পত্নী পতির সঙ্গে রতিক্রিয়ার সময় সত্যিকারের আনন্দ উপভোগ করতে পারে না। কিছু-কিছু স্ত্রী-র যোনিপথ অপেক্ষাকৃত অনেক ছোট হয়। সংযোগবশতঃ তার বিয়ে যদি এমন কোন পুরুষের সঙ্গে হয়ে পড়ে, যার লিঙ্গ অত্যন্ত বড় আকারের, তাহলে সেই মহিলার ক্ষেত্রেও এই ধরনের সমস্যা দেখা যায়। এই ধরণের বাধা তো অপারেশনের দ্বারাও দূর করা সম্ভব নয়। কখনো-কখনো এমনও হয় যে, কেন মহিলার যোনিমুখ বেঁকা হয়। রতিক্রিয়ার সময় তারও কস্ট হয়।

বিয়ের পর যেসব ব্যধি এবং বাধা এসে উপস্থিত হয়, তাকে 'আকস্মিক' বল যেতে পারে। যেমন ধরুন, কোন স্ত্রী-র যোনিপথে ঘা হওয়া, যোনিমুখ ফুলে ওঠা বা যোনির আশপাশে কেনা অসুবিধার সৃস্টি হওয়া। এই ধরনের বাধা শল্যক্রিয়া অর্থাৎ অপারেশন দ্বারা দূর করা যেতে পারে কিন্তু গুপ্তেন্দ্রিয়ের বিষমতার প্রশ্নটা থেকেই যায়। কখনো-কখনো এমনটাও হয় যে, কোন কুমারী মেয়ের সঙ্গে প্রথমবার সহবাসের সময় যখন সেই কুমারী মেয়ের সতীচ্ছদ ফাটে, তখন ওখানে কোন প্রকারের ঘা হয়ে পড়ে। এই ঘা ভাল করে সারার আগেই সেই মেয়েটিকে আবার পতির সঙ্গে সহবাসে লিপ্ত হতে হয়। যৌবনের উম্মাদনায় না তিদেবতার সেই ঘায়ের কথা মনে থাকে, না মনে থাকে পত্নীর। এর পরিণাম এটাই হয় যে, বার-বার যোনিতে লিঙ্গের ঘর্ষনের ফলে সেই ঘা কখনো ভাল হয় না আর ঐ জায়গাটা অসহ্য যন্ত্রণা হতে থাকে। এতে পত্নীর রতিক্রিয়ায় বাধার সৃস্টি হয়। পরে এই ছোট ঘা-টাই বেড়ে উঠে ভয়ংকর রূপ ধারণ করে নেয়। তখন জীবনটাই দুঃসহ হয়ে ওঠে।

ঠিক এই অবস্থা প্রসবের সময় হওয়া 'ঘা' হয়ে যাওয়ার জন্য উৎপন্ন হতে পারে। এই কারণে ভারতীয় জীবন-পদ্ধতিতে চল্লিশ দিন

আগে হওয়া প্রসূতার সঙ্গে পূণরায় সহবাস করাটাকে নিষেধ করা হয়েছে। সিফিলিস রোগের ফলে যদি যোনিতে যা হয়ে পড়ে এব ঐ জায়গায় যদি দাদ বা একজিমা হয়ে যায় কিংবা ঐ ধরণের কোন কষ্ট হয়, তাহলে সেই স্ত্রী-র পক্ষে সম্ভোগ করাটা অত্যন্ত কষ্টকর হয়ে পড়ে। এই ধরণের পরিস্থিতিতে যে সম্ভোগ করা হয়, তাকে এক ধরনের বলাৎকার বলা চলে

অনিচ্ছাপূর্বক করা সম্ভোগ অথকা বলাৎকারে যোনি মার্গের স্নায়ু সংকুচিত হয়ে পড়ায় যোনির সহ্যশীলতা কমে যায়। তে কামোদ্দীপন হয় না। এই অবস্থায় পুরুষের প্রতি দ্বেষ ভাব হওয়ার জন্য পুরুষের স্পর্শমাত্র স্ত্রী-র সমস্ত নাড়ী সংকুচিত হয়ে ওঠে। স্ত্রী কামোত্তেজিত হতে পারে না।

এই সমস্ত বাধাকে যদি দূর না করা যায়, তাহলে এক দিকে যেমন স্ত্রী-পুরুষের মধ্যে দ্বেষ ভাবের উৎপন্ন হয়ে পড়ে, অন্য দিকে স্ত্রী-র মধ্যে বন্ধ্যাত্বরও সৃষ্টি হতে পারে।

সহবাসে যদি কষ্ট হয় আর তার কারণও যদি জানা না যায়, তাহলে একটা বড় গামলায় গরম জল রেখে কোমর পর্যন্ত্য তার মধ্যে ডুবিয়ে রাখা উচিত। এতে স্ত্রীর বাধা দূর হয়ে পড়বে।

পুরুষের লিঙ্গে মাঝে-মাঝে এমন দোষ হয়ে পড়ে, যার জন্য সম্ভোগ কষ্টকর হয়ে ওঠে। ইন্দ্রিয়ের বেঁকা হওয়া, লিঙ্গের অগ্রভাগ না খোলা ইত্যাদি। এসবের চিকিৎসা সম্ভব। এই সব দোষের চিকিৎসা করিয়ে নেওয়া উচিত। বাধা দূর না করিয়ে সম্ভোগে লিপ্ত হওয়াটা মোটেই উচিত নয়।

সেক্স, যৌন বিকার এবং যোগাসন

মানব জীবন যোগাসনের গুরুত্ব এখন সবাই বুঝতে পেরেছেন। পুরুষ হোক বা নারী, যোগাসন সবার জন্যই সমানরূপে লাভজনক। কিছু-কিছু আসন এমন আছে, যেগুলি কোন বিশেষ পরিস্হিতিতে পুরুষদের জন্য ক্ষতিকারক হয়। আবার কিছু-কিছু যোগাসন এমনও আছে, যেগুলির বিশেষ-বিশেষ পরিস্হিতিতে নারীদের পক্ষে ক্ষতিকারক হয়।

গর্ভবতী মহিলাদের জন্য সাধারণতঃ যোগাসনের উপযোগ কমই হয়। কিছু-কিছু আসন এমনও আছে, যে গুলির অভ্যাসে গর্ভবতী মহিলার কোনরকম কস্ট হয় না, উল্টে সেগুলি ওর পক্ষে সহায়কই হয়। এই সমস্ত যোগাসন প্রসবের সময় গর্ভবতী মহিলাকে প্রসব-পীড়ার হাত থেকে মুক্তি দেয়। ঠিক এই কথা মহিলাদের মাসিক ধর্মের ব্যাপারেও বলা যেতে পারে। এই সময় মহিলাদের যেমন কিছু-কিছু যোগাসন করতে বলা হয়েছে, ঠিক তেমনই কিছু-কিছু আসন নিষেধও করা হয়েছে। এই ব্যাপারটার ওপর মেয়েদের ভাল করে দৃষ্টি দেওয়া উচিত। ঠিক তেমনই পুরুষদের জন্যও স্বাভাবিক অবস্হায় যেমন বেশ কিছু যোগাসনের উপদেশ দেওয়া হয়েছে, অন্য দিকে রক্তচাপ এবং হৃদয়ের বিশেষ-বিশেষ অবস্হায় পুরুষের জন্য বেশ কিছু বিশেষ আসনের উপদেশ দেওয়া হয়েছে।

যোগাসনের প্রচলন এবং কেবলমাত্র ভারতব্যাপীই হয়, গোটা বিশ্বব্যাপী হয়ে উঠেছে। সমস্ত পৃথিবী জুড়ে এখন যোগাসনের চাহিদা। দেশ-বিদেশ থেকে নর-নারী এখন ভারতে এসে যোগাসনের প্রশিক্ষন নিচেছন। তার সঙ্গে বিশ্বের অন্যান্য দেশের নর-নারীরা ভারতে এসে ভারতীয় নৃত্যকলারও বিশেষ প্রশিক্ষণ নিচেছন। ভারতীয় নৃত্যও যোগাসনের মতই শরীরের জন্য অত্যন্ত উপযোগী বলে প্রমাণিত হচেছ। নৃত্যের বিভিন্ন মুদ্রা

যোগাসনেরই বিভিন্ন রূপ। এই কারণেই প্রচুর নর-নারী এদিকে আকৃষ্ট হতে শুরু করেছেন। এই ভাবে এক দিকে যেমন ভারত-বিদ্যার গোটা বিশ্বে প্রচার এবং প্রসার হচ্ছে, অন্য দিকে মানব-স্বাস্থ্য এবং মানব-মনেও এই বিদ্যার লাভ হচ্ছে।

এবার আমরা কিছু উপযোগী আসনের বিধি এবং ওদের লাভ সংক্ষেপে উল্লেখ করছি।

উপযোগী যোগাসন

উত্থানপাদাসন

বিধি ঃ মাটিতে চিত হয়ে শুয়ে পড়ুন। দুটো হাতকে শরীরের সঙ্গে সাঁটিয়ে কোমরের কাছে রাখুন। দুই পায়ের আঙুল মিলিয়ে রাখুন। পা টানটান হয়ে থাকবে। এবার শ্বাস নিয়ে দুটো পা-কে ধীরে-ধীরে এতটা ওপরে ওঠান যে, আপনার কোমর মাটির সঙ্গে প্রায় দেড় থেকে দু ফুটে লেগে থাকে। যতক্ষন পর্যন্ত্য নিঃশ্বাস আটকে রাখতে পারবেন, ততক্ষন পর্যন্ত্য পা-কে শূন্যে রাখুন। অস্হিরতা অনুভব করতে পারলে পা-কে ধীরে-ধীরে নীচে নামিয়ে এনে মাটিতে রাখুন। শরীরকে ঢিলে করে নিঃশ্বাস বের করে দিন।

লাভ ঃ এতে পেটের যাবতীয় রোগ দূর হয়ে যায়। গ্যাস বেরিয়ে যায়। চর্বি কমে যায়। ক্ষিধে বাড়ে। মস্তিষ্ক এবং চোখের দুর্বলতা দূর হয়। কোমর এবং পা-কে নীরোগ বানিয়ে শক্তিশালী করে তোলে। শ্বাস এবং রক্তের দূর্বলতাকে দূর করে। চিন্তা-ভাবনাকে পবিত্র করে তোলে। স্ত্রীদের গুপ্তাঙ্গকে নীরোগ বানায়। মাসিক ধর্ম বন্ধ হয়ে গেলে এই যোগাসনে মাসিক ধর্ম পুনরায় শুরু হয়ে পড়ে। যদি প্রচুর পরিমাণে মাসিক ধর্ম হতে শুরু হয়, তাকে কম করে। পুরুষদের মধ্যে পুরুষত্বশক্তি সৃষ্টি করে। লিঙ্গকে শক্তিশালী করে তোলে।

ভূজঙ্গাসন

বিধি ঃ উপুড় হয়ে পেটের ওপর ভর দিয়ে শুয়ে পড়ুন। দুটো হাতকে শরীরের ডান দিকে এবং বাঁ দিকের কাঁধের নীচে এমনভাবে রাখুন, যাতে হাতের আঙুল আর বুড়ো আঙুল এক সঙ্গে জুড়ে থাকে। হাতের তালু মাটিতে রেখে কনুইকে ডান দিকের কোনে রাখুন এবং পায়ের পাতাকে

পেছনের দিকে টানটান করে রাখুন।

এবার হাতের তালুর ওপর চাপ দিয়ে শ্বাস টেনে বুককে মাটি থেকে ওপর দিকে তুলে ধরুন। ঠিক যেভাবে ফনাধর সাপের ফনা ওঠে, ঠিক সেইভাবে নাভির ওপরে পুরে অংশটা মাটি থেকে ওপরে উঠে থাকবে। তারপর নিঃশ্বাস ছাড়তে-ছাড়তে আবার আগের অবস্থায় ফিরে আসুন। নিজের সুবিধা অনুযায়ী এই জিনিষটা আপনি বেশ কয়েকবার করতে পারেন।

লাভ ঃ এতে বুক এবং ফুসফুস সুস্থ এবং শক্তিশালী হয় আর পেটের যাবতীয় রোগ-বিকার দূর হয়ে যায়। হাত শক্তিশালী হয়, ফলে সম্ভোগ করার সময় পুরুষ তাড়াতাড়ি ক্লান্ত হয়ে পড়ে না যোনি মজবুত হয়ে ওঠে। সম্ভোগ করার সময় পুরুষ লিঙ্গে বেড়ে ওঠার মাত্রা আরও বেড়ে ওঠে। কোমর সর, হয়, ভুঁড়ি ঝরে যায়।

পবনমুক্তাসন

আগের অবস্থায় চিত হয়ে শুয়ে দুটো হাতকে মাথার দিকে লম্বা করে ছড়িয়ে দিন।

বিধি ঃ এই আসন 6-টি পর্যায়ে শেষ হয় (1) ফুসফুসে শ্বাস ভরে ডান পা-কে ওপর দিকে সোজা ভাবে দাঁড় করিয়ে দিন। (2) সেই পা-কে হাঁটু থেকে মুড়ে দুটো হাত দিয়ে হাঁটু চেপে ধরে পেটের ওপর চাপ দিন। (3) হাঁটু থুতনীর সঙ্গে ঠেকিয়ে ধরুন। নিঃশ্বাস ছেড়ে দিন আর যতক্ষন সম্ভব এই অবস্থায় থাকুন। (4) ঘাড় এবং মাথা পেছন দিকে মাটির ওপর রাখুন এবং শ্বাস টেনে নিন। (5) হাতকে ওপর দিকে লম্বা করে ছড়িয়ে দিন, পা ওপর দিকে ওঠান। (6) পা নীচে নামিয়ে এনে মাটিতে রেখে আগের অবস্থায় ফিরে আসুন। এই জিনিষগুলো এবার বাঁ পায়ে করুন আর পালা করে দুই পায়ে শক্তি অনুসারে 5 থেকে 10 বার করুন।

লাভ ঃ পেটের গ্যাস নষ্ট করে পেটের চর্বি কম করে। পেটের অন্যান্য রোগকেও দূর করে। সকালবেলা ভাল পেট পরিস্কার হয়। লিঙ্গের আকার বাড়ে। শীঘ্রপতনের অভিযোগ দূর হয়ে যায়। যোনির রোগও দূর

হয়। অণ্ডকোষ ইত্যাদির রোগ হয় না।

হৃদয়স্তম্ভাসন

বিধি ঃ চিত হয়ে শুয়ে দুই হাতকে মাথার দিকে লম্বা করে দিন। হাত আর পা এক ফুট দূরত্বে রেখে 'রেচক' করে বায়ুকে পেট থেকে বের করে 'কুম্ভক' করে দু-হাত আর দু-পাকে মাটি থেকে এক ফুট ওপরে ওঠান। চোখের দৃষ্টি হৃদয়স্থলের ওপর নিবদ্ধ করে ধীরে-ধীরে হাত-পা নীচে নামিয়ে এনে 'পূরক' করে শ্বাস নিন।

লাভ ঃ এই আসনে হৃদয় মজবুত হয়। বুক, ঘাড়, পেট এবং পিঠের রোগ দূর হয়। নিয়মিত রূপে এই আসন করলে হঠাৎ করে হৃদগতি বন্ধ হয় না। এই আসন মহিলারা গর্ভাবস্থার সময়টাকে বাদ দিয়ে বাকী সময় করতে পারেন।

এই আসনে যোনি মজবুত হয়। যদি পুরুষের লিঙ্গ ছোট হয় এবং স্ত্রী-র যোনি বড়, তাহলে এই আসনের অভ্যাস অতি অবশ্যই করবেন। এই আসন পুরুষদের পা-কে শক্তি জোগায়। সম্ভোগ এবং আলিঙ্গনে ভরপুর আনন্দ পাওয়া যায়।

যানাসন

বিধি ঃ মাটিতে উপুড় হয়ে শুয়ে পড়ুন। দুটো পা-কে এক করে রাখুন হাতকে দু-পাশে টানটান করে ছড়িয় রাখুন। এবার শ্বাস টেনে মাথা, বুক, পা আর হাত মাটি থেকে শূন্যে তুলে ধরুন। অস্থিরতা অনুভব করলে বুক, মাথা, হাত আর পা মাটিত নামিয়ে এনে শ্বসা ছেড়ে দিন আর ঘাড় মুড়ে মাটিতে রেখে শরীরকে ঢিলে ছেড়ে দিন।

লাভ ঃ শরীর হাল্কা হয় এবং শরীরে স্ফূর্তি আসে। পেটের যাবতীয় রোগ দূর হয়। গলা, বুকের কষ্টও দূর হয়। নাভি এবং যোনি সম্বন্ধীয় বিকার দূর হয়। হজমশক্তি বাড়ে।

এই আসন পুরুষদের জন্য সেক্সের অনেক গুণ সৃষ্টি করে, যেসব গুণ পুরুষদের কাছে থেকে স্ত্রী বা সর্বদা কামনা করে। পুরুষদের জন্য এই আসন তো সর্বশ্রেষ্ঠ বটেই, মহিলারাও গর্ভাবস্থার দিনগুলো বাদ দিয়ে

বাকী সময়ে এই আসন করতে পারেন।

নাভি আসন

বিধি ঃ মাটিতে কোন নরম জিনিষ বিছিয়ে, তার ওপর উপুড় হয়ে শুয়ে পড়ুন। কপাল, নাক, বুক, নাভি, হাঁটু এবং পা মাটিতে সোজা করে রাখুন। এরপর দুটো হাতকে সোজা সামনের দিকে নিয়ে যান। শরীরকে টানটান ভাবে লম্বা করে রাখার চেস্টা করতে-করতে 'পূরক' করে নাক দিয়ে শ্বাস ভেতরে টানুন। একার দুটো পা এবং হকে দু ফুট দূরত্বে রেখে শূন্যে মোটামুটি এক ফুট ওপরে ওঠান। পরে হাত এবং পা ধীরে-ধীরে নীচে নামিয়ে এনে মাটিতে রেখে নিঃশ্বাস ছাড়ুন।

লাভ ঃ এই আসনে হজমশক্তি বাড়ে। বায়ু-গ্যাসের কস্ট দূর হয়ে যায়। নাভি শক্তিশালী হয়। মাথার রোগের হাত থেকে মুক্তি পাওয়া যায়। বীর্য নাশের রোগ দূর হয়ে যায়। ভুঁড়ি বাড়া বন্ধ হয়। বুক মজবুত হয়। শরীরের উচ্চতা বাড়ে।

এই আসন করলে পুরুষের সম্ভোগ করার শক্তি বাড়ে। স্ত্রী এবং পুরুষের ভুঁড়ি কমে যাওয়ায় সহবাসে পূর্ণ অনান্দ পাওয়া যায়।

স্হিত উর্দ্ধপাদ বিস্তৃতাসন

বিধি ঃ মাটিতে বসে পা-কে সোজা করে ছড়িয়ে দিন। এবার দুটো-পা-কে যতটা ছড়াতে পারেন, ছড়িয়ে দিন। এবার 'পূরক' করে শ্বাস নিন এবং হাত দিয়ে পায়ের বুড়ো আঙুলকে ধরে পা দুটোকে মাটি থেকে অন্ততঃপক্ষে দেড় ফুট ওপরে উঠিয়ে স্হির করে রাখুন এবং 'কুম্ভক' জারী রাখুন। এবং হাত একদম সোজা রাখতে হবে। ক্লান্ত হয়ে পড়লে। পা মাটিতে রেখে প্রথমে 'রেচক' আর পার 'পূরক' ক্রমাগত করে চলুন।

লাভ ঃ এই আসনে হাত এবং পায়ে শক্তিসঞ্চার হয়। শরীরে বল এবং স্ফূর্তি আসে। হজম শক্তি ভাল হয়। পিঠ, নাভি, পেট ইত্যাদি সুস্হ থাকে।

এই আসনে স্ত্রী-পুরুষ দুজনেরই গুপ্তঙ্গের বিকাশ হয়। দুজনের কাছেই সম্ভোগ ক্রিয়া সরল হয়ে ওঠে এবং সম্ভোগে ওরা দুজনেই পূর্ণ আনন্দ প্রাপ্ত করে। সম্ভোগকালে স্ত্রী-পুরুষের মিলনের অসুবিধাগুলি

দূর হয়ে যায়।

মৃগাসন

বিধি ঃ মাটিতে পা মুড়ে তার ওপর বজ্রাসনের ভঙ্গীতে বসে পড়ুন। এর পেট আর বুককে জানুর সঙ্গে সাঁটিয়ে রাখুন। দুটো হাতকে পেছন নিয়ে যান আর টানটান করে ওপর দিকে ওঠান। দৃষ্টিকে সোজা রাখুন। শ্বাস টেনে নিতম্বকে কিছুটা ওপরে ওঠান। এতটা ওপরে ওঠান, যাতে সমস্ত শরীরের ভার হাঁটুর ওপরে পড়ে। শ্বাসকস্ট হলে শ্বাস নিতম্বকে পায়ের ওপর রেখে নিন। হাত সামনে নিয়ে গিয়ে সোজা করুন এবং শ্বাস ছেড়ে দিতে আগের অবস্হায় ফিরে আসুন।

লাভ ঃ এই আসনে ডায়াবেটিস রোগে লাভ দেয়। পেটের গ্যাস বাইরে বের করে দেয়। চর্বি ঝরিয়ে দেয়। হজম শক্তিকে ভাল করে। পা, হাত, গলার রোগে লাভ দেয়।

এই আসন অভ্যাস করলে পুরুষ দীর্ঘক্ষন ধরে স্ত্রী-র সঙ্গে সম্ভোগক্রিয়া চালিয়ে যাবার শক্তি পায়। পুরুষের লিঙ্গ ছোট হলে এই আসনে লিঙ্গের দৈর্ঘ্য বাড়ে। হাঁটু শক্তিশালী হয়। ফলে সম্ভোগকালে পুরুষ তাড়াতাড়ি ক্লান্তি অনুভব করে না। সম্ভোগে স্ত্রী-পুরুষ–দুজনেই পূর্ণ আনন্দ পায়।

যোগাসন

বিধি ঃ পদ্মাসন লাগিয়ে সহজভাবে সোজা হয়ে বসুন। এর পর দুটো হাতের তালু দুটো পায়ের তালুতে লাগান। দুটো হাতকে টানটান করে রাখুন। শ্বাসগতি স্বাভাবিক রেখে নাকের অগ্রভাগ অথবা সাদা দেওয়ালে চোখের দৃষ্টিকে নিবদ্ধ করে রাখুন।

লাভ ঃ এই আসন অভ্যাস করলে ধ্যানে বসতে মন লাগে। মনের চঞ্চলতা দূর হয়। অলসতা দূর হয় যায়। প্রভুভক্তিতে মন লাগতে শুরু করে। বুদ্ধি তীক্ষ্ণ হয়। থেমে থাকা রক্তপ্রবাহ গতি পায়। মস্তিস্ক প্রফুল্লিত হয়ে ওঠে।

স্ত্রী এবং পুরুষ নিজেদের ইচেছ মন রজ অথবা বীর্যের স্খলন করার

শক্তি এই আসন থেকে প্রাপ্ত করতে পারেন। শরীরের প্রতিটি অঙ্গ , যা কাম-ক্রীড়ায় সহায়ক, এই আসনের অভ্যাসে মজবুত হয়ে ওঠে।

জানুশিরাসন

বিধি ঃ মাটিতে বসে পা দুটোকে সামনের দিকে এক সঙ্গে মিলিয়ে রাখুন। এরপর কোন একটা পা-কে হাত দিয়ে ধরে সেই পায়ের গোড়ালীকে কিডনী এবং অণ্ডকোষের মধ্যভাগে ঠেকিয়ে ধরুন আর সেই পায়ের তালুটা যে পা-টা সোজা করে ছড়িয়ে রাখা আছে, সেই পায়ের উরুর সঙ্গে ঠেকিয়ে রাখুন। এবার প্রাণায়ামের 'পূরক' ক্রিয়া করে নিঃশ্বাসকে বাইরে ছেড়ে দিন এবং পেটের নাভি-প্রদেশকে ভেতরে নিয়ে দুটো হাতকে সোজা করুন। পা দুটোকে কাঁচির মত করে আর মাথাকে ঝুঁকিয়ে সেই পা-কে স্পর্শ করুন। এই অবস্থায় প্রাণায়ামের 'কুম্ভক' অবস্থা জারী রাখুন, অর্থাৎ শ্বাসকে ভেতরে ধরে রাখুন, ক্লান্ত হয়ে পড়লে ধীরে-ধীরে মাথাকে ওপরে তুলে সোজা হয়ে বসার পর 'পূরক' এবং 'রেচক' করুন। এবার পা বদলান। এই আসন অভ্যাস করার সময় কিডনী এবং মূত্রেন্দ্রিয়কে ওপর দিকে টেনে ধরলে অসাধারণ লাভ পাওয়া যায়।

এই ভাব দুটো পা-কে সোজা করে মাথাকে স্পর্শ করলে 'পশ্চিমোত্তাসন' হয়ে পড়ে।

লাভ ঃ এই আসনে হৃদয়ের দোষ দূর হয়। কাশি, হাঁফানী, সাধারণ জ্বর ভাল হয়। আয়ু বাড়ে। পেটের যাবতীয় রোগ ভাল হয়ে যায়। হজম শক্তি ভাল হয়।

এই আসন মেয়েদের মধ্যে কাম-বাসনা জাগ্রত করে তোলে। পুরুষ এবং স্ত্রী-র অঙ্গকে মজবুত করে তোলে। স্ত্রী-পুরুষের মিলনের সমস্ত রকম বাধাকে দূর করে। পুরুষের লিঙ্গ যদি বড় হদয় আর স্ত্রী-র যোনি যদি ছোট হয়, তাহলে এই আসন পুরুষদের নিয়মিতরূপে অভ্যাস করা উচিত।

সুপ্ত বগ্রাসন

বিধি ঃ পা মুড়ে মাটির ওপর রাখুন। মোটামুটি এক ফুট দূরত্বে দুটো

পা যেন থাকে। এরপর পেছন দিকে ঝুঁকে চিত হয়ে পিঠের ওপর ভর দিয়ে শুয়ে পড়ুন। তারপর পিঠকে মাটি থেকে ওপরে তুলে মাথাকে পিঠের দিকে যতটা ঘোরাতে পারেন, ততট ঘুরিয়ে দিন। দুটো হাতকে পায়ের ওপর রাখুন। দৃষ্টিকে মাটির ওপর রাখুন আর মাথাকে যতটা কাছে নিয়ে আসতে পারেন নিয়ে আসুন। লম্বা করে নিঃশ্বাস নিন আর ছাড়ুন। মূল অবস্হায় আসার জন্য সবার আগে ঘাড়ে ধীরে-ধীরে সোজা করে বসুন পা ছড়িয়ে শরীরকে ঢিলে করে ছেড়ে সোজা হয়ে শুয়ে পড়ুন।

লাভ ঃ এই আসন পা-কে মজবুত করে। গলার রোগ দূর করে। প্রাণায়াম করলে শ্বাসকষ্ট এবং হাঁঠানীর রোগ দূর হয়ে পড়ে। চোখের জ্যোতি বাড়ে। পেট হালকা হয়। ছাতি চওড়া হয় নাভি যদি নিজের মূল স্হান থেকে সরে গিয়ে থাকে, তাহলে সোট আবার ঠিক জায়গায় ফিরে আসে। পেটের রোগ থেকে মুক্তি পাওয়া যায়। হজমশক্তি ভাল হয়। কোমরের যন্ত্রণাও দূর হয়ে যায়।

এই আসনে স্ত্রী-র যেনি মজবুত হয়। পুরুষের লিঙ্গও এই আসনে মজবুত হয়। হাঁটু আর পা শক্তিশালী হওয়ায় পুরুষ দীর্ঘক্ষন ধরে সম্ভোগে স্ত্রী-কে আনন্দ প্রদান করতে সমর্থ হয়। স্ত্রী এবং পুরুষের কেমর ইত্যাদিতে যন্ত্রণা হয় না। এটা খুবই ভাল আসন। সেক্সের ব্যাপারে এই আসনের অনেক লাভ।

মৎস্যাসন

বিধি ঃ পদ্মাসন লাগিয়ে নিন। ডান পায়ের ওপর বাঁ পা রাখুন। এবার ঠিক এইভাবে বাঁ পায়ের ওপর ডান পায়ের গোড়ালি রাখুন এই অবস্হাতে ধরে রেখে পিঠের ওপর ভর দিয়ে এমনভাবে শুয়ে পড়ুন, যাতে মাথার পেছন দিকটা মাটির সঙ্গে লেগে যায়। কাঁধ থেকে শুরু করে কোমর পর্যন্ত্য ওপরে ওঠানো থাকবে। ছাতি ওপর দিকে ওঠানো থাকবে। ডান হাত দিয়ে বাঁ পায়ের বুড়ো আঙুল আর বাঁ হাত দিয়ে ডান পায়ের বুড়ো আঙুল চেপে ধরুন। সমস্ত শরীর মাথার পেছনের অংশ আর নিতম্বের ওপর ভর করে থাকবে। তারপর হাঁটুতে মাটির সঙ্গে লাগাবার চেষ্টা করুন। কিন্তু হাত দিয়ে পায়ের বুড়ো আঙুল শক্ত করে

ধরে থাকুন। এতে বীর্যের গ্রন্থির ওপর জোরদার টান পড়বে। সেই অংশটা, যা পা এবং পেটকে পরস্পরের সঙ্গে মিলিয়ে রাখে, এর ফলে সেই অংশটা বিশেষ রূপে প্রভাবিত হবে, যদি হাঁটুকে মাটির সঙ্গে লাগাবার চেস্টা করা যায়। হাঁটু অনেক কষ্টে মাটির সঙ্গে লাগানো যায়। এই আসনের অভ্যাসে কি না হতে পারে?

যেমনভাবে আগে ডান হাতের মুঠি করেছিলেন, ঠিক সেইভাবে এবার সুখ আসন করুন।

লাভ ঃ এই আসনে পেট, অন্ত্র, হৃদয় বিশেষ করে প্রভাবিত হয়। এতে জঠরাগ্নি নিজের কাজ পূর্ণরূপে করার যোগ্য হয়ে ওঠে। মোটাপন দূর হয়। প্রচণ্ড ক্ষিধে পায়। মেরুদণ্ডের হাড়ও প্রভাবিত হয়। মেরুদণ্ডের হাড়ের মধ্যে নমনীয়তা আসে। শরীর সুন্দর এবং সুডৌল হয়ে ওঠে। মস্তিষ্ক শক্তিশালী হয়ে ওঠে। সম্ভোগের সময় স্ত্রী-পুরুষের পা ইত্যাদি কস্ট এই আসন অভ্যাস করলে দূর হয়ে পড়ে।

ধনুরাসন

এই আসনের বিভিন্ন প্রকারভেদ আছে। যেহেতু হৃদয়ের ওপর এই আসনের প্রভাব সবচেয়ে বেশী পড়ে তাই হাঁফানী এবং হৃদয় রোগের রোগীদের পক্ষে এই আসন বর্জিত।

বিধি ঃ পেটের ওপর ভর দিয়ে মাটিতে উপুড় হয়ে শুয়ে পড়ুন। দু পায়ের গোড়ালি এক সঙ্গে ঠেকিয়ে পা ঘুরিয়ে পিঠের দিকে নিয়ে যান- দুটো হাত দিয়ে গোড়ালির সন্ধিভাগ শক্ত করে চেপে ধরে রাখুন। এবার এটা লক্ষ্য রাখতে হবে যে, গোড়ালি আর পায়ের পাতা মিলে থাকবে আর পায়ের পাতাকে হাঁটুর দিকে মুড়ে রাখবেন, পিঠের দিকে নয়। এতে পায়ের পাতা চওড়া হয়ে আকাশের দিকে হয়ে থাকবে। এবার পা-কে পেছন দিকে নিয়ে যান আর পা হাতের পেছন দিকে টানুন, যাতে বুক আর মাথা সাপের ফনার মত ওপরে উঠে যায়। হাত দিয়ে পায়ে সামনের দিকে টানুন, কিন্তু এটা মনে রাখবেন যে, এমন করতে গিয়ে যেন কনুই যেন ভাঁজ না হয়ে পড়ে। এই আসনে হাঁটু অত সহজে ওঠে না। কিছুদিন ধরে অভ্যাস করলে হাঁটু উঠতে শুরু করে। যতদিন পর্যন্ত্য হাঁটু না উঠছে, আসন সম্পূর্ণ হয় না, পুরো লাভও পাওয়া যায় না।

হাঁটু ওপরে উঠতে শুরু করলে উরুকেও পুরোপুরি ওপর দিকে উঠিয়ে দেয়। এমন কি শরীরের সমস্ত ভার পেটের নাভির নীচের অংশের ওপর এসে পড়ে। হাত আর পায়ে যেন এক প্রকারের সংঘর্ষ শুরু হয়ে পড়ে। হাত সামনের দিকে টানে আর পা টানে পেছন দিকে। শরীর পুরোপুরি ধনুকের আকার গ্রহণ করে, একদম টানটান। যদি এই আসন আপনি শীতকালে অভ্যাস করনে, তাহলে মনে হবে যেন ঠাণ্ডা পালাচ্ছে।

লাভ ঃ এই আসন অভ্যাস করলে শরীরের প্রতিটি অঙ্গ এবং জোড থেকে বিজাতীয় দ্রব্য বেরিয়ে যায়। এই আসনে মেরুদণ্ডের হাড়ের ওপর বিশেষ প্রভাব পড়ে। কোমরের যন্ত্রণা দূর করতে এই আসন অত্যন্ত লাভদায়ী। এই আসনে পেটের যাবতীয় রোগ ভাল হয়ে যায়।

ধনুরাসনের সঙ্গে একটা উপ-আসনও করা হয়। সেটা হচ্ছে এই প্রকারঃ-

ভূজঙ্গাসনের মত হাত কাঁধের নীচে আর কনুই ডান আর বাঁ কোনে রেখে পেটের ওপর ভর দিয়ে শুয়ে পড়ুন। কোমরকে মাটি থেকে কিছুটা ওপরে তুলে ধরুন। হাতের শক্তিতে শরীরকে উল্টো ডন দেবার মত করে ওপরে ওঠাতে-ওঠাতে পেছন দিকে ঠেলে নিয়ে যান, যতক্ষন না পায়ের গোড়ালি মাটির সঙ্গে লেগে যাচ্ছে। এটা মনে রাখবেন যে, হাত আর পা যেখানে আছে, সেখান থেকে যেন না নড়ে। মনে হবে, যেন পায়ের ডিম ফেটে যাচ্ছে। পায়ের ডিম এবং গোড়ালি–যে দুটো ভাগ হচ্ছে শরীরের সবচেয়ে কঠোর ভাগ, সেই দুটো ভাগ এই আসনে বিশেষ রূপে প্রভাতি হয়। এই দুটো ভাগের বিজাতীয় দ্রব্য এই আসনে নড়তে শুরু করে। এবার নিঃশ্বাসকে ভেতরে নিয়ে ওপরে আসতে হবে। তারপর শ্বাস ছাড়তে-ছাড়তে আগের অবস্হায় ফিরে আসুন। কনুইকে ভাঁ দিয়ে যান, বুকের ছাতি প্রথমে আসবে, কোমর যেন প্রথমে মাটি স্পর্শ করবে, তখন পায়ের পাতাকে ডান এবং বাঁ দিকে রেখে ডান পায়ের ওপর চড়িয়ে দিন এবং গোড়ালির ওপর ভর দিয়ে বসে পড়ুন। দুটো হাতের ওপর চাপ দিয়ে পা-কে মাটি থেকে সরিয়ে নিন এবং একটা দোলনার মত বানিয়ে পা বাইরে বের করে ছড়িয়ে দিন আর পিঠের

ওপর ভর দিয়ে চিত হয়ে শুয়ে শ্বাস-প্রঃশ্বাসকে স্বাভাবিক করে শ্বাসন অর্থাৎ আসন শুরু করার আগের অবস্থায় শুয়ে পড়ুন।

লাভ ঃ এই আসন পা-কে স্বাভাবিক রূপে এবং পায়ের ডিমকে বিশেষ রূপে নীরোগ করে তোলে। হাতকে শক্তিশালী করে তোলে। উচ্চতা বাড়ায়। পায়ের ডিম আর গোড়ালিতে কোনদিনও যন্ত্রণা হয় না। ক্লান্তি দূর করে।

সেক্সে এই আসন স্ত্রী গুপ্তাঙ্গ এবং যোনিকে সুদৃঢ় করে তোলে। গুপ্তাঙ্গের সকল প্রকারের দোষ দূর করে। পুরুষদের মধ্যে সম্ভোগ শক্তি বাড়িয়ে তোলে। শীঘ্র পতনের দূর্বলতাকে দূর করে। স্ত্রী-পুরুষের মিলনে দুজনের আনন্দ-প্রাপ্তির অনুভূতি দীর্ঘ সময় ধরে বজায় রাখতে সাহায্য করে এই আসন।

চক্রাসন

এই আসনে শরীরকে চক্রের আকার দেওয়া হয়।

বিধি ঃ (1) এই দু ভাবে করা যায়। চিত হয়ে শুয়ে পড়ুন। দুটো হাতকে কনুইয়ের ওপর রেখে হাতকে কাঁধের নীচে রাখুন। হাতের আঙুল আর বুড়ো আঙুল পরস্পরের সঙ্গে লেগে থাকবে আর হাতের আঙুলের মুখ পায়ের দিকে থাকবে। কনুই ডান এবং বাঁ দিকের কোনে থাকবে পায়ের গোড়ালি নিতম্বের সঙ্গে লাগিয়ে দিন। এবার হাতের তালুর ওপর ভর দিয়ে কাঁধ আর মাথা মাটি থেকে ওপরে তুলে শরীরকে ওপর দিকে ধাক্কা দিন, যাতে শরীরটা ধনুকের মত টানটান হয়ে পড়ে। চেষ্টা এটা করবেন যে, আপনার হাতের পাঞ্জা আর পায়ের গোড়ালি যেন পরস্পরকে স্পর্শ করে থাকে। এটা একটু মুশ্কিল কাজ বটে, কিন্তু লাগাতার অভ্যাস করলে পারবেন। এবার মাথাকে একটু মাটির ওপর রাখুন। দুটো হাত ওপরে তুলে পেটের ওপর রাখুন। দুটো হাত ওপরে তুলে পেটের ওপর রাখুন এবার শরীরের সমস্ত ভার মাথার পেছন দিকে আর পারেয় পাতার ওপর হবে। তারপর পায়ের গোড়ালি তুলে ধরলে শরীরের সমস্ত ভার মাথার পেছন দিকে আর পায়ের পাতার ওপর এসে পড়বে। যারা শীর্ষাসন করতে পারেন না, তাদের এই আসনের অভ্যাসে কিছুটা শীর্ষাসনের লাভ প্রাপ্ত হবে।

বিধি ঃ (2) সোজা হয়ে দাঁড়ান। দুটো হাতকে আকাশের দিকে নিয়ে গিয়ে টানটান করে রাখুন। হাতের তালু সামনের দিকে থাকবে। এবার হাতকে পিঠের পেছন দিকে ঝোঁকাতে শুরু করুন। এর সঙ্গে-সঙ্গে পিঠ আর কোমরও ঝুঁকতে থাকবে। যতক্ষন না হাত মাটিতে ঠেকে যাচ্ছে, ততক্ষন পর্যন্ত্য ঝুঁকিয়ে যান। হাত মাটিতে ঠেকে যাবার পর যখন শরীর প্রথম বিধির মত চক্রের আকারে এসে যাবে, তখন প্রথম বিধি অনুযায়ী বাকীটা করে চলুন।

লাভ ঃ আপনি এই আসনটা যে বিধি মেনেই করুন না কেন, লাভ দুটো বিধিতেই একই রকম হবে। এই আসনে পেটের যাবতীয় রোগ-বিকার দূর করে। কোমরে যন্ত্রণা কখনো হবেই না, মাঝে-মাঝে একটু-আধটু হলেও সঙ্গে-সঙ্গে দূর হয়ে যায়। এই আসন লাগাতার করে চললে বৃদ্ধাবস্হাতেও কোমর সামনের দিকে ঝুঁকে পড়বে না। এই আসনে মেরুদণ্ডের হাড় নীরোগ হয়ে ওঠে। বুকের ছাতি, কোমর, হাত এবং পা রোগমুক্ত হয়ে বলশালী হয়ে ওঠে।

সেক্সে এই আসন স্ত্রী-র যোনিকে বাড়িয়ে তোলে। যোনি মজবুত হয়। এর ফলে সম্ভোগ করার সময় স্ত্রী-র সঙ্গে-সঙ্গে পুরুষও ভরপুর আনন্দ প্রাপ্ত করে। এই আসন পুরুষদের লিঙ্গ বড় করে তুলতেও সাহায্য করে। এই আসনে লিঙ্গের শিথিলতাও দূর হয়ে পড়ে। হাত এবং পা শক্তিশলী হয়ে ওঠে, যার ফলে সম্ভোগ করার সময় তাড়াতাড়ি ক্লান্তি অনুভূত হয় না।

খগাসন

বিধি ঃ পদ্মাসন লাগিয়ে পেটের ওপর ভর দিয়ে শুয়ে পড়ুন। তারপর শ্বাস ভরে মাথা, গলা আর বুকের ছাতিকে মাটি থেকে তুলে ধরুন আর ওপর দিকে নিয়ে যাবার ভরপুর চেষ্টা করুন। দৃষ্টি ওপরে আকাশের দিকে রাখবেন। যতক্ষন শ্বাসকে আটকে রাখতে পারেন, আটকে রাখুন। পরে ধীরে-ধীরে সবার আগে বুকের ছাতি, মাথা মাটিতে রেখে হাতকে সোজা করে নিন। শ্বাস ছেড়ে শরীরকে এবার শিথিল করে দিন।

লাভ ঃ এই আসন করলে মাথা, গলা, বুক, পেট ইত্যাদি যাবতীয়

রোগ-বিকার দূর হয়ে পড়ে। নাভির রোগও দূর হয়ে যায়। পেটের গ্যাস বেরিয়ে যায়। মূত্র সম্বন্ধীয় কষ্টও উপশম হয়। ডায়াবেটিস ঠিক হয়ে যায়। শ্বাস কষ্ট এবং হাঁফানী রোগেও উপকাল পাওয়া যায়। দৃষ্টিশক্তি ভাল হয়। মাথা ঘোরা বন্ধ হয়ে যায়। পেট হাল্কা হয় এবং ছাতি চওড়া হয়ে পড়ে। সেক্সে এই আসনে পুরুষদের জন্য অত্যন্ত উপযোগী আসন। এই আসন অভ্যাস করলে পুরুষ সম্ভোগে স্ত্রী-কে দীর্ঘক্ষন পর্যন্ত্য আনন্দ প্রদান করতে সক্ষম হয়।

সর্বাঙ্গাসন

এই আসনকে আসনের রাজা বলা হয়। শীর্ষাসনকে বাদ দিলে সবচেয়ে লাভদায়ক আসনের মধ্যে সর্বাঙ্গাসনের স্হান সর্বপ্রথমে আসে।

বিধি ঃ পূর্ব উত্থানপাদ আসনের মত পিঠের ওপর ভর দিয়ে চিত হয়ে শুয়ে দুটো হাতকে দু পাশে টানটান করে ছড়িয়ে দিন। পায়ের পাতা দুটোকে এক সঙ্গে মিলিয়ে সামনের দিকে টানটান করে রেখে গোড়ালিকে একটু ওপরে তুলে ধীরে-ধীরে পা-কে ওপরে ওঠাতে থাকুন। যখন পা পুরোপুরি ওপরে উঠে যাবে, তখন কোমরকে তুলতে শুরু করুন। হলাসনের মত মেরুদণ্ডের হাড়ের একটা-একটা গাঁট ওপরে উঠে যেতে থাকবে। একটা সময় এমন আসবে, যখন পা সোজা আকাশের দিকে হয়ে পড়বে। পায়ের পাতাকে আকাশের দিকে করে টানটান করে রাখুন। হাতের ওপর ভর করে এবার একটু পিঠের দিকে ওঠান। একটা সময়ে সমস্ত শরীর কাঁধের ওপর ভর করে সমকোনে দাঁড়িয়ে পড়বে। পা না তো মাথার দিকে ঝুঁকবে পেছনের দিকে। থুতনকে গলার নীচের ভাগে, যেখানে একটা গর্তের মতন আছে, চেপে জমিয়ে দিন। একে 'জালন্ধর বন্ধ' বলে। এই অবস্হায় 10 মিনিট পর্যন্ত্য থাকতে পারেন। হাত যদি ছাড়তে পারেন তো ছেড়ে দিয়ে থাকতে পারেন, নয়তো হাতের ওপর ভরকরে মেরুদণ্ডের হাড়ের একটা-একটা গাঁট মাটিতে লাগিয়ে ফিরিয়ে আনুন। পা-কেও ধীরে-ধীরে নীচে নামিয়ে আনুন। পায়ের পাতা খুলে শবাসনে শুয়ে পড়ুন।

এর সঙ্গে-সঙ্গে বিপরীতকরনেরও অবস্হা হতে পারে। সেটা হচ্ছে এইরকমঃ-

যখন পা কাঁধের ওপরে সোজা হয়ে আছে আর হাত পিঠকে সাহায্য করছে, তখন হাতকে একটু ওপরে ওঠাতে শুরু করে দিন। কোমরের নীচের অংশ পর্যন্ত্য নিয়ে যান, তারপর কনুইয়ের ওপর ভর দিয়ে হাতের তালুর সাহায্যে পা-কে সামনের দিকে ঝোঁকাতে শুরু করে দিন। এতটা ঝোঁকাবেন না যে, আপনি পড়ে যাবেন। বেশী ঝোঁকালে পড়ে যাবার সম্ভাবনা থাকতে পারে। এতে হাতের ওপর প্রচণ্ড চাপ পড়বে। সর্বাঙ্গ াসনে রক্তের প্রবাহ সোজা ওপর থেকে নিচের দিকে থাকে। বিপরীতকরণে ঝুঁকে পড়া অবস্হা তৈরী হওয়ার ফলে রক্তের প্রবাহ তীব্র হয়ে ওঠে। যাদের শরীর এই অবস্হায় কাঁপতে শুরু করে, তারা এই আসা না করলেই ভাল হয়। আর যদিও বা করেন, তাহলে হৃদয়ের ওপর বেশী ভার পড়ার সম্ভাবনা থেকে যায়।

লাভ ঃ ঘাড়, পেট আর ছাতির রোগ-বিকার দূর হয়ে যায়। গলার রোগে এই আসন বিশেষ করে লাভ দেয়। মেরুদণ্ডের হাড়েও নমনীয়তা আসে। নিতম্বের ওপর বিশেষ চাপ পড়ার ফলে নিতম্বের যাবতীয় দোষ দূর হয়ে যায়। কোষ্ঠকাঠিন্য দূর করার ক্ষেত্রেও এই আসন অত্যন্ত লাভ দেয়। পেটের বায়ু বের করে দেয়। 10 মিনিট পর্যন্ত্য এই আসন করলে বেশী লাভের আশা করা যেতে পারে। যদি এই অবস্হায় জলে সাঁতার কাটার অভ্যাস হয়ে যায়, তবে এই আসন অত্যন্ত লাভদায়ক হতে পারে।

এই আসন স্ত্রী-র যোনি-বিকার দূর করে। লিঙ্গকে যোনিতে ধারণ করে রাখার শক্তিও এই আসনে বাড়ে। শরীরে তেজ বাড়ে, সঙ্গে-সঙ্গে বীর্য বলেরও বৃদ্ধি ঘটে। সম্ভোগের সময় স্ত্রী-পুরুষ দীর্ঘক্ষন ধরে কাম-ক্রীড়া করা সত্ত্বেও ক্লান্তি অনুভব করে না।

শুতরমুর্গ (Ostrich) আসন

বিধি ঃ সোজা হয়ে দাঁড়িয়ে সামনের দিকে ঝুঁকে পড়ুন। হাত মাটিতে রাখুন। তার পর পায়ের গোড়ালি তুলে ধরে পায়ের পাতা এবং হাতের তালু মাটি থেকে উঠিয়ে শুধুমাত্র আঙুল খুলে মাটির সঙ্গে লাগিয়ে রাখুন। চোখের দৃষ্টি সামনের দিকে রাখুন। গোটা শরীরকে পা এবং হাতের আঙুলের ওপর ভর দিয়ে রাখুন। এরপর মাটির ওপর রেখে

ধীরে-ধীরে ওপরে উঠুন।

লাভ ঃ এই আসন অভ্যাস করলে এক দিকে যেমন পা আর হাত মজবুত হয়, অন্য দিকে কোমরের রোগও দূর হয়ে যায়। হৃদয় মজবুত হয়। পেটের রোগের হাত থেকেও মুক্তি পাওয়া যায়।

এই আসন করলে পুরুষের মধ্যে শক্তি সঞ্চার হয়। লিঙ্গকে অত্যন্ত সরলতার সঙ্গে যোনির মধ্যে প্রবেশ করিয়ে দেওয়া যায়। হাতের ওপর ভর দিয়ে সম্ভোগ-ক্রিয়া চালিয়ে যাবার সময় ক্লান্তি অনুভব হয় না। স্ত্রীরাও নিজের যোনিতে পুরুষের লিঙ্গ গ্রহণ করার পর বিনা সংকোচে পুরুষের বীর্যকে নিজের গর্ভাশয়ের মধ্যে পূর্ণরূপে গ্রহণ করে চরম তৃপ্তি প্রাপ্ত করতে পারে।

পাদহস্তাসন

বিধি ঃ মাটিতে চিত হয়ে শুয়ে পড়ুন। তার পর দুটো পা-কে এক সঙ্গে মিলিয়ে মাটি থেকে ওপরে তুলুন। এবার দুটো হাতকে ওপরে তুলে শ্বাস নিয়ে হাত দিয়ে দুটো পায়ের বুড়ো আঙুলকে চেপে ধরুন। দুটো পা এখনও একসঙ্গে লেগে থাকবে। পা এবং হাত টানটান হয়ে সোজা হয়ে থাকবে। তারপর মাথাকে পুরো চেষ্টা করে পায়ের দিকে নিয়ে যান। মনে রাখবেন যে, পা যেন মুড়ে না যায়। এরপর হাত-পা খুলে শ্বাস ছাড়তে-ছাড়তে ধীরে-ধীরে মাটির ওপর সোজা হয়ে শুয়ে শরীরকে শিথিল করে ছেড়ে দিন।

লাভ ঃ এই আসনের অভ্যাস করলে কোমরের যন্ত্রণা দূর হয়ে যায়। মেরুদণ্ডের হাড়ে নমনীয়তা আসার ফলে শরীরের অনেক রোগ-বিকার ঠিক হয়ে পড়ে। হৃদয়ের আরাম হয়। পেট হাল্কা হয়ে পড়ে। হজমশক্তি ভাল হয়। পেটের রোগ ভাল হয়। পা এবং হাত মজবুত হয়।

এই আসনের অভ্যাস করলে স্ত্রী দীর্ঘক্ষন ধরে পুরুষের সঙ্গে সম্ভোগ-ক্রিয়া চালিয়ে যাবার পরও ক্লান্ত হয়ে পড়ে না। পুরুষ নিজের লিঙ্গ সরলতার সঙ্গে স্ত্রীর যোনিতে প্রবেশ করিয়ে দিতে পারে। যোনি-সংকোচ হবার ফলে স্ত্রী অধিক মাত্রায় বীর্য প্রাপ্ত করতে সক্ষম হয়। এতে পুরুষও যথেষ্ঠ আনন্দ পায় ও স্ত্রী-ও পূর্ণতা প্রাপ্ত করে। দুজনেই সম্ভোগে চরম তৃপ্তি পায়।

উৎকটাসন

বিধি ঃ মাটির ওপর পায়ের ওপর ভর দিয়ে এমনভাবে বসুন, ঠিক যেমন শৌচকার্যের জন্য বসা হয়। এরপর পায়ের গোড়ালি মাটি থেকে ওপরে উঠিয়ে নিন। শুধুমাত্র পায়ের আঙুলের ওপর ভর করে বসে থাকুন। নিতম্ব দু পায়ের গোড়ালির ওপর রেখে শরীরকে স্হির করে রাখুন। দুটো হাতের পাতা এক সঙ্গে মিলিয়ে হাত দুটোকে পায়ের ওপর সহজ ভাবে রাখুন। চোখের দৃষ্টি সামনের দিকে থাকবে।

লাভ ঃ এই আসনের অভ্যাসে পা মজবুত হয়ে ওঠে। পেটের গ্যাস কিডনী থেকে বেরিয়ে যায়। মল-মূত্র ত্যাগ করতেও সুবিধা হয়। শরীরেও স্ফূর্তি আসে।

পুরুষ এই আসনের অভ্যাসে সম্ভোগ করার শক্তি প্রাপ্ত করে। স্ত্রী-র সরলতার সঙ্গে সম্ভোগ করার শক্তি সৃষ্টি হয় পুরুষদের মধ্যে। স্ত্রীদের যোনি-বিকার এই আসনে দূর হয়ে যায়। পুরুষের লিঙ্গের আকার বৃদ্ধি করতে এই আসন যথেষ্ঠ সাহায্য করে। বীর্যবাহিনী নলিও শক্তিশালী করে তোলে এই উৎকটাসন।

গোমুখাসন

বিধি ঃ মাটিতে ভাল করে বসে বাঁ পা-কে মুড়ে ডান দিকে নিতম্বের সঙ্গে এমন ভাবে ঠেকিয়ে ধরুন, যাতে ঐ পায়ের মোড়া হাটু নাভির ঠিক সামনে থাকে। এর পর ডান পা-কে মুড়ে ওর হাঁটু বাঁ হাঁটুর ঠিক ওপরে রাখুন এবার মেরুদণ্ডের হাড়কে সোজা রেখে দুটো হাতের পাতাকে মিলিয়ে ওপরে রেখে বাঁ হাঁটুকে ভাল করে ধরে এতটা ওপরে করুন, যাতে দুটো হাঁটুর মধ্য ভাগের আকার গোমুখের মত হয়ে পড়ে। পালা করে পা বদলান।

লাভ ঃ এই আসন করলে শরীরে প্রচণ্ড স্ফূর্তি আসে। পায়ে শক্তি আসে। অণ্ডকোষের রোগ দূর হয়ে যায়। প্রভুর ভজন এবং স্বাস্হ্যের জন্য এই আসন অত্যন্ত উপযোগী।

পা-কে পরস্পর পালা করে বদলাতে থাকলে যোনি এবং লিঙ্গ-বিকার দূর হয়ে যায়। সম্ভোগ করার সময় স্ত্রী-পুরুষ-দুজনেই চরম আনন্দ প্রাপ্ত করে।

হস্তপাদগুপ্তাসন

বিধি ঃ দুটো পা-কে হাঁটু থেকে মুড়ে এমন ভাবে বসুন, যাতে দু পায়ের গোড়ালি এবং আঙুল মিলে যায় আর নিতম্ব দু পায়ের গোড়ালির ওপর থাকে। এরপর দুটো হাতকে পেছন দিকে নিয়ে গিয়ে পরস্পর গোড়ালির ওপর থাকে। এরপর দুটো হাতকে পেছন দিকে নিয়ে গিয়ে পরস্পর বিরোধী পায়ের আঙুলকে পরস্পর বিরোধী দিকের হাত দিয়ে ধরে নিন। এবার গভীর নিঃশ্বাস নিয়ে ছাতিকে ফুলিয়ে নিঃশ্বাসকে বুকের ভেতরে আটকে রাখুন। নিজের সামর্থ্য অনুযায়ী নিঃশ্বাস বন্ধ করে রেখে ধীরে-ধীরে শ্বাস ছাড়ুন।

লাভ ঃ এই আসন নিয়মিত রূপে অভ্যাস করলে হাত এবং পা মজবুত হয়। হাঁফানী রোগে লাভ পাওয়া যায়। পেট পরিস্কার থাকে। রক্ত পরিস্কার হয়। শ্বাসনলি শুদ্ধ হয়। শরীরে তেজস্বী হয়ে ওঠে। শরীরে ভাল করে তেল মালিশ করে নিয়ে এই আসন করলে ভাল লাভ পাওয়া যায়।

এই আসন পুরুষের লিঙ্গকে বেড়ে উঠতে সাহায্য করে। স্ত্রী-র সঙ্গে দীর্ঘক্ষন ধরে সহবাস করার পরও পুরুষ ক্লান্তি অনুভব করে না। স্ত্রীদের যোনি যদি ছোট হয় তো এই আসনের অভ্যাসে যোনি বড় হয়। স্ত্রী-পুরুষ-উভয়েরই পা মজবুত হয়। নিজের ইচ্ছানুযায়ী রজ অথবা বীর্য বের করার শক্তি সৃষ্টি হয়।

নাভিপীড়াসন

বিধি ঃ মাটিতে বসে দুটো পা সামনের দিকে ছড়িয়ে পরস্পরের সঙ্গে মিলিয়ে রাখুন। এর পর দুটো হাত দিয়ে পা চেপে ধরে হাঁটু থেকে পা ভাঁজ করুন। দুটো পা-কে নীচ থেকে ধরে নাভির সঙ্গে স্পর্শ করান। এরকম করলে হাঁটু মাটি থেকে উঠে আসবে। দৃষ্টি সামনের দিকে রাখুন। কিছুক্ষন এই অবস্থায় স্থির হয়ে থাকুন।

লাভ ঃ এই আসন পেট পরিস্কার করতে সাহায্য করে। হজমশক্তি ভাল হয়। পা মজবুত এবং শক্তিশালী হয়ে ওঠে। পেট থেকে সরলতার সঙ্গে বায়ু বেরিয়ে যায়। কিডনী সম্বন্ধীয় রোগ-বিকারও এই আসনের অভ্যাসে দূর হয়ে যায়।

এই আসনের নিয়মিত অভ্যাস স্ত্রী-পুরুষের পারস্পরিক মিলনকে সরল করে তোলে। সম্ভোগ করার সময় স্ত্রী-পুরুষের পায়ে কোন রকম কষ্ট অনুভব হয় না। ওরা পারস্পরিক মিলনে চরম আনন্দ পেতে থাকে। এই আসনে লিঙ্গ এবং যোনি দুটোরই বিকাশ ঘটে।

বজ্রাসন

বিধি ঃ দুটো পা-কে সামনের দিকে সোজা করে ছড়িয়ে দিন। এরপর দুটো পায়ের মধ্যে যে কোন একটা পা হাঁটু থেকে মুড়ে অন্য পায়ের সঙ্গে সাঁটিয়ে রাখুন। পরে ঐ দিকের হাত দিয়ে ঐ পাটার হাঁটুকে ধরে রাখুন আর পা ওপরে করে ঐ পায়ে ঐ পায়ের গোড়ালি ঠেকিয়ে ধরুন। পায়ের আঙুল টানটান হয়ে থাকবে। এর ফলে হাঁটু মাটির সঙ্গে লেগে থাকবে। ঠিক এই অবস্থায় অন্য পাটাকেও নিয়ে আসুন। গোড়ালি যেন লেগে থাকে। নিতম্ব পায়ের পাতার ওপর আর ঊরু পায়ের ডিমের ওপরে থাকবে–এটা সব সময় মাথায় রাখবেন। মেরুদণ্ড আর মাথা সোজা আর টানটান হয়ে থাকবে। দুটো হাত আর কনুইকে না মুড়ে হাতের পাতা মাটির দিকে করে হাঁটুর ওপর রাখুন। দৃষ্টি স্থির করে সামনের দিকে রাখুন।

লাভ ঃ এই আসন করলে শরীরের মধ্যভাগ সোজা থাকে আর শ্বাসের প্রতিক্রিয়া ধীর হওয়ায় আয়ু বাড়ে। দৃষ্টি স্থির করে রাখার ফলে চোখের জ্যোতি বাড়ে। বজ্রনাড়ি, যাকে বীর্যধারা নাড়িও বলা হয়, এই আসনের অভ্যাস করলে দৃঢ় এবং মজবুত হয়। এর ফলে বীর্যের গতি ওপর দিকে হয়ে পড়ায় শরীর বজ্রের মত হয়ে পড়ে। এই আসন দীর্ঘ সময় ধরে সরলতার সঙ্গে করা সম্ভব যাতে মনের চঞ্চলতা দূর হয়ে গিয়ে মানুষ বুদ্ধিমান হয়ে ওঠে। রক্তের সঞ্চালন ঠিকঠাক হওয়ার ফলে শরীর নিরোগ এবং সুন্দর হয়ে ওঠে।

এই আসনে স্ত্রী-পুরুষ-উভয়েরই সেক্স-শক্তি বেড়ে ওঠে। ইচ্ছে হলে পুরুষ অধিক মাত্রায় বীর্য স্ত্রী-কে প্রদান করার শক্তি প্রাপ্ত করতে পারে। হাঁটুর দুর্বলতাও এই আসনের নিয়মিত অভ্যাসে দূর হয়ে যায়।

উষ্ট্রাসন

বিধি ঃ দুই পা-কে হাঁটু পর্যন্ত মুড়ে মাটির ওপর রাখুন। নিতম্ব

পায়ের গোড়ালির ওপর বজ্রাসনের মুদ্রায় রাখুন। 'পুরক' করে শ্বাস নিন, তারপর পা-কে হাঁটু পর্যন্ত্য মাটির ওপর রাখুন। শরীরকে ওপরে ওঠান, শরীরকে পালা করে ভাঁজ করে মাথাকে পেছনের দিকে নিয়ে যান আর দুটো হাতকে দু পায়ের গোড়ালির ওপর রেখে পেটকে যতটা বাইরের দিকে বের করতে পারেন, ততটা বের করুন। দুটো হাত সোজা রাখুন। দৃষ্টিকে মাটিতে রাখার চেষ্টা করুন। 'কুম্ভক' জারী রেখে আসন ছাড়ার সময় 'রেচক' করুন।

লাভ ঃ এই আসনের নিয়মিত অভ্যাসে পেটে সৃষ্টি হওয়া গ্যাস বাইরে বেরিয়ে যায়। পিঠে এবং পায়ে হওয়া বাত রোগ দূর হয়ে যায়। উচ্চতা বৃদ্ধি পায়। হজম শক্তি বাড়ে। চোখের যাবতীয় রোগ-বিকার যেমন ধরুন, চোখে জল আসা, চোখে চুলকোন, চোখে ঝাপসা দেখা দূর হয়ে যায়। জণ্ডিস রোগ ভাল হয়ে যায়। শরীর শক্তিশালী হয়ে ওঠে। পেটের চর্বি কম হয়ে যায়। লিভার বেড়ে উঠলে সেটাও ঠিক হয়ে যায়।

এই আসন পুরুষের লিঙ্গকে শক্তিপ্রদান করে। স্ত্রীদের যোনিকেও মজবুত করে তোলে। সম্ভোগের সময় লিঙ্গ সম্পূর্ণরূপে বাইরে আসায় পুরুষের মধ্যে সম্ভোগ-শক্তি বেড়ে ওঠে। সহবাসের সময় তাড়াতাড়ি ক্লান্তি আসে না।

সিদ্ধাসন

বিধি ঃ মাটিতে সোজা হয়ে বসে পড়ুন। বাঁ পায়ের গোড়ালি কিড্নী আর অণ্ডকোষের মাঝে লাগান। ডান পায়ের গোড়ালি ইন্দ্রিয় এবং নাভির মাঝে লাগান। দুই পায়ের গোড়ালি যাতে একটা অপরের ওপরে এসে যায়–এই ব্যাপারটার ওপর দৃষ্টি দেবেন এবং হাঁটুও যেন মাটির সঙ্গে লেগে থাকে, সেটাও লক্ষ্য রাখবেন। মেরুদণ্ডের হাড় একদম সোজা রাখবেন। হাত হাঁটুর ওপর রাখুন।

লাভ ঃ এই আসন স্ত্রী-র যোনিকে সুদৃঢ় করে তোলে। পুরুষের অণ্ডকোষ এবং লিঙ্গকেও মজবুত করে তোলে। স্বপ্নদোষ, প্রমেহ এবং শীঘ্রপতনের রোগ দূর হয়ে যায়। আত্মিক শক্তি বাড়ে। বীর্য পরিপক্ক হয়ে ওঠে। মানসিক স্হিতিও ভাল হয়ে ওঠে।

পদ্মাসন

বিধি ঃ মাটিতে বসে পড়ুন। প্রথমে ডান পা-কে মুড়ে বাঁ পায়ের উরুর ওপর এবং বাঁ পা ডান পায়ের উরুর ওপর এমন ভাবে রাখুন, যাতে দুই পায়ের হাড় নাভির দুদিকে পেটের সঙ্গে সেঁটে থাকে। দুই হাত হাঁটুর ওপর রাখুন। কোমর ছাতি, মাথা ইত্যাদি সর্ব শরীর সোজা করে রাখুন। দু পায়ের হাঁটু যেন মাটির সঙ্গে লেগে থাকে। দৃষ্টি স্বাভাবিক ভাবে বন্ধ করে রাখা উচিত।

লাভ ঃ এই আসনের নিয়মিত অভ্যাস চঞ্চল মনকে স্হির করে তোলে। শীঘ্র পতনের রোগ দূর হয়ে যায়। মানসিক দূর্বলতাও এই আসনের নিয়মিত অভ্যাসে দূর হয়ে যায়। বাত-পিত্ত-কফ দূর হয়ে যায়। প্রমেহ, স্বপ্নদোষ, ইত্যাদি রোগও দূর হয়ে যায়। স্ত্রী-র গর্ভাশয় সম্বন্ধীয় যাবতীয় দোষ দূর হয়ে যায়। শরীরে শক্তিবৃদ্ধি হয়।

স্বস্তিকাসন

বিধি ঃ মাটিতে বসে দুটো পাকে কিছুটা মুড়ে আরাম করে বসুন। প্রথমে ডান-পা-কে মুড়ে ওটা বাঁ পায়ের হাঁটুর ওপর রাখুন। এর পর বাঁ পায়ের পাতাকে ডান পায়ের নীচ দিয়ে নিয়ে গিয়ে পায়ের ডিমের ওপর রাখুন। দুই পায়ের পাতা দু পায়ের ডিমের সঙ্গে সেঁটে লেগে থাকা উচিত। শরীর একদম সোজা টানটান হয়ে থাকবে। হাত দুটো হাঁটুর ওপর রাখুন। দৃষ্টি থাকবে সামনের দিকে।

লাভ ঃ এই আসন স্ত্রী-পুরুষের শরীর এক অপূর্ব আনন্দের সৃষ্টি করে। মানসিক রোগ দূর করে। পুরুষের লিঙ্গ এবং স্ত্রীদের যোনির বিভিন্ন রোগও এই আসনের নিয়মিত অভাসে দূর হয়ে যায়।

পর্বতাসন

বিধি ঃ সবার আগে মাটিতে বসে পদ্মাসন লাগান তার পর নিঃশ্বাস টেনে কিড্‌নীকে সংকুচিত করে দুটো হাতকে আকাশের দিকে টানটান করে রাখুন। স্বাভাবিক অবস্হায় যতটা বেশী সময় সম্ভব সরলতার সঙ্গে শ্বাস আটকে রাখতে পারেন, আটকে রাখুন। এর পর ধীরে-ধীরে নিঃশ্বাস ছেড়ে দুটো হাতকে হাঁটুর ওপর নিয়ে যান আর শরীরকে

স্বাভাবিক অবস্হায় নিয়ে আসুন। পদ্মাসনের অবস্হাতেই পালা করে দুটো পা বদলে-বদলে এই আসনটা করে চলুন।

লাভ ঃ এই আসনে শরীরের শিথিল ভাব দূর হয়ে গিয়ে শরীর বলিষ্ঠ হয়ে ওঠে। বুকের ছাতির বিকাশ হয় রক্ত শুদ্ধ হয়ে ওঠে। ফুসফুসে সৃষ্টি হওয়া বিকার দূর হয়ে যায়। শ্বাসকস্ট এবং হাঁফানী রোগের কষ্ট থেকেও মুক্তি পাওয়া যায় এই আসনের নিয়মিত অভ্যাসে। স্ত্রী-পুরুষ উভয়েই এই আনের অভ্যাস করতে পারেন।

এতে পুরুষের পায়ের শক্তি বাড়ে। শীঘ্র পতনের রোগ দূর হয়ে পড়ে। স্ত্রী-র যোনি এই আসনের নিয়মিত অভ্যাসে সুদৃঢ় হয়ে ওঠে।

তুলাসন

বিধি ঃ পদ্মাসনে বসে দুটো হাতকে হাঁটুর ওপর না রেখে উরুর কাছে মাটির ওপর রাখুন। 'পূরক' (শ্বাস টেনে) করে শরীরকে ওপরে ওঠান। যতটা বেশী ওপরে ওঠাতে পারবেন, তত বেশী লাভ হবে। হাত সোজা রাখুন। 'কুম্ভক' (শ্বাস আটকে রাখা)-এর স্হিতি বজায় রাখুন। এবার, ধীরে-ধীরে শরীরকে মাটির ওপর রেখে 'বেচক' করে শ্বাস বাইরে বের করুন।

লাভ ঃ এই আসনেও সেই সব লাভ হয়, যেসব লাভ পদ্মাসনে হয়। এছাড়াও এই আইনে হাতের তালু মজবুত হয়। হাত শক্তিশালী হয়ে ওঠে। কাঁধ আর পিঠ বলিষ্ঠ হয়ে ওঠে। শীঘ্র পতনের রোগ দূর হয়ে যায়। হজমশক্তি ভাল হয়। সম্ভোগ-ক্রিয়ায় পরিপূর্ণ আনন্দ আর তৃপ্তি পাওয়া যায়।

হংসাসন

বিধি ঃ দুটো হাতকে মাটির ওপরে রেখে 'রেচক' করে শ্বাস বাইরে বের করে, শরীরকে হাল্কা করে দুটো হাঁটুকে দুই কনুইয়ের ওপর রাখুন। কনুই যেন শরীরের দিকে থাকে, এটা লক্ষ্য রাখবেন। শরীরের সমস্ত ওজন হাতের ওপরই থাকবে আর শরীরের আকার ঠিক একটা হাঁস (হংস)-এর মত বানান। এরপর এই আসন ভাল মতন অভ্যাস হয়ে পড়লে ধীরে-ধীরে মাথাকে নীচে নিয়ে গিয়ে নাককে মাটি স্পর্শ করাবার

চেস্টা করুন। আসন ছেড়ে 'পূরক' এবং 'রেচক' পালা করে চলুন।

লাভ ঃ এই আসন হাতের মাংসপেশীকে মজবুত করে, মুখ তেজস্বী হয়ে ওঠে। শরীরে স্ফূর্তি সৃষ্টি হয়। খাবার খুব তাড়াতাড়ি হজম হয়। নাড়িতন্ত্র ভাল হয়। যোগাসনে বিশেষ আগ্রহ যেসব স্ত্রী-রা রাখেন, সেই সব স্ত্রী-রা সাধারণ অবস্থায় এই আসন করতে পারেন।

এই আসন পুরুষদের শক্তি বাড়ায়। ফলে, পুরুষ দীর্ঘক্ষন ধরে সম্ভোগ করতে সমর্থ হয়ে ওঠে। সম্ভোগের সময় স্ত্রীকে নিজের ওপর পুরুষের শরীরের সমস্ত ওজন সহ্য করতে হয়। এই আসনের অভ্যাসের ফলে স্ত্রী-র হাতে যে শক্তি এসে পড়ে, তার ফলে ও পুরুষের শরীরে সমস্ত ভার সহ্য করার শক্তি প্রাপ্ত করে নেয়। ফলে, সম্ভোগের সময় স্ত্রীকে কস্ট সহ্য করতে হয় না। স্ত্রী এই আসনের নিয়মিত অভ্যাসের ফলে পুরুষের সঙ্গে মিলিত হবার জন্য তৎপর হয়ে ওঠে। এই আসনের নিয়মিত অভ্যাসে স্ত্রী এবং পুরুষ-উভয়ের শরীরই হাল্কা হয়ে ওঠে।

হস্তপাদ বিস্তৃতাসন

বিধি ঃ মাটিতে চিত হয়ে শুয়ে পড়ুন। দুটো পাকে ওপরে উঠিয়ে মাথার দিকে মাটির ওপর নিয়ে আসুন। দুটো হাতও মাথার দিকে নিয়ে যান। দুটো হাত এবং পাকে নিজের সামর্থ অনুযায়ী খুলুন। দুই হাত দিয়ে দুই পায়ের বুড়ো আঙুলকে ধরে নিন। পা হাতে নিয়ে মাটির সঙ্গে সাঁটিয়ে ধরুন।

লাভ ঃ এই আসনে স্ত্রী যোনি ছোট হলে বড় হয়ে পড়ে। পুরুষের লিঙ্গও বেড়ে ওঠে। লিঙ্গ যোনির মধ্যে সহজ ভাবে প্রবেশ করতে পারে। এই অবস্থাতেও সম্ভোগ কর যেতে পারে। এই আসনে স্ত্রী-র শরীরে খুব তাড়াতাড়ি ক্লান্তি এসে যায় বটে, কিন্তু আনন্দও পর্যাপ্ত পরিমানে পাওয়া যায়।

স্ত্রী-পুরুষের শরীরে এই আসনে তেজ বাড়ে। তাড়াতাড়ি বার্ধক্য আসে না। স্ত্রী-পুরুষ-উভয়ের শরীরই শক্তিশালী হয়ে ওঠে। পেটের যাবতীয় রোগ-বিকার দূর হয়ে যায়। স্মরণশক্তি বাড়ে। মুখে চমকের সৃষ্টি হয়। স্ত্রীরা গর্ভাবস্থায় এই আসন করবেন না।

-ঃ স্বপ্নদোষ ঃ-

স্বপ্নদেষ এবং শীঘ্রপতন–এই দুটো এমন ব্যাধি, যার জন্য আজকের যুবা সম্প্রদায় প্রচণ্ড কষ্টে রয়েছে। ওরা এই দুটো ব্যাধির জন্য প্রচণ্ড সমস্যার সম্মুখীন হচেছ এবং বেঁচে থাকা সত্ত্বেও নিজেদেরকে মৃত বলে মনে করছে। অনভিজ্ঞ এবং অযোগ্য চিকিৎসক এবং চিকিৎসাকে টাকা রোজগার করার খনি মনে করতে থাকে চিকিৎসকেরা এই দুটো রোগের ভয়ংকরতার যে ছবিটা এঁকে দিয়েছেন, তার জন্যই আজকের যুবা সম্প্রদায়কে এই সমস্যার মুখোমুখি হতে হচেছ, নয়তো আজকের দুনিয়ায় কোন রোগই এত ভয়ংকর হয় না।

বাস্তবে অবিবাহিত এবং বেশী বয়সের পুরুষদের এক মাসে দু-তিন বার স্বপ্নদোষ যদি হয়েও যায়, সেটাকে কোন রকমে ক্ষতিকার বলে মনে করা উচিত নয়। এটা এক অত্যন্ত স্বাভাবিক প্রক্রিয়া। শরীরের মধ্যে যে মল বা পদার্থ বেশী মাত্রায় একত্রিত হয়ে পড়ে, প্রকৃতি নিজেই সেটাকে শরীর থেকে বের করে দেবার রাস্তা খুঁজে নেন। যদি শুক্রাশয়ে শুক্র পুরোপুরি ভর্তি হয়ে থাকে আর ওখানে আর জমা হওয়ার জায়গা না থাকে, তাহলে প্রতিদিন উৎপন্ন হওয়া শুক্র কোথায় জমা হবে ? সেই বেশী পরমানে জমা হওয়া বীর্য স্বপ্নদোষের রূপে শরীর থেকে বেরিয়ে আসে।

এমন মনে করা হয় যে, যেসব ব্যক্তিরা হস্তমৈথুন করেন, তাদের যৌনাঙ্গ ক্লান্তির কারণে ক্ষুব্ধ এবং উত্তেজিত হয়ে থাকে আর এই অবস্থায় ওরা একটুও ভার সহ্য করতে পারে না। এই কারণেই যে যুবক বা ব্যক্তি অত্যধিক মাত্রায় হস্তমৈথুন করেন, তাদেরই স্বপ্নদোষ বেশী মাত্রায় হয়।

আমরা আপনাদের আবার এটা জানিয়ে দিতে চাই যে, অবিবাহিত যুবক এবং বেশী বয়সের পুরুষদের এক মাসে দু-তিনবার স্বপ্নদোষ যদি না হয়, তাহেল এর ফলে ওদের মস্তিস্কে ভারী-ভারী ভাব, মাথা যন্ত্রণা এবং শরীরের শিরা-উপশিরায় এক প্রকারের টেনশন অনুভব হতে থাকে। স্বপ্নদোষ হয়ে যাবার পর ওদের স্রোত খুলে যায় আর টেনশন কম হয়ে পড়ে। তবে হ্যাঁ, যদি স্বপ্নদোষের জন্য কোন ব্যক্তির অত্যধিক চিন্তা হতে থাকে, তবে সেটা রোগ হয়ে দাঁড়ায়।

স্বপ্নদোষ যদি লাগাতার হতে থাকে, তাহলে সত্যিই সেটা চিন্তার বিষয়। লাগাতার স্বপ্নদোষ হয়ে চললে তার ফলে শরীরে দূর্বলতা আসাটা অত্যন্ত স্বাভাবিক এবং এই দূর্বলতাকে রোগের প্রারম্ভিক লক্ষন বলে মেনে নেওয়া উচিত। রোগ বলে মনে করে নিয়ে তার কারণ খুঁজে বের করে তার সঠিক চিকিৎসা করানো উচিত। স্বপ্নদোষের সঠিক কারণ দূর হয়ে পড়লে আর স্বাভাবিক অবস্হায় এক মাসে দু-তিন বার আবার স্বপ্নদোষ হয়ে পড়লে সেটা এতটা ক্ষতিকার হয় না।

কিছু-কিছু হাতুড়ে ডাক্তার স্বপ্নদোষকে এক ভয়ংকর রোগের রূপ দিয়ে যুবকদের মনে ভয়ের সৃষ্টি করে তুলেছে। বাস্তবে ব্যাপারটা সেরকম কিছুই নয়। স্বাভাবিক স্বপ্নদোন মানুষের শরীরের ততটা ক্ষতি করতে পারেনা। এটা ঠিক যে, অস্বাভাবিক ভাবে স্বপ্নদোষ হতে থাকলে সাধারণ ক্ষতি অবশ্যই হয়, কিন্তু তাতে চিন্তিত না হয়ে সঠিক চিকিৎসা করালে এই ব্যাপারটা খুব তাড়াতাড়িই দূর হয়ে যায়। সুতরাং, এর ভয়ংকরতার ব্যাপারটা চিন্তা করে দুঃখী না হয়ে এর চিকিৎসা করানোই উচিত।

স্বপ্নদোষ বাস্তবিক পরিচয় হল এটাই যে, দিন অথবা রাত্রিতে যখন কোন ব্যক্তি ঘুমিয়ে রয়েছে, তখন ওর স্বপ্নে কোন সুন্দরী যুবতী অথবা মহিলা দেখা দেয়। সেই কাল্পনিক নারীর সঙ্গে সেই ঘুমন্ত ব্যক্তি স্বপ্নেই সম্ভোগ করতে থাকে। সেই কাল্পনিক সম্ভোগে ওর বীর্য স্খলিত হয়ে পড়ে। এটাই হচ্ছে এই রোগের পরিচয়।

কারণ

কুসঙ্গতি অর্থাৎ এমন সঙ্গতি, যাতে নিরন্তর বিষয় ভোগ অথবা তার

সম্বন্ধীয় আলোচনা হতে থাকে, এই রোগের উৎপত্তি হতে সাহায্য করে। কখনো-কখনো মানুষ একাও এই ধরণের কথার ব্যাপারে লাগাতার চিন্তা করে চলে। কামোত্তেজক প্রসঙ্গে বার-বার চিন্তা-ভাবনা করা, অপ্রাকৃতিক উপায়ে মৈথুন করা, হস্ত-মৈথুন করা, পায়ু-মৈথুন করা, অত্যধিক মৈথুন করা, কোষ্ঠ কাঠিন্যের শিকার হয়ে পড়া, গরম জিনিষ বেশী করে সেবন করা, উত্তেজক পরিবেশে বাস করা, খুব বেশী করে দেখা, অত্যধিক চিন্তা করা, অত্যধিক শোক করা, খুব বেশী মানসিক কাজ করা, অত্যধিক শোক করা, খুব বেশী মানসিক কাজ করা, অত্যধিক পরিশ্রম করা, অত্যধিক মদ্যপান, মাংস এবং মাদক পদার্থের অত্যধিক সেবন করা ইত্যাদি এই রোগের মুখ্য কারণ।

ওপরে যেসব কারণগুলো দেওয়া হল, সেগুলো হল এই রোগের মুখ্য কারণ। এছাড়া এই রোগের সাধারণ কারণে মানুষের খাওয়া-দাওয়া এবং আচারা-আচরণ যথেষ্ট গুরুত্ব রাখে। তার মধ্যে পরিস্কার-পরিচ্ছন্ন না থাকলেও কোন ব্যক্তির স্বপ্নদোষ রোগ হয়ে যেতে পারে।

লক্ষণ

শরীর দুর্বল হওয়া (এই ব্যাপারটা স্বপ্নদোষ অত্যধিক মাত্রায় হতে থাকলে হয়), ব্যক্তির মুখের চমক আর সৌন্দর্য শেষ হয়ে যাওয়া, মন দুর্বল হয়ে পড়া, মস্তিস্কের দুর্বল হয়ে পড়া, চোখ কোটরে ঢুকে যাওয়া, দৃষ্টিদুর্বলতা, মাথায় যন্ত্রণা হওয়া, একটু পরিশ্রমেই ক্লান্ত হয়ে পড়া, শরীরে বিভিন্ন ধরনের রোগ হওয়া, মাথা ভারী-ভারী লাগা, কোষ্ঠকাঠিন্য হওয়া, শীঘ্রপতন, প্রস্রাবের সঙ্গে বীর্য বেরোন, সময়ে-অসময়ে ঘুম পাওয়া, শরীরে ব্যথা হওয়া, শরীর ভেঙে পড়া, কোন কাজ করতে অরুচি হওয়া, খিটখিটেভাব ইত্যাদি হচেছ স্বপ্নদোষেরই মুখ্য লক্ষণ।

পরিণাম

শুধু স্বপ্নদোষই নয়,যে কোন রোগ, যদি তার ঠিক সময়ে সঠিক চিকিৎসা না করানো হয়, তাহলে তার পরিণাম ভয়ংকর হয়ে ওঠে। এই কথাটা স্বপ্নদোষের ক্ষেত্রেও প্রযোজ্য।

সঠিক সময়ে স্বপ্নদোষের চিকিৎসা না করানো হলে শরীরে অনেক রকমের রোগ বাসা বাঁধে। সবার আগে কোষ্ঠকাঠিন্যের সৃষ্টি হয়, তার

সঙ্গে-সঙ্গে শীঘ্রপতন এবং প্রমেহ শুরু হয়ে পড়ে। শুধু তাই নয়, ধীরে-ধীরে এই সাধারণ কিন্তু স্বাভাবিক রোগের জন্য মানুষ 'রাজযক্ষ্মা'-র মতন ভয়ংকর রোগে আক্রান্তও হয়ে পড়তে পারে।

স্বপ্নদোষ হচেছ এক ধরণের মানসিক রোগ। এর হাত থেকে বাঁচতে সরল এবং সর্বোত্তম উপায় হচেছ নিজের মনকে সুস্হ এবং নির্মল রাখা। মনকে সর্বদা শান্ত রাখুন, মনে কখনো বিকৃত এবং দূষিত চিন্তাকে প্রবেশ করতে দেবেন না, মনে যেন চঞ্চলতা না আসে–এই সব ব্যাপারে বিশেষ সতকতা অবলম্বন করা উচিত।

এই ব্যাপারটার দিকে সজাগ দৃষ্টি রাখতে হবে যে, মানুষের চিন্তা-ভাবনা যদি দূষিত হয়ে ওঠে, তাহলে সে রোগে আক্রান্ত হয়ে ওঠার পর তাকে যতই ওষুধ দেওয় হোক না কেন, সেই ওষুধের প্রভাব রোগীর ওপর পড়বে না। চিন্তা-ভাবনার ওপর নিয়ন্ত্রণ রাখাটা সবার আগে দরকার। কুসঙ্গ থেকে বাঁচা অথবা সেই ধরণের পরিবেশ থেকে বাঁচা, যেখানে থাকলে খারাপ এবং দূষিত চিন্তা-ভাবনা দ্রুত মনে বাসা বাঁধে, যেমন অশ্লীল সিনেমা দেখা, অশ্লীল সাহিত্য পড়া, সবার আগে জরুরী।

মনকে শুদ্ধ, শান্ত এবং পবিত্র রাখা হচেছ স্বপ্নদোষের হাত থেকে বাঁচার সর্বোত্তম উপায়। এটাই হচেছ এর সঠিক চিকিৎসা।

লাভ-ক্ষতি

স্বপ্নদোষ সাধারণতঃ সেই ব্যক্তির হয়, যে হয় কোন রোগে আক্রান্ত আর সেই রোগের কারণে তার বীর্য পাতলা হয়ে পড়েছে অথবা যে ব্যক্তি ক্রমাগত কামোত্তেজক পরিবেশের মধ্যে রয়েছে আর যে নিজের উত্তেজনাকে শান্ত করার সুযোগ পায়নি। এসব জিনিষ আমরা এর আগে স্বপ্নদোষের কারণ পর্যায়ে আলোচনা করে এসেছি। যে ব্যক্তি নিজের পত্নীর সঙ্গে নিয়মিত রূপে সহবাস করার সুযোগ পায়, তার স্বপ্নদোষ হবার সম্ভাবনা অত্যন্ত কমই থাকে। তবুও এ নিয়ে চিন্তিত হবার কোন কারণ নেই। যদি স্বপ্নদোষ লাগাতার হয়ে যেতে থাকে, তাহলে বরং সেটা চিন্তার কারণ হয়ে উঠতে পারে।

স্বপ্নদোষ না তো কোন বিকার, নাই এটা কোন রোগ! এটা কোন প্রকারের দুর্বলতাও নয়। কখনো-কখনো স্বপ্নদোষ হওয়াটা শরীরের

কোন রকমের অনিয়মিততাও বলা চলে না। স্হান, পরিস্হিতি এবং খাওয়া-দাওয়ার জন্য এমনটা হওয়াটা সম্ভব।

শরীরের মধ্যে নিরন্তর বীর্য তৈরী হতে থাকে। যখন বীর্য শরীরের মধ্যে অধিক মাত্রায় তৈরী হয়ে পড়ে আর ওর বাইরে বেরোবার পথ কোনভাবে বন্ধ হয়ে যায়, অর্থাৎ পত্নীর সঙ্গে সহবাস সম্ভব হয় না এবং সেই ব্যক্তির যদি হস্তমৈথুনে আসক্তি না থাকে, তাহলে এই ধরণের পরিস্হিতিতে যদি স্বপ্নদোষ হয়ে পড়ে, তাহলে সেটা এমন কিছু আশ্চর্যের ব্যাপার নয়, কারণ পাত্র ভরে গেলে সেই পাত্রে একত্রিত হওয়া পদার্থের কোন-না-কোন ভাবে কোন-না-কোন পথে বাইরে বেরিয়ে যাওয়াটা অত্যন্ত স্বাভাবিক। যখন পুরোন বীর্য শরীর থেকে বেরিয়ে যায়, একমাত্র তখনই নতুন বীর্য তার স্হান গ্রহণ করে।

এমন মেনে নেওয়া হয়েছে যে, স্বপ্নদোষের মাধ্যমে যে বীর্য বাইরে বেরিয়ে যায়, তার মধ্যে শুক্রাণু থাকে না অর্থাৎ ওতে বীর্য-কীট থাকে না। এই ধরণের ধারণা পোষনকারী চিকিৎসক বেশী মাত্রায় দেখতে পাওয়া যায়, যাদের বিশ্বাস যে, একজন ব্যক্তির যদি এক মাসে 3-4 বার স্বপ্নদোষ হয়ে পড়ে, তবে সেটাকে অস্বাভাবিক মনে করাটা ঠিক নয়। এটাকে ওনারা কোন রোগ বা বিকৃতি বলে মনে করেন না। এটা শরীরের ধর্ম।

চিকিৎসা

স্বপ্নদোষের চিকিৎসার জন্য সবচেয়ে জরুরী হল, রোগীর মানসিকভাবে সুস্হ থাকা। রোগীর মানসিক চিন্তা-ভাবনা যেন কোন মতেই দূষিত না হতে পারে। রোগীর চিন্তা-ভাবনা দূষিত হলে চিকিৎসার প্রভাব খুব কম হবে, তা তাকে যতই ভাল-ভাল ওষুধ সেবন করানো হোক না কেন। সুতরাং, স্বপ্নদোষের রোগীকে চিকিৎসা চলাকালীন নিজের মনকে স্বচ্ছ রাখা উচিত। এর জন্য ওর যথাসম্ভব চেষ্টা করা উচিত।

স্বপ্নদোষ শারীরিক রোগ কম, মানসিক রোগ বেশী। সুতরাং, এর হাত থেকে বাঁচার জন্য মনকে সব সময় শান্ত রাখা উচিত। মনকে

কখনোই বিকৃত এবং দূষিত হতে দেওয়া উচিত নয়।

আয়ুর্বেদিক চিকিৎসা

সাধারণতঃ যেসব ওষুধ প্রমেহ রোগে লাভদায়ক হয়, সেই সব ওষুধ স্বপনদোষ রোগেও লাভ দেয়। প্রয়োজন অনুযায়ী সেই সব ওষুধের মধ্যে থেকে যদি কোন একটা ওষুধ প্রয়োগ করা হয়, তাহলে সেটা সফল প্রমাণতি হতে পারে।

এছাড়া বঙ্গ-ভস্ম, শুদ্ধ শিলাজিতের মিশ্রণ, আমলার রস আর এর সঙ্গে সবুজ গিলোয়ের রসও মেলালে ভাল লাভ পাওয়া যায়।

ভীসসেনী কর্পূব, কাবাব চিনি আর হলুদ মিশিয়ে স্বপ্নদোষের জন্য স্বপ্নদোষহর চূর্ণও বানানো হয়। এটা অত্যন্ত লাভদায়ক হয়। এই চূর্ণের প্রয়োগে এক সপ্তাহে স্বপ্নদোষ দূর হয়ে যায়। এতে রোগীর কোষ্ঠকাঠিন্যও দূর হয়ে পড়ে।

চ্যবনপ্রাশ এবং স্বপ্নদোষ নাশ রস ইত্যাদিও আয়ুর্বেদ মতে স্বপ্নদোষ দূর করেত প্রয়োগ করা হয়ে থাকে।

ইউনানী চিকিৎসা

হব্বে এহতিলাস এমন এক স্বপ্নদোষনাশ বাটিকা, যা মেটামুটি বারোটা দ্রব্যের মিশ্রণে তৈরী করা হয়। এর সেবনে স্বপ্নদোষ নিশ্চিত রূপে দূর হয়ে যায়, এই রকম ইউনানী চিকিৎসা পদ্ধতিতে মানা হয়।

স্বপ্নদোষের চিকিৎসার জন্য ইউনানী চিকিৎসা পদ্ধতিতেও চূর্ণও বানানো হয়। সফুফে এহতিলাম এরকমই এক প্রসিদ্ধ চূর্ণ। এই চূর্ণ দশটি দ্রব্যের মিশ্রণে বানানো হয়। এই চূর্ণ তাজা ফলের রস অথবা ছাগলের দুধের সঙ্গে সেবন করা হয়। স্বপ্নদোষের জন্য এই চূর্ণ অত্যন্ত লাভ দেয়।

প্রমেহ রোগের জন্য যেসব ওষুধ ইউনানী চিকিৎসা পদ্ধতিতে সেবন করতে দেওয়া হয়, সেই সব ওষুধ স্বপ্নদোষেও লাভদায়ক হয়।

এ্যালোপ্যাথিক চিকিৎসা

আধুনিক চিকিৎসা-বিজ্ঞানে স্বপ্নদোষের প্রচুর ওষুধ আছে। ইঞ্জেকশনের প্রয়োগও এই রোগের হাত থেকে মুক্তি দেবার জন্য করা হয়। সাধারণতঃ

আধুনিক চিকিৎসকেরা রোগীদের পুষ্টিকর ওযুধ সেবন করতে দেন। ওনাদের উদ্দেশ্য শুধুমাত্র রোগকে দূর করার মধ্যে সীমিত থাকে, রোগের কারণ খুঁজে বের করতে তাঁরা খুব একটা আগ্রহী থাকেন না। আধুনিক চিকিৎসা-বিজ্ঞানে চিকিৎসকেরা কীটাণুকে মারার চেষ্টা করেন। তাই, স্বপ্নদোষ দূর করতে গিয়েও ওনারা পুষ্টিকর এবং শান্তিকারক ওযুধের প্রয়োগ করেন।

আধুনিক চিকিৎসা-পদ্ধতিতে পেটেন্ট ওযুধ তৈরী করে দেওয়া হয় এবং ঠিক এই প্রার পেটেন্ট ইঞ্জেকশনও দেওয়া হয়। আধুনিক চিকিৎসা বিজ্ঞানে আয়ুর্বেদ অথবা ইউনানী চিকিৎসা-পদ্ধতির মত কিছু দ্রব্য খুঁজে সেটা-কেটে পিষে তার মিশ্রণ রোগীকে সেবন করতে দেওয়া হয় না। এখানে রোগীদের আগে থেকেই বানিয়ে রাখা ট্যাবলেট, শরবত, মিক্সচার আর ইঞ্জেকশন দেওয়া হয়।

আম্লিবেনা, ক্যালসিয়াম বোনেট, নিওপিল্স, ফোরিটেজ, স্পীম্যান, স্যাভেবোল ইত্যাদি ট্যাবলেট স্বপ্নদোষে লাভ দেয়।

এই প্রকার উদ্রীপিন, ডিজিটিলীন, পাসুমা-স্ট্রং, ল্যুটি সাইক্লীন, ল্যুমোনাল, লেসিবিনি ইত্যাদি ইঞ্জেকশনও স্বপ্নদোষ রোগে ভাল কাজ দেয়।

আধুনিক চিকিৎসা-পদ্ধতিতে এই রোগের ওযুধ এবং ইঞ্জেকশন প্রচুর।

এছাড়া প্রমেহ রোগে যে সব ওযুধের প্রয়োগ করা হয়, তার প্রয়োগ স্বপ্নদোষ রোগেও ভাল লাভ দেয়।

হোমিওপ্যাথিক চিকিৎসা

হোমিওপ্যাথিতে স্বপ্নদোষের লক্ষণ এবং কারণ জানিয়ে বলা হয়েছে যে, ঘুমের মধ্যে কোন স্বপ্নের সঙ্গে বা নিজে থেকেই বীর্য স্খলিত হয়ে যাওয়াকেই স্বপ্নদোষ বলে। যখন এই জিনিষটা বার-বার হতে থাকে, তখন উদাসী, লজ্জা পাওয়া স্বভাব, ক্ষিধে না লাগা, কোষ্ঠকাঠিন্য, মাথা-যন্ত্রণা, এ্যানিমিয়া ইত্যাদি লক্ষণ ফুটে ওঠে।

হোমিওপ্যাথিতে এই রোগের উপশমের জন্য নীচে দেওয়া ওযুধগুলো

বিশেষ রূপে প্রয়োগ করা হয়ে থাকে ঃ-

এ্যাসিড ফস-30, 200 ঃ অত্যধিক স্ত্রী-সহবাসের জন্য সৃষ্ট দুর্বলতা এবং সম্ভোগের সময় শীঘ্র স্খলিত হয়ে পড়া, স্মৃতিভঙ্গ হওয়া আর উদাসীতে এই ওষুধ ভাল ফল দেয়।

ক্যালকেরিয়া ফস-30 ঃ সহবাসের তীব্র ইচ্ছা, কিন্তু জ্ঞানেন্দ্রিয়ের উত্তেজনা ছাড়াই বীর্যপাত এবং সম্পূর্ণ শরীরে দুর্বলতা হলে এই ওষুধে ভাল লাভ পাওয়া যায়।

ক্যান্থেরিস-30 ঃ গরমের রোরো জন্য বীর্যপাত, বিন্দু-বিন্দু করে প্রস্রাব হওয়া ইত্যাদিতে এই ওষুধের প্রয়োগ লাভদায়ক।

চায়না-30 ঃ বার-বার জননেন্দ্রিয়ে উত্তেজনা আসা, ক্ষিধে না লাগা, সর্বদা আলস্য ছেয়ে থাকা, ঘুমের মধ্যে বীর্যপাত হয়ে যাওয়া ইত্যাদিতে উত্তম ওষুধ।

নাক্স ভেমিকা-30 ঃ হজম-ক্রিয়ার গণ্ডগোল হওয়ার ফলে বীর্যপাত, স্ত্রীর সঙ্গে সহবাসে লিপ্ত হওয়ার তীব্র ইচ্ছে মনের মধ্যে জাগা, কোষ্ঠবদ্ধতা, ক্ষিধে কমে যাওয়া ইত্যাদি লক্ষণে এই ওষুধের সেবন ভাল লাভদায়ক।

লুথার ল্যুটিয়ম ক্যু ঃ স্বপ্নদোষ এবং দুর্বলতা, মল অথবা মূত্রত্যাগের সময় বীর্যপাত হলে এই উত্তম ওষুধের সেবন করা উচিত।

প্লোটিনা-50 ঃ শীঘ্রপতন, যৌবনের প্রারম্ভিক অবস্থায় হস্তমৈথুনের জন্য সৃষ্ট ক্ষতি এবং সহবাসে দুর্বলতা ইত্যাদিতে এই ওষুধ সেবন করতে দেওয়া হয়।

ফোসফোরাস-30 ঃ তাড়াতাড়ি বীর্যপাত হওয়া, হস্তমৈথুনের জন্য বীর্য নষ্ট হওয়া, সহবাসের সময় কখনো চিন্তা, কখনো অস্থিরতা জাগলে এই ওষুধে ভাল লাভ পাওয়া যায়।

বৈরাটা কার্ভ-6, 30 ঃ বীর্য স্খলিত হয়ে যাবার পর উদাসী, অস্থিরতা এবং দুর্বলতার সৃষ্টি হলে সেই অবস্থায় এই ওষুধ সেবনে ভাল লাভ পাওয়া যায়।

স্বপ্নদোষ ঃ ভারতায় দৃষ্টিকোণ

অর্ধ-নিদ্রার অবস্থায় মানুষ নানারকম স্বপ্ন দেখে। এই সব স্বপ্নের মুখ্য কেন্দ্রবিন্দু মানুষের সংস্কার আর চিন্তা-ভাবনা হয়। সারাটা দিন যে ধরনের পরিবেশে মানুষ থাকে, সেই ব্যাপারটাই রাতে ওর স্বপ্নের মধ্যে প্রকট হয়ে ওঠে। আজকের যুগের যুবক-যুবতীর এটা মনে করে যে, ওদের মা-বাবা ওদের জন্ম দেবার জন্য দেবার জন্য বিশেষ কোন চেষ্টা করেনি, উল্টে ওদের এই পৃথিবীতে আসাটা হচেছ ওদের মা-বাবার কামেচছা তৃপ্তিরই ফল। বাস্তবিকতা থেকে এই ধারণাটা খুব একটা দূরে নয়। ও কারণ সাধারণতঃ আজকের যুবা দম্পতি কামতৃপ্তিকেই বিয়ের লক্ষ্য হিসেবে মনে করে। তাই নিজের স্ত্রী এবং সুযোগ পেলেই অন্য স্ত্রী-র সঙ্গেও সম্ভোগে লিপ্ত হয়ে ওঠে। এই ধরনের চিন্তা-ভাবনাই সেই ব্যভিচার থেকে জন্ম নেওয়া সন্তানের মধ্যেও গড়ে ওঠে।

আজকের পরিবেশ এমনই বিষম এবং দূষিত হয়ে উঠেছে যে, সন্তানদের সুসংস্কারিত করার দিকে মা-বাবারা খুব একটা লক্ষ্য দেন না। ব্রহ্মচর্য কি জিনিষ, ব্রহ্মচর্যের পালন করা উচিত–এসব না তো আজকের যুগের মা-বাবারা জানেন, না ওনারা এই ব্যাপারে নিজেদের সন্তানদের সঠিক শিক্ষা দিতে পারেন। বাচ্চাদের যখন পড়ালেখা শেখার জন্য স্কুলে পাঠানো হয়, তখন ওখানে বিভিন্ন ধরনের বালক-বালিকার সঙ্গে ওর পরিচয়–মেলামেশা হয়। এর মধ্যে কারও পরিবেশ এক রকমের হলে অন্য জনের পরিবেশ হয় অন্য রকমের। এর ফলে স্কুলেও বাচ্চা ভাল সংস্কার পায় না।

এই পরিস্থিতিতে ব্রহ্মচর্য পালনের এমন কি নিয়ম আছে, যা আজ ভারতীয় বালক-বালিকারা ভাঙছে না? আর এই ভাবে জেনে-শুনে শুধুমাত্র ঘুমন্ত অবস্থাতেই নয়, জাগ্রত অবস্থাতেও আমাদের বালক-বালিকাদের বীর্যপাত হয়ে চলেছে।

নিদ্রাবস্থায় আসা স্বপ্নে কামেচছা-তৃপ্তির রূপে আর কখনো-কখনো কোন স্বপ্ন ছাড়াই বীর্যপাত হয়ে পড়ে। বাস্তবে এটা একটা ভয়ংকর রোগ। খুব কম সৌভাগ্যশালী ব্যক্তিই এই ভয়ংকর রোগের হাত থেকে মুক্তি পান, নয়তো আজ গোটা পৃথিবী এই রোগে দুঃখী হয়ে পড়েছে, গ্রস্ত হয়ে রয়েছে, ভয়ভীত হয়ে রয়েছে। এটাকে নিজের ভুল কারে কু-

পরিণাম মানা উচিত। এই কারণেই স্বপ্নদোষ বিনা ইচ্ছেতেও হয়ে পড়ে।

যে ব্যক্তি একবার এই রোগে গ্রস্ত হয়ে পড়ে, সে এই রোগের হাত থেকে তাড়াতাড়ি এবং সহজে মুক্তি পায় না। এমন অনেক ব্যক্তিও আছেন, যারা সত্যি-সত্যি এই রোগের থেকে দূরে থাকতে চান, কিন্তু মন থেকে চাওয়া সত্ত্বেও ওরা নিজেদের এই ভয়ংকর রোগের হাত থেকে দূরে সরিয়ে রাখতে পারেন না। এর কারণ ওদের খাওয়া-দাওয়া, বসবাস করার স্টাইল এবং সামাজিক পরিবেশ। সুতরং, যেসব কারণে এই রোগ উৎপন্ন হয়, সেগুলো যদি দূর করে দেওয়া যায়, তাহলে এই ভয়ংকর রোগও তাড়াতাড়ি দূর হয়ে পড়বে। এইভাবে যদি দেখা যায়, তাহলে দেখা যাবে যে, স্বপ্নদোষ রোগটা ততটা ভয়ংকরই নয়, যতটা ভয়ংকর একে মনে করা হয়। এই রোগের হাত থেকে বাঁচার আরও কয়েকটা নিয়ম আছে। সেই নিয়মগুলো যদি দৃঢ়ভাবে পালন করা যায়, তাহলে স্বপ্নদোষ রোগকে দূর করা যেতে পারে, এই রোগের হাত থেকে বাঁচা যেতে পারে। এই নিয়মগুলো তৎপরতার সঙ্গে পালন করলে নিশ্চিত রূপে ভাল ফল পাওয়া সম্ভব। এরকম মনে করা হয় যে, মানুষের মন ফোটো তোলার ক্যামেরার মতন হয়। যেভাবে ফোটো তোলার সময় ক্যামেরার সামনে যে জিনিষ যে অবস্থায় আসে তার ঠিক সেই রকম ফোটো উঠে যায়, ঠিক তেমনই মনের ব্যাপারেও হয়। মনের উপকরণ হচ্ছে–চোখ, কান, মুখ ইত্যাদি। মানুষ কান দিয়ে যে কথা শোনে, মুন দিয়ে যে কথা বলে, চোখ দিয়ে যে জিনিষ দেখে, এর সঙ্গে-সঙ্গে শরীরের অন্যান্য অঙ্গ দ্বারা যে চেষ্টা করা হয়, তেমনই ফোটো আমাদের মনরূপী ক্যামেরা তুলে চলে। মানুষের প্রতিটি কাজ আর চিন্তা-ভাবনার ছাপ ওর মনের ওপর অঙ্কিত হতে থাকে। মন সেই সব ফোটো সংগ্রহ করতে থাকে আর সুযোগ পেলে বা পরিবেশ অনুযায়ী মন সেই সব ফোটো উল্টে-পাল্টেও দেখে। যেদিন মানুষ অধিকাংশ অনুযায়ী মন সেই সব ফোটো উল্টে-পাল্টেও দেখে। যেদিন মানুষ অধিকাংশ সময় বিকৃত চিন্তা-ভাবনা আর দূষিত পরিবেশে কাটাবে, সেদিন ওর স্বপ্নেও সেই রকমের দৃশ্য আর চিন্তা-ভাবনা আসবে। এই দোষ, অপিবত্রতা আর বিকৃতি মানুষের জীবনকে নষ্ট করে দেয়।

এখানে একটা উদাহরণ দিলে ব্যাপারটা আরও বেশী স্পষ্ট হয়ে উঠবে। এই ব্যাপারটা কখনোই জোর দিয়ে বলা যেতে পারেনা যে, কখনো কোন মানুষ এমন স্বপ্ন দেখেনি, যাতে ও মূত্রপান করছে। এর কারণে এটাই যে, মানুষ কখনো এই ব্যাপারটা নিয়ে চিন্তাই করেনি, তাহলে এই ব্যাপারটা ওর স্বপ্নে কি করে এল ? কখনো-কখনো এটাও বলা হয় যে, 'আমি তো স্বপ্নেও এমন ভাবতে পারি না।' অথবা–'আমি তো স্বপ্নেও এমন জিনিষ চিন্তা করতে পারি না।' এর থেকে এটাই স্পষ্ট যে, স্বপ্নে সেটাই দেখা দেয়, যা আমরা জাগ্রতাবস্হায় করি বা চিন্তা করি।

দিনে মানুষ অশ্লীল সাহিত্য পড়ে, কামোত্তেজিত উপন্যাস পড়ে, অশ্লীল ফিল্ম দেখে। এমন সাথীদের সঙ্গে মেলামেশা করে, খেলাধুলো করে অথবা, মনোরঞ্জন করে, যারা কাম-বাসনার সব সময় আক্রান্ত। এই ভাবে সারা দিনে পর্যাপ্ত দূষিত সামগ্রী মানুষের মস্তিস্কে ভরে যায়। এই সব সামগ্রী মনের স্বপ্নাবস্হার জন্য হয়। ব্যক্তি যদি ইচ্ছে করে যে, ও নোংরা স্বপ্ন আর তার থেকে উৎপন্ন স্বপ্নদোষের মত ভয়ংকর রোগের হাত থেকে বেঁচে থাকবে, তাহলে তার উচিত যে, সে এই সব থেকে সাবধানে থাকবে। খারাপ চিন্তা-ভাবনাকে নিজের মনে আসতেই দেবে না। এই ভাবে ও রাতে স্বপ্নাবস্হায় নোংরা চিন্তা-ভাবনা থেকে নিশ্চিত রূপে বেঁচে যাবে।

মানুষের চিন্তা-ভাবনা ঠিক কোন লোভী অতিথির মতনই হয়। যদি বাড়ীতে কোন অতিথি আসে, তাহলে মানুষে তার যত বেশী সম্ভব আদর-আপ্যায়ান করতে চায়, তাকে ভাল-ভাল খাবার খাওয়ানো হয়, তার মনোরঞ্জন করা হয়। যদি সেই অতিথি লোভী স্বভাবের হয়, তাহলে তার মনে বারবার এমন ব্যক্তির বাড়ীতে আসতে ইচ্ছে হবে যে, ব্যক্তি ওর প্রচণ্ড ভালভাবে আদর-আপ্যায়ন করেছিল। এর ঠিক উল্টো মানুষ যদি নিজের বাড়ীতে আসা অতিথিকে অনাদর করে, তাহলে সেই পরিস্হিতিতে সেই অতিথি খুব দরকার পড়লেও সেই ব্যক্তির বাড়ী যাবার আগে দশবার চিন্তা-ভাবনা করবে।

ঠিক একই কথা মানুষের ভাবনা-চিন্তার ক্ষেত্রেও প্রযোজ্য। যেসব

ভাবনা-চিন্তাকে মানুষ স্বাগত জানায়, সেই সব চিন্তা মানুষের মনে বারবার জেগে ওঠে। শুরু থেকেই যদি মানুষ দূষিত ভাবনা-চিন্তাকে ঘৃণা করতে শুরু করে, তবে ওর মনে এই ধরনের ভাবনা-চিন্তা আসবেই না। যদি কখনো এই ধরনের ভাবনা-চিন্তা আসবেই না যদি কখনো এই ধরনের ভাবনা-চিন্তা মানুষের মনে আসেও, তাহলে দৃঢ় মনে সেই ভাবনা-চিন্তাকে দূরে ঠেলে সরিয়ে দিন এই সময় নিজের মনকে একটু নিয়ন্ত্রণের রাখার প্রয়োজন। মানুষ যদি এই অভ্যাসটা করে নেয়, তাহলে ও জাগ্রতবস্হাতেও এই সব দূষিত ভাবনা-চিন্তার হাত থেকে নিজেকে বাঁচিয়ে রাখতে পারবে। জাগ্রতাবস্হায় এই সব দূষিত ভাবনা-চিন্তার হাত থেকে নিজেক বাঁচিয়ে রাখতে পারবে। জাগ্রতাবস্হায় এইসব দূষিত ভাবনা-চিন্তার হাত থেকে নিজেকে বাঁচিয়ে রাখতে পারলে স্বপ্নের মধ্যে এই দূষিত ভাবনা-চিন্তা কোনদিনও আসতে পারে না। এই সব দূষিত ভাবনা-চিন্তাই মানুষের পরম শত্রু।

একটা উদাহরণ দিলে এই রোগের ভয়ংকরতার পরিচয় পাওয়া যাবে। কোন ব্যক্তির শরীরে কোন শত্রু যে কোনও অস্ত্র দিয়ে আঘাত করলে সেই লোকটার শরীরের সেই জায়গাটায় ক্ষতস্হান হয়ে পড়াটা অত্যন্ত স্বাভাবিক এবং সেই ক্ষতস্হান দিয়ে রক্ত বেরোনোটাও খুবই স্বাভাবিক। এই প্রকার যে ব্যক্তি অথবা যুবক অনিচ্ছুক ব্রহ্মচারী, কুসঙ্গতির জন্য, ওখানকার দূষিত পরিবেশে যদি থাকে, সেই দূষিত পরিবেশের কথা শোনে, ওখানকার দৃশ্য দেখে, তাহলে ওর মনের ওপর সেই দূষিত পরিবেশের প্রভাবকে নিশ্চয়ই পড়বে। এতে ওর মনে উষ্ণতা এবং উত্তেজনার সৃষ্টি হবে আর সেই দূষিত ভাবনা-চিন্তা ওর সর্বশরীরকে মেরে ফেলবে। এই প্রকার যে বীর্য ওর শরীরে রয়েছে আর যে বীর্যের এক মাসের আগে ওর শরীর থেকে বেরাবোর কোন সম্ভাবনাই নেই, সেই বীর্যই এখন সেই দূষিত ভাবনা, চিন্তা দ্বার সৃষ্টি হওয়া উত্তেজনা আর উঞ্চতার ফলস্বরূপ গলে গিয়ে স্বপ্নদোষের রূপে শরীর থেকে বেরিয়ে আসতে শুরু করবে। এই ভাবে শুধুমাত্র ওর ব্রহ্মচর্যই নস্ট হবে না, উল্টে ওর শারীরিক শক্তিরও ক্ষয় হবে আর সেই ব্যক্তি শরীর আর মনের দিক থেকে দূর্বল হয়ে পড়বে।

বীর্যের রক্ষা করার জন্য মানুষের শুদ্ধ এবং পবিত্র ভাবনা-চিন্তার বড়

বেশী প্রয়োজন। বিশুদ্ধ পরিবেশের প্রয়োজন। দিনের দূষিত ভাবনা। চিন্তা থেকে কামাগ্নি প্রজ্জ্বলিত হয়ে ওঠে আর রাতের স্বপ্নের রূপে তার নিষ্কাসীন হয়। যার ফল হল–বীর্যপাত আর বীর্যপানের কুপরিণাম হল– শরীরের ক্ষয়।

সুতরাং, মানুষের উচিত, ও দিনের বেলা কোনও রকম দূষিত কাজ করবে না, যাতে ওর মনে কাম-প্রেরিত ভাবনা-চিন্তার উৎপত্তি হয় আর ওর মনের ভেতরে কামুকতা নিজের স্থান বানিয়ে নিতে শুরু করে।

শুধুমাত্র দূষিত ভাবনা-চিন্তাই নয়, কখনো-কখনো ভয়, চিন্তা, শোক, ক্লেশ আর দুঃখ ইত্যাদিও নিদ্রাবস্থায় ঘাতক বলে প্রমাণতি হয়। এইসব জিনিষ নিদ্রাবস্থায় স্বপ্নদোষের রূপে শান্তি পাবার চেষ্টা করে। সুতরাং, মানুষের উচিত, ও কোনও পরিস্থিতিতেই নিজের মনকে দূর্বল হতে যেন না দেয়। কাম, ক্রোধ, ইত্যাদি ভাবনা-চিন্তা মানুষকে উত্তেজনা প্রদান করে। এর ফলে ওদের বীর্যনাশ হয়।

মানুষের ভাবনা-চিন্তায় যখন উত্তেজনা আসে, তখন ওর স্নায়ু-মণ্ডলে টেনশনের সৃষ্টি হয়। এতে কাম-তন্ত্র উৎপন্ন হয়ে পড়ে। এই উত্তেজনা, তা সে জাগ্রতবস্থায় হোক বা সুপ্তাবস্থায়, এর পরিণাম স্বপ্নদোষের মাধ্যমে বীর্যপাতের রূপেই সামনে আসে। উত্তেজনার পরেই স্বপ্ন আসে, স্বপ্নের পরে কখনো উত্তেজনা আসে না। কাম, ক্রোধ, ভয় আর চিন্তা ইত্যাদির ভাবনা-চিন্তাও উত্তেজনার জন্যই হয়। এই ধরণের ভাবনা-চিন্তা যেন মানুষের মনে না আসে, এটাই হচেছ স্বপ্নদোষের সর্বপ্রথম এবং সর্বোত্তম মহৌষধ।

এতে কোন সন্দেহই নেই যে, স্বপ্নদোষ আমাদের সবার জীবনেই ক্ষতিকারক হয়। স্বপ্নদোষ হওয়াটা মোটেই ভাল জিনিষ নয়। কিন্তু স্বপ্নদোষকে দেখে ঘাবড়ে যাওয়া অথবা চিন্তিত হয়ে পড়া তার চেয়েও খারাপ জিনিষ। চিন্তায় ডুবে গেলে স্বপ্নদোষের মাত্রা তো কেটেও কমবে না, উল্টে আরও বেড়ে যাবে। এর জন্য দৃঢ়-সংকল্পের অত্যন্ত প্রয়োজন। মানুষকে দৃঢ় সংকল্প করা উচিত যে ও প্রভুর পুত্র, অমৃতের পুত্র। ওর দূর্বল হয়ে পড়াটা মোটেই উচিত নয়। ওর শরীরের সার তত্ত্ব বীর্য মোটেই বাইরে বেরিয়ে যাওয়া উচিত নয়।

স্বপ্ন-বিজ্ঞানের সিদ্ধান্তের যারা আস্থা রাখেন, সেই সব বিশেষজ্ঞদের অভিমত হল যে, বড়-বড় ভাগ স্বপ্নের পাঁচ সেকেণ্ডের বেশী সময় নেয় না। কিন্তু বেশ কিছু স্বাভাবিক, কৃত্রিম এবং প্রাকৃতিক মৈথুনে এর চেয়ে বেশী সময় লাগে। এর থেকে এটাই স্পস্ট হয়ে ওঠে যে, স্বপ্নদোষের ফলে মানুষের শরীর থেকে সেই বীর্যটাই বেরোয়, যে বীর্য শরীরের বিভিন্ন অঙ্গের মধ্যে থেকে বেঁচে যায়। এই প্রকার যৌন-শাস্ত্রবিদেদের মতে, মৈথুনের তুলনায় স্বপ্নের মাধ্যমে শরীর থেকে যে বীর্য বেরোয়, তার মাত্রা অনেক কম থাকে। স্বপ্নদোষে শরীরে মন্থন হয় না, সুতরাং শরীরের প্রতিটি অঙ্গে জমে থাকা বীর্য বাইরে বেরিয়ে আসে না।

এর ঠিক বিপরীত, ভারতীয় দৃষ্টিকোন স্বপ্নদোষকে সর্বদা ক্ষতিকারক বলেই মেনে আসছে। ভারতীয় দৃষ্টিকোন অনুযায়ী বীর্যের দুটি মাত্র গতি থাকে-ঊর্দ্ধগামী এবং নিম্নগামী। ঊর্দ্ধগতি এবং অধোগতি। যে ভাবে শরীর 6-টা ধাতুকে গ্রহণ করে তত্ত্বকে আর বাইরে বের করে না, ঠিক সেইরকম বীর্যের মত অমূল্য তত্ত্ব-যা সব ধাতুর সারবস্তু–মানুষের ইচেছ অথবা ভুল ছাড়া শরীরের বাইরে বেরোতে পারে না। বিনা ইচেছয় তো শরীর থেকে মল-মূত্রও বাইরে বেরোয় না। সুতরাং, অজান্তে স্বপ্নদোষের মাধ্যমে যে বীর্য শরীর থেকে বাইরে বেরিয়ে আসে, তাকে মানুষের স্বপ্নবস্থাই মনে করা উচিত।

হস্তমৈথুন

সাধারণ পরিচয়

মানুষের হাত-পা এবং অন্যান্য বিভিন্ন অঙ্গে মাংসপেশী ভরে থাকে। কিন্তু জননেন্দ্রিয় অথবা লিঙ্গে তত বেশী মাংসপেশী থাকে না। ওতে উত্তেজনাশীল তন্তুর সংখ্যা বেশী থাকে। অভ্যাস অথবা ভুল করে পেশীদের বিস্তার হয়, যেমন বিভিন্ন খেলাধূলো অথবা ব্যায়াম দ্বারা শরীরের বিভিন্ন অঙ্গের বিকাশ হয়। কোন খেলা বা ব্যায়াম করলে হাত লম্বা হয়, আবার কোন খেলা বা ব্যায়ামে পা লম্বা হয়। আবার হয়তো কোন ব্যায়ামে কাঁধ চওড়া হয়। কিছু ব্যায়াম এমনও আছে, যেগুলির করলে বুকের ছাতি চওড়া হয়।

কিন্তু জননেন্দ্রিয়ের ব্যাপারে তেমন কিছু নেই। লিঙ্গের ঘর্ষণে লিঙ্গের তন্তুর বিস্তার হয় না, উল্টে হ্রাস হয়। বার-বার ঘর্ষণ করলে, বিশেষ করে হস্তমৈথুনের রূপে ঘর্ষন করলে, উত্তেজনা এলেও কিছুদিন পরে লিঙ্গ উত্তেজিত হয় না।

লিঙ্গের সঙ্গে মানুষের মস্তিস্কের বড়ই গভীর সম্পর্ক রয়েছে। শরীরের বিভিন্ন স্নায়ুর সঙ্গেও এর গভীর সম্পর্ক আছে। যদি লিঙ্গে উত্তেজনা না আসে, তাহলে ধীরে-ধীরে মানুষের সর্বশরীর শিথিল হয়ে পড়তে শুরু করে। ওর মস্তিস্কে তেজবিহীন হয়ে পড়ে। ধীরে-ধীরে মানুষের স্মরণ-শক্তিও ক্ষীন হয়ে পড়ে। ধীরে-ধীরে মানুষের স্মরণ-শক্তিও ক্ষীন হয়ে পড়ে। কখনো-কখনো তো এর কারণে 'উম্মাদ' রোগ হবারও সম্ভাবনা বেড়ে ওঠে।

লিঙ্গের মূলে তিনটি বড় নাড়ির সঙ্গম আছে বলে মনে করা হয়। এই তিনটে নাড়ির মধ্যে প্রথম নাড়ি 'উদ্‌ভিজন'-এর সঙ্গে সম্পর্কিত, যাকে

'Nerve of organic life'-ও বলা হয়। দ্বিতীয় নাড়ি 'বুদ্ধি'-র সঙ্গে সম্পর্কিত, একে 'Nerve of intelectual life' বলা হয়। তিন নম্বর নাড়ি 'মনোবিকার'-এর সঙ্গে সম্পর্কিত, একে 'Nerve of animal life' বলা হয়। মনোবিকার এবং বুদ্ধি বিষয়ক নাড়ি দুটির পরস্পরের মধ্যে বড় গভীর সম্পর্ক রয়েছে। যে সব ব্যক্তি হস্তমৈথুন করেন, তাদের নাড়ি খুবই দূর্বল হয়ে পড়ে। এবং এর পরিণামস্বরূপ ওদের মস্তিস্কও দূর্বল হয়ে পড়ে। বুদ্ধি বিভ্রমের সঙ্গে-সঙ্গে কখনো-কখনো ওর 'উম্মাদ'-ও হয়ে পড়ে।

পশ্চিমী দেশগুলিতে এমন বিশ্বাস প্রচলিত আছে যে, যে কিশোর হস্ত-মৈথুনে আসক্ত হয়, তার শরীরে যৌবন তাড়াতাড়ি প্রবেশ করে। সেই ব্যক্তির দাড়ি-গোঁফ তাড়াতাড়ি গজায়। বলতে, শুনতে এবং পড়তে তো এসব খুবই ভাল লাগে–আনন্দের আনন্দ আর যৌবনের যৌবন। কিন্তু আসল ব্যাপারটাতা নয়। ভারতীয় চিকিৎসকেরা এই বিশ্বাসকে ঠিক এই রূপে বিশ্বাস করেন না যে, হস্তমৈথুনে আসক্ত কিশোরের শরীরে যৌবন তাড়াতাড়ি প্রবেশ করে আর তার দাড়ি-গোঁফ তাড়াতাড়ি গজায়। এটা অত্যন্ত স্বাভাবিক যে, শরীরে যৌবন তাড়াতাড়ি এলে সেই যৌবন চলেও যায় তাড়াতাড়ি।

আজকের ভারতে পশ্চিমী সভ্যতার অন্ধ অনুকরণ করা হচেছ। মাত্র 200 বছরের দাসত্বেই পাশ্চাত্য সভ্যতা ভারতীয়দের মনের মধ্যে ঢুকে পড়েছে। হাঙ্গারীর এক মেজর এক জায়গায় বলেছিলেন, 'এক সময় আমার স্ত্রী আমার ডান হাত ছিল, কিন্তু এখন আমর ডান হাত হচেছ আমার স্ত্রী।' নবযুবক এবং কিশোরদের ভ্রস্ট করার জন্য এই উক্তিটাই যথেস্ঠ। কিন্তু অস্বাভাবিক কখনো স্বাভাবিক হতে পারে না। স্ত্রী-সম্ভোগ আর হস্তমৈথুনের মধ্যে আকাশ-পাতাল পার্থক্য–যে গুণ আর পরিণাম, উভয় দৃস্টিতেই।

যুবকদের তুলনায় যুবতীদের মধ্যে হস্তমৈথুনের প্রচলন কম দেখা যায়। যে সব কুমারী কো-এডুকেশন শিক্ষা সংস্হানে শিক্ষাগ্রহণ করে, তাদের উত্তেজনা আর কামেচছা সাধারণতঃ ছেলেদের সঙ্গে কথাবার্তা বলা, মেলামেশা করার জন্য পর্যাপ্ত মাত্রায় পূর্ণ হয়ে শান্ত হয়ে থাকে। এর ঠিক বিপরীত মেয়েদের স্কুলে শিক্ষা গ্রহণ করা মেয়েদের মধ্যে

হস্তমৈথুনের প্রচলন বেশী করে পাওয়া যায়। যেখানে বালকেরা 13 বছর বয়সে হস্ত-মৈথুন শুরু করে দেয়, সেখানে বালিকারা 16 বছরের পরই সাধারণতঃ হস্ত-মৈথুন শুরু করে।

পাশ্চাত্য দেশে হস্ত-মৈথুনকে স্বাভাবিক এবং প্রাকৃতিক ক্রিয়া বলে মনে করা হত। ওদের বক্তব্য ছিল যে, এর ফলে নাড়ি-সম্বন্ধীয় বিকার উৎপন্ন হয় না, মস্তিস্কও দূর্বল হয় না এব শরীরের কোন ভাগের কোন প্রকারের ক্ষতিও হয়না। কিন্তু হস্ত-মৈথুন যখন মৈথুনের বিকল্প হয়ে ওঠে, তখন সেটা নিশ্চয়ই ক্ষতিকর হয়ে ওঠে।

হস্ত-মৈথুনকে ইংরাজীতে 'মাস্টারভেশন' বলা হয়। এটা হল ল্যাটিনের দুটি শব্দের সংমিশ্রণ। ওদের মধ্যে একটা শব্দ হল 'ম্যানয়ু'। এর অর্থ হল হাত আর দ্বিতীয় শব্দ হল 'স্টুপরারে', যার অভিপ্রায় হল খারাপ কাজ। এর থেকে এটা স্পস্ট হয়ে ওঠে যে, 'মাস্টারভেশন' শব্দটা গড়ার সময় ভাষবিদদের মস্তিস্কে এই প্রশ্নটা নিশ্চয়ই জেগেছিল যে, 'হস্তমৈথুন' একটা খারাপ কাজ। শুধু এইটুকুই নয়, উল্টে হস্ত মৈথুনের জন্য ইংরাজী সাহিত্যে জায়গায়-জায়গায় 'সেল্ফ এ্যাবিউজ' অর্থাৎ নিজেই নিজেকে নস্ট করা, 'সোলিটেরী ভাইস' অর্থাৎ একান্তের পাপ অথবা 'সিন অফ্ ইয়ুথ' অর্থাৎ যৌবনের পাপ বলা হয়েছে।

এত কিছু হওয়া সত্ত্বেও যদি কোন পরিস্থিতিতে বিবশ হয়ে কেউ হস্ত-মৈথুন করে নেয় আর সেটি ওর আসক্তি না হয়ে থাকে, তাহলে সেই ব্যক্তির কোন প্রকারের লজ্জা অনুভব করা উচিত নয়। মৈথুনের তীব্র ইচছার পূর্তি যদি স্বাভাবিক রূপে না হয় আর কামবেগ অসহ্য হয়ে উঠলে কেউ কখনো হস্তমৈথুন করে নিলে সেটা কোন পাপ কাজ নয়। ও নিজের শারীরিক আবশ্যকতার পূর্তিই করে নিয়েছে।

হস্তমৈথুনের লাভ-ক্ষতি

সাধারণত লোকেদের মনে এই ধারণা বদ্ধমূল হয়ে আছে যে, শতকরা একশোজনের মধ্যে নিরানব্বই জন যুবক হস্তমৈথুন করে। এটাকে যদি যথেষ্ঠ প্রমাণ হিসেবে মেনে না নেওয়া হয়, তাহলে এটা স্বীকার করতেই হবে যে, হস্তমৈথুন একটা আসক্তি, যাতে অধিকাংশ যুবক গ্রস্ত হয়ে থাকে। লোকেদের মনে এটাও ধারণা হয়ে আছে যে, এক শতাংশ যুবক

হস্ত-মৈথুন করে না, তারা হয় সাংসারিক জগত সম্পর্কে অপরিচিত হয় অথবা নপুংসক হয়।

এই সম্বন্ধে এরকম যুক্তিও দেওয়া হয় যে, যে কাম অধিকাংশ মানুষ করে, তাকে পাপ বলা চলে না আর হস্ত-মৈথুন তো এমন এক আসক্তি, যা গোটা বিশ্ব জুড়ে ব্যাপ্ত হয়ে রয়েছে। সুতরাং, যে আসক্তি আজ গোটা দুনিয়ার মানুষদের মধ্যে ছড়িয়ে রয়েছে, তাকে অপ্রাকৃতিক অথবা অনৈতিক কিভাবে মানা যায়?

কিছু-কিছু লোকের এমনও বক্তব্য শোনা যায়, যে নিষ্পক্ষভাবে বিচার করলে হস্তমৈথুনের বেশ কিছু উপযোগীতাও লক্ষ্য করা যাবে। এর ঠিক বিপরীত ক্ষতি দেখা যাবে না। ওদের এটাও বক্তব্য যে, সীমার মধ্যে থেকে কখনো-কখনো হস্ত-মৈথুন করাটা কোন পাপ নয়, অপরাধ নয় আর এটা এমন কোন কাজও নয়, যাকে সারা জীবনের মত ত্যাগ করা উচিত। ওদের বক্তব্য হস্তমৈথুন করলে মানুষের কোন রকম ক্ষতি হয় না।

অত্যধিক মাত্রায়, সীমারেখা পেরিয় গিয়ে হস্তমৈথুন করাটা নিশ্চয়ই পাপ। সীমারেখা পার করাটা কোন কাজেই উপযুক্ত নয়। অত্যধিক মাত্রায় ভক্তিপূজা করাটাও মানুষের পক্ষে ক্ষতিকারক বলে প্রমাণতি হতে পারে। এটা তো মৈথুন। অত্যধিক মাত্রায় খাবার খাওয়াটাও মানুষের পক্ষে ক্ষতিকারক হয়। এই প্রকার, সীমা রেখার মধ্যে থেকে কখনো-কখনো হস্তমৈথুন করাটা লাভজনক হতে পারে, কিন্তু সেই হস্তমৈথুনই যদি অত্যধিক মাত্রায় করা হয়, তাহলে সেটা ক্ষতির কারণ হয়ে উঠতে পারে। মানুষ যদি পুষ্টিকর আহার গ্রহণ করে আর ওর শরীর যদি বলিষ্ঠ হয়, তাহলে সপ্রাহে এক কি দুবার হস্তমৈথুন করলে সেটা ক্ষতিকর না হয়ে লাভদায়কই হয়। এতে ওর মন আর মস্তিষ্ক থেকে টেনশন দূর হয়ে যায়।

হস্তমৈথুন তখনই করা উপযুক্ত, যখন পত্নীর সঙ্গে অথবা অন্য কোন স্ত্রী-র সঙ্গে মৈথুন করার সম্ভবপর না হয়। পত্নী যদি রুগ্না হয়, রজঃস্বলা হয় অথবা বাড়ীতে না থাকে, তাহলে সেই পরিস্থিতিতে হস্তমৈথুন করাটা দোষনী নয়, নয়তো যে কোন অস্বাভাবিক কর্ম বর্জিত।

সেই কথায় হস্ত-মৈথুনের ক্ষেত্রেও প্রযোজ্য। হস্তমৈথুনও একটা অস্বাভাবিক ক্রিয়া।

পরিচয়

হস্তমৈথুন কোন রোগ নয়, উল্টে এটা একটা 'আসক্তি'। এর কারণে মানুষ অনেক ধরনের রোগের শিকার হয়ে পড়ে। পুরুষ-লিঙ্গকে হাত দিয়ে ঘর্ষন করে রতি-সম্ভোগের সুখ প্রাপ্ত করাটাকেই 'হস্ত-মৈথুন'বলে।

উষ্ণ প্রদেশের নিবাসী বালক 15-16 বছর বয়স থেকেই হস্তমৈথুনে অভ্যস্ত হয়ে পড়ে, অন্যদিকে শীত প্রধান দেশের বাসিন্দারা আর কয়েকবটা বছর এই কুঅভ্যাস থেকে নিজেকে বাঁচিয়ে রাখতে পারে। এটা একটা আসক্তি, ক্রিয়া, কিন্তু রোগ নয়। হ্যাঁ, একে 'কু-অভ্যাস' নিশ্চয়ই বলা যেতে পারে।

হস্তমৈথুনে ঘর্ষন দ্বারা লিঙ্গের স্নায়ু উত্তেজিত হয়ে ওঠে। তার পরিণামস্বরূপ আসক্ত ব্যক্তি রতি-আনন্দ অনুভব করে। বার-বার ঘর্ষন করে বেশী বার উত্তেজনা উৎপন্ন করলে লিঙ্গই শুধু নয়, ব্যক্তির সর্বশরীর শিথিল হয়ে পড়ে। ওর মস্তিস্ক নিস্তেজ হয়ে ওঠে। এর ফলস্বরূপ আসক্ত ব্যক্তির স্মৃতিশক্তির ওপরও কুপ্রভাব পড়ে। ওর স্মরণশক্তি ক্ষীন হয়ে পড়ে।

হস্তমৈথুনে আসক্ত ব্যক্তির শরীরের অন্যান্য অঙ্গের পূর্ণ বিকাশ হতে পারে না আর যেটুকু বা বিকাশ হচিছল, তাও অবরূদ্ধ হয়ে পড়ে। মানসিক বিকাশ তো বরাবরের মত অবরুদ্ধ হয়ে পড়ে। এর সঙ্গে-সঙ্গের শীঘ্রপতন এবং স্বপ্নদোষের মত রোগও হয়ে পড়ে।

লক্ষণ

যেসব বালক-বালিকা হস্তমৈথুন করে, তাদের মধ্যে সদা-লজ্জার ভাব উৎপন্ন হয়ে পড়ে। ওরা একান্তপ্রিয় হয়ে ওঠে। এটা ওদের এক ধরনের অসহায়তা হয়ে ওঠে। ওদের দুঃখ বেড়ে যায় আর ওরা শরীর এবং মন-দুদিক থেকে দূর্বল হয়ে পড়ে। ওদের চোখের চার দিকে কালো-কালো ছোপ পড়ে যায়। স্মরণ শক্তি ক্ষীণ হয়ে পড়ে।

যদি হস্তমৈথুন আসক্ত ব্যক্তি বয়সে তরুন হয় আর অবিবাহিত

হয়, তবে ওর শুভাকাংখী এবং চিকিৎসকের উচিত যে, ওরা সেই হস্তমৈথুনে আসক্ত ব্যক্তিকে যত তাড়াতাড়ি সম্ভব বিয়েকরে ফেলর পরামর্শ দেবেন। এতে সেই আসক্ত ব্যক্তির লাভ হবে। ও রতিক্রিয়ার স্বাভাবিক আনন্দ প্রাপ্ত করতে পারবে। এতে ওর কুঅভ্যাস ছেড়ে যাবে।

কারণ

আমরা এই আসক্তির পরিচয়ে ইতিমধ্যেই বলেছি যে, কুসঙ্গতিই এই রোগ অথবা আসক্তির পেছনে মূল কাণর হয়। যেমন, অশ্লীল সাহিত্য পড়া, অশ্লীল চলচ্চিত্র দেখা, অন্য ব্যক্তিদের রতিক্রিয়ার মগ্ন দেখা, জননেন্দ্রিয় পরিস্কার-পরিচছন্ন না রাখা, কোষ্ঠকাঠিন্য হওয়া, অন্ত্রে কৃমির সৃষ্টি হওয়া, লিঙ্গে চুলকোনি হয়ওা, লিঙ্গ চুলকোতে-চুলকোতে লিঙ্গে উত্তেজনা এসে যাওয়া ইত্যাদি। কখনো-কখনো কৌতূহলবশতঃও মানুষ হস্তমৈথুন করতে শুরু করে দেয়। পরে সেটাই ওদের অভ্যাসে পরিণত হয়ে পড়ে।

লক্ষণ

এর আগে আমরা লক্ষণ পর্যায়ে বলে এসেছি যে, হস্তমৈথুনে আসক্ত ব্যক্তি একান্তপ্রিয় হয়ে ওঠে। লোকজনেদের সামনে ওদের খুববেশী লজ্জার ভাব ফুটে ওঠে। এসব ছাড়াও ভীরুতা ওদের স্বভাব হয়ে ওঠে। উদাসীনতা সর্বক্ষন ছেয়ে থাকে। স্বর-ভঙ্গ হয়ে যায়। স্মরণ-শক্তিও ক্ষীন হয়ে আসে। গলর স্বর কর্কশ হয়ে ওঠে। আলস্যতা ছেয়ে থাকে। খুব কম ক্ষিধে পায় অথবা একদমই পায় না। বদহজম অথবা কোষ্ঠকাঠিন্যের অভিযোগও থাকে। লিঙ্গ দুর্বল এব শিথিল হয়ে পড়ে। মাথায় যন্ত্রণা হতে থাকে। কানের মধ্যেও 'ভোঁ-ভোঁ' করতে থাকে। চোখের চারপাশে কালো-কালো ছোপ পড়ে যায়। মুখ কুৎসিত এবং শরীর দুর্বল হয়ে পড়ে। এসব ছাড়াও এর আগে আমরা যেসব কথার উল্লেখ করেছি সেসবই হস্তমৈথুনের লক্ষন।

স্বাভাবিক মৈথুন

স্বাভাবিক মৈথুনে মানুষের সর্বশরীর কার্যরত থাকে। তাই সম্পূর্ণ শরীর মৈথুনের পূর্ণ আনন্দ লাভ করে। সম্ভোগ হচেছ একটা পূরক

ক্রিয়া। সম্ভোগ যদি স্বাভাবিক হয়, তাহলে সেটা শক্তিনাশক হয় না, উল্টে শক্তিবর্দ্ধক বলে প্রমাণিত হয়। হস্তমৈথুনকে নাতো কখনো পূরক ক্রিয়া বলে যেতে পারে, না বলা যেতে পারে একে শক্তিবর্দ্ধক। এটা একটা আসক্তি মাত্র, আর কিছু নয়। অধিক মাত্রায় হস্তমৈথুন করলে সেটাকে কুঅভ্যাস বলা হয়।

হস্তমৈথুনের দোষ

হস্তমৈথুনে ব্যক্তিকে কল্পপনার মাধ্যমে স্পর্শ ইত্যাদির বাইরের সাধন দ্বারা নিজের কামাঙ্গে উত্তেজনা নিয়ে আসতে হয়।

হস্তমৈথুন নিতান্তই একাঙ্গী হয় এবং এর ঠিক উল্টোটা স্বাভাবিক রতিক্রিয়ায় স্ত্রী আর পুরুষ-দুজনেই সব দিক থেকে একে-অপরের সহযোগী এবং আনন্দেও সহভাগী হয়।

হস্তমৈথুন দ্বারা কাল্পনিক উত্তেজনা সৃষ্টি করার ফলে স্নায়ুগুলোর ওপর এর বিপরীত প্রভাব পড়ে। সুতরাং, হস্তমৈথুন স্বাভাবিক সম্ভোগের পর্যায়ে আসে না। এর দ্বারা কোন প্রকারেরই লাভ হয় না। স্বপ্নদোষ এতটা ক্ষতিকারক হয় না, কিন্তু হস্তমৈথুন সব দিক থেকে ক্ষতিকারক হয়।

হস্তমৈথুনে আসক্ত ব্যক্তির মনে সবে সময় এক হীনমন্যতা বাসা বেঁধে থাকে। ও নিজেকে এক অপরাধীবলে মনে করতে থাকে। এর ফলে ওর জীবনের বিকাশের পথ অবরূদ্ধ হয়ে পড়ে। শুধু এই নয়, কখনো-কখনো তো মানুষের জীবনে হস্তমৈথুনের ফলে ভয়ংকর প্রভাব পড়ে। হস্তমৈথুনে আসক্ত ব্যক্তি নিজেকে সব সময় মেয়েদের থেকে দূরে সরিয়ে রাখার চেস্টা করতে থাকে। ফলে, ওর আত্মবিশ্বাস লুপ্ত হয়ে পড়ে।

পরিণাম

অত্যধিক হস্তমৈথুনের ফলে ব্যক্তির স্নায়ু অত্যধি ক্লান্ত এবং উত্তেজিত হয়ে থাকে এর ফলে ভারী জিনিষ তোলা ওর পক্ষে অসম্ভব হয়ে ওঠে ওর মস্তিস্ক সর্বদা কাম-বাসনার জন্য লালায়িত হয়ে থাকে, যার ফলে ও সময়ে-অসময়ে হস্তমৈথুন করতে শুরু করে দেয়। কিছু-

কিছু লোকের এই ধারণা হয়ে পড়ে যে, স্বপ্নদোষ দ্বার বীর্যপাত করানোর চেয়ে হস্তমৈথুন দ্বারা বীর্যপাত করানো অনেক ভাল আর এই ধারনার বশবর্তী হয়ে ওরা হস্তমৈথুন করতে শুরু করে দেয়। কিন্তু ওদের এই ধারণা অত্যন্ত ভুল তো বটেই, প্রচণ্ড ক্ষতিকারকও বটে। স্বপ্নদোষ তবুও এক স্বাভাবিক প্রক্রিয়া, কিন্তু হস্তমৈথুন সর্বদা এক অস্বাভাবিক ক্রিয়া হওয়ার ফলে ক্ষতিকারকও হয়।

এই বদভ্যাসের জন্য মানুষের মেরুদণ্ডে রোগ, মস্তিস্কের রোগ, প্রমেহ, বহুমূত্র, অজীর্ন, চিত্ত-বিকার, অবসাদ ইত্যাদির মত ভয়ংকর রোগ হয়ে পড়তে পারে। কখনো-কখনো ওর আত্মহত্যা করতেও ইচেছ হয়। মূচর্ছা যাওয়া, উম্মাদ, ভগনদর, টি.বি., কাশি, শ্বাসকষ্ট, অর্শ আর নপুংসকতা ইত্যাদি রোগও হস্তমৈথুনের ফলে উৎপন্ন হতে পারে।

আনুষঙ্গিক চিকিৎসা

সবার আগে এর মূল কারণগুলোকে দূর করার চেস্টা করা উচিত। যদি রোগীর বদহজম অথবা কোষ্ঠকাঠিন্য থেকে থাকে, তাহলে সেটাকে সবার আগে দূর করা উচিত। এর জন্য সাধারণ ওষুধ অথবা 'এনিমা'-র প্রয়োগ করা যেতে পারে। এর সঙ্গে-সঙ্গে পেটের রোগ, হৃদয় রোগ এবং রক্তাল্পতার দিকেও বিশেষ দৃষ্টি দেওয়া আবশ্যক। তার সঙ্গে-সঙ্গে রোগীর শারীরিক দূর্বলতাকেও দূর করার চেস্টা করা উচিত।

হস্তমৈথুনে অভ্যস্ত ব্যক্তিরা একান্তপ্রিয় হয়ে ওঠে। এই ব্যাপারে আমরা লক্ষণ পর্যায়ে আলোচনা করেছি। সুতরাং, রোগীর একান্তপ্রিয়তাকে দূর করার চেস্টা করা উচিত। যাতে, ও এই ধরনের কাম-চিন্তার হাত থেকে নিজেকে সরিয়ে রাখতে পারে। রোগীকে লাগাতার কোন-না-কোন কাজে ব্যস্ত রাখার চেস্টা করা উচিত, যাতে ও নিজের ব্যাপারে চিন্তা-ভাবনা করার সুযোগ খুব কমই পায়।

রোগীকে নিয়মিত ব্যায়াম করার পরামর্শও দেওয়া যেতে পারে আর হাল্কা কিন্তু পুষ্টিকর খাবারের ব্যবস্হা ওর জন্য করা উচিত। উত্তেজক এবং মাদক পদার্থ থেকে হস্তমৈথুনের রোগীকে সব সময় দূরে রাখা উচিত।

রোগীকে সংযমিত জীবন-যাপন করার উপদেশ সব সময় দিয়ে আসা উচিত। ভারতীয় পরম্পরা অনুযায়ী সাধারণ জীবন–উঁচু চিন্তা-ভাবনার দিকে ওকে ঠেকে দেওয়া উচিত।

চিকিৎসকদের উচিত যে, ওনারা যেন হস্তমৈথুনের রোগীকে উত্তেজক ওষুধ না দেন। সবার আগে রোগের মূল কারণের ওপর দৃষ্টি দিয়ে সেগুলো দূর করা উচিত। পেট পরিস্কার রাখাটা অত্যন্ত জরুরী। পেটের ভেতরের মল বাইরে বেরিয়ে গেলে অনেক রোগ আপনা থেকেই দূর হয়ে পড়ে আর রোগীর শরীরে স্ফূর্তির সঞ্চার হয়ে পড়ে।

চিকিৎসা

হস্তমৈথুন কোন রোগ নয়, একটা আসক্তি মাত্র। ফলে, শীঘ্রপতন, স্বপ্নদোষ, প্রমেহ, ধাতু-দৌর্বল্য ইত্যাদি রোগ উৎপন্ন হয়। এগুলো আটকাবার জন্য কিছু-না-কিছু ব্যবস্হা করাই উচিত। তার জন্য আমর সাধারণ ওষুধের প্রয়োগ করতে পারি, যার উল্লেখ এখানে সংক্ষেপে করা হচ্ছে।

আয়ুর্বেদিক এবং ইউনানি চিকিৎসা

সংযমিত যৌবন হচ্ছে এর সর্বোত্তম ওষুধ। এই আসক্তিকে দূর করার জন্য মানুষকে নিজের পরিবেশকে বদলাতে হবে। এরপরই বীর্যদোষকে নস্ট করে, শরীরের ভেতরের বিকারকে দূর করার জন্য ওষুধের প্রয়োগ করা যেতে পারে। এতে উত্তেজক ওষুধপত্র সম্পূর্ণ রূপে বর্জিত। উত্তেজক ওষুধে লাভের চেয়ে ক্ষতি বেশী করে হয়।

সবার আগে কোষ্ঠকাঠিন্যকে দূর করা উচিত। পেটের মল বেরিয়ে গেলে শরীরের বিষ বেরিয়ে যায় এবং কামোত্তেজনাও কমে আসে। মল বের করার জন্য সাধাণর ট্যাবলেটে যদি সফলতা না পাওয়া যায়, তাহলে 'এনিমা'-র প্রয়োগ করা যেতে পারে। এতে পেট ভালমতন পরিস্কার হয়ে পড়ে।

ইসবের প্রয়োগ করতে চাইলে তাতে সোডা বাই কার্ব মিলিয়ে নিলে ভাল লাভ পাওয়া যায়।

সাধারণতঃ ব্রাহ্মী, ছোট এলচ, ভেজানো বাদাম, গোল মরিচ ইত্যাদির মিশ্রণ এবং কর্পূর আর চন্দ্র প্রভাবটী ইত্যাদি ওষুধ এই রোগে উপকার দেয় আর লোহাসব কুমায়সিব ইত্যাদিও ভাল লাভ দেয়।

এ্যালোপ্যাথিক চিকিৎসা

এ্যালোপ্যাথিক চিকিৎসা পদ্ধতিতে এই আসক্তির হাত থেকে মুক্তি দেবার জন্য মানুষকে সবার আগে সুস্থ এবং সরল করে তোলা হয়। ভিটামিন 'এ', ভিটামিন 'বি' কমপ্লেক্স, ফোর্ট, আয়রণ ট্যাবলেট, লৌহ-ভস্ম আর প্রবাল-ভস্ম, লিভারজিন, টিংচার বেলাডোনা, পেটোশ ব্রোমাইড, টিংচার হায়োসাইমস, স্পিরিট ক্লোরোফার্ম ইত্যাদি হস্তমৈথুনের প্রবৃত্তিকে কম করতে সহায়ক বলে প্রমাণিত হয়।

বিভিন্ন ওষুধ নির্মাতা হস্তমৈথুনের প্রবৃত্তিকে দূর করার জন্য বিভিন্ন রকমের পেটেন্ট ওষুধের নির্মান করেছেন।

হোমিওপ্যাথিক চিকিৎসা

হোমিওপ্যাথিক চিকিৎসকদের মতানুযায়ী হস্তমৈথুন এমন এক বিকার, যার পাল্লায় যদি বালক-বালিকারা পড়ে যায়, তাহলে ওদের গোটা জীবনটাই নষ্ট হয়ে পড়ে। এই আসক্তি চট করে দূরও হয় না। যেসব লোকেদের নিজের হাতে নিজের বীর্যপাত করানোর বদভ্যাস হয়ে পড়ে, ওদের মুখ-চোখ নিস্তেজ দেখায়। যদি এই বদভ্যাস বেড়েই চলে, তাহলে এর ভয়ংকর পরিণাম সামনে আসতে থাকে। হস্তমৈথুনে আসক্ত ব্যক্তি নিজেকে চট করে এই আসক্তি থেকে দূরে সরিয়ে নিতে পারে না। পরিণামস্বরূপ, ওর মধ্যে দুর্বলতা, নপুংসকতা এবং শেষে টি.বি. রোগের অবস্থাও এসে পড়ে।

যদি সময় থাকতে-থাকতে এদিকটায় লক্ষ্য না দেওয়া হয়, তাহলে সত্যি বলছি, এই আসক্তিতে আসক্ত ব্যক্তির জীবনটাই ব্যর্থ হয়ে পড়ে।

এর জন্য ওষুধ সেবন করা ছাড়াও ব্যক্তিকে নিজের চিন্তা-ভাবনায় শুদ্ধতা এবং পরিবেশে স্বচ্ছতা এবং বাড়ীতে পবিত্রতা আনার ওপরও বিশেষ দৃষ্টি দেওয়া উচিত।

অস্তেলিগো-3 ঃ হস্তমৈথুন করার ইচ্ছে যখন নিয়ন্ত্রনের বাইরে

চলে যায়, সেই অবস্হায় এই ওষুধের সেবনে ভাল লাভ পাওয়া যায়।

ওরিগেনিস মেজরোনা-3 ঃ খাবার খাওয়ার আগে যদি এই ওষুধ সেবন করা হয়, তাহলে হস্তমৈথুনের বদভ্যাসের হাস থেকে মুক্তি পেতে সাহায্য পাওয়া যায়।

এ্যাসিড ফস-30, 200 ঃ অত্যধিক দূর্বলতা, অত্যধিক মূত্র বেরোনো, ক্ষনমুহূর্তের উত্তেজনায় জনেনেন্দ্রিয় উত্তেজিত হয়ে ওঠা ইত্যাদি পরিস্হিতিতে এই ওষুধ ভাল কাজ দেয়।

কস্হরিস-6 ঃ সেসব বালক অসময়ে এই কুপ্রবৃত্তির শিকার হয়ে পড়, তাদের যদি এই ওষুধের সেবন করানো হয়, তবে ওদের এই বদভ্যাস খুব তাড়াতাড়ি দূর হয়ে যায়।

প্লোটিনা-6 ঃ বালিকা এবং মহিলাদের যদি হস্তমৈথুনের আসক্তি হয়ে পড়ে আর ওদের হস্তমৈথুন করার ইচেছটা যদি এতটা প্রবল হয়ে ওঠে যে, ওরা হস্তমৈথুন থেকে সৃস্ট ক্ষতির কথাটা জানা সত্ত্বেও হস্তমৈথুন করতে বাধ্য হয়ে পড়ে, তাহলে এই ওষুধের প্রয়োগে ওরা ভাল লাভ পাবে।

আমরা এর আগে বিভিন্ন জায়গায় এই সংকেত দিয়ে এসেছি যে, হস্ত-মৈথুন রোগে নিজের চিকিৎসা নিজে করানোটা ক্ষতিকারক হতে পারে। সুতরাং, উচিত এটাই হবে যে, কোন যোগ্য চিকিৎসকের সঙ্গে পরামর্শ করে, তবেই ওষুধ সেবন করা হোক।

শীঘ্রপতন

পরিচয়

এর মুখ্য পরিচয় এটাই হয় যে, পুরুষ যখন কোন স্ত্রী-র সঙ্গে রতি-ক্রিয়ার রত হয়, তখন কোন প্রকারের মৈথুন-ক্রিয়া না করা সত্ত্বেও পুরুষের বীর্য আপনা থেকেই স্খলিত হয়ে পড়তে শুরু করে। এর ফল এটাই হয় যে, ওর সঙ্গিনী, অতৃপ্ত থেকে যায়। এর ফলে পুরুষের সঙ্গিনী স্ত্রী শুধুমাত্র অতৃপ্ত থেকে যায়, এটা বললে খুব কমই বলা হবে, উল্টে কখনো-কখনো এর ভয়ংকর পরিণামও সামনে ফুটে ওঠে। সেই স্ত্রী রোগীনীও হতে পড়তে পারে। ওর ওপর মাঝে-মাঝে হিস্টিরিয়া অর্থাৎ মৃগী রোগের আক্রমণও হতে শুরু করে। হিস্টিরিয়া অর্থাৎ মৃগী রোগের এটা একটা মুখ্য কারণ।

পুরুষের মধ্যে যদি শীঘ্রপতন বিকার স্থায়ীরূপে ঢুকে পড়ে, তাহলে কিছুদিন পরও নিজেও নপুংসক হয়ে পড়ে। রতিকাল অবশ্য এমনিতে খুব বেশী লম্বা হয় না, তবুও এই স্বল্প সময়ের রতিকালেও যদি পুরুষের বীর্য অত্যন্ত তাড়াতাড়ি স্খলিত হয়ে পড়ে, তাহলে তার ফলে স্ত্রী এবং পুরুষ-দুজনেরই ক্ষতি হয়। এই পরিস্থিতিতে পুরুষের উচিত, নিজের দাম্পত্য-জীবনকে সুখময় করে তোলার জন্য ও নিজের এই রোগের যথা শীঘ্র চিকিৎসা করিয়ে নিক নয়তো ও নিজেও নপুংসক হয়ে পড়বে আর ওর পত্নীও হিস্টিরিয়া, মানসিক টেনশন, নার্ভাসনেস ইত্যাদি ভয়ংকর রোগে গ্রস্ত হয়ে উঠবে।

কারণ

অত্যধিক হস্তমৈথুন, অত্যধিক স্ত্রী-সম্ভোগ, শরীরকে ক্ষয় করে দেওয়া বিভিন্ন প্রকারের জীর্ন রোগ, পুষ্টিকর ভোজনের অভাব, স্বপ্নদোষের

রোগী হওয়া, জননেন্দ্রিয়ের রোগে গ্রস্ত হয়ে পড়া, মাদক দ্রব্যের সেবন ইত্যাদি নানা কারণে শীঘ্রপতনের রোগ উৎপন্ন হয়ে পড়ে।

এই রোগের হাত থেকে বাঁচতে ওপরে উল্লেখিত সব ভয়ংকর এবং সংক্রামক রোগের হাত থেকে বাঁচাটাই হচেছ প্রথম শর্ত।

এ ছাড়া মানসিক চিন্তা, মানুষের যে কোন প্রকারের হীন মন্যতায় ভোগা ইত্যাদিও শীঘ্রপতন রোগের কারণ হতে পারে।

রোগের চেয়ে রোগের কারণ গুলোর দিকে যদি বিশেষে দৃষ্টি দেওয়া যায়, তবে রোগ উৎপন্ন হওয়ার সম্ভাবনা খুব কম থাকে আর চিকিৎসাও সরলতার সঙ্গে করা সম্ভবপর হয়।

লক্ষন

সম্ভোগ-ক্রিয়ার আগেই বীর্যস্খলন হয়ে পড়ে হচেছ এর মুখ্য লক্ষণ। এতে সম্ভোগ কাল খুব কমে যায়। রোগের মেয়াদ যেমন-যেমন বাড়তে থাকে, তেমন-তেমন বীর্যও তাড়াতাড়ি স্খলিত হয়ে পড়তে থাকে। কিছুদিন পরে তো পত্নীকে বুকের মাঝে আলিঙ্গন করা মাত্রই বীর্য স্খলিত হয়ে পড়ে। যখন অবস্হা এর থেকেও খারাপ হয়ে পড়ে, তখন কখনো-কখনো স্ত্রী সহবাসের চিন্তা করা মাত্রই বীর্য স্খলিত হতে শুরু করে দেয়। উত্তেজনার সৃষ্টি হওয়া মাত্র বীর্যস্খলিত হয়ে পড়ে।

এই ধরনের পরিস্হিতি যে কোন ব্যক্তির পথে বিনাশকারী হয়। রোগের শুরুতেই যদি এর সঠিক চিকিৎসা করিয়ে নেওয়া হয়, তাহলে সব চেয়ে ভাল হয়।

পথ্য

তেল মালিশ, স্নান, সুগন্ধিত তাজা ফুল, ফুলের মালা, উত্তম প্রিয়-আকর্ষক পোশাক, বন-বিহার, প্রাকৃতিক সৌন্দর্য-দর্শন, সুন্দরীদের নৃত্য-সঙ্গীত দর্শন এবং শ্রবন এই রোগে ভাল কাজ দেয়। কিন্তু এইসব পরিস্হিতিতেই ব্যক্তির ভাবনা-চিন্তায় কোন প্রকারের উত্তেজনা আসতে দেওয়া উচিত নয়, নয়তো এই পথ্যই কুপথ্য হয়ে উঠে রোগকে আরও বাড়িয়ে তুলবে।

টক, তেল, ঝাল, অন্য মুখরোচক পদার্থ, পচ্য, বাসী খাবার ইত্যাদি

সেবন, উপবাস, অত্যাধিক পরিশ্রম, অত্যধিক মৈথুন, ব্যাভিচার, প্রৌঢ়া অথবা বৃদ্ধার সঙ্গে সম্ভোগ, হস্তমৈথুন, পায়ু-মৈথুন, দিনের বেলা ঘুমানো, শোক, ভয় চিন্তা, বেশী হাঁটা, খুব বেশ গরম অথবা ঠাণ্ডায় থাকা–এই ধরনের সব কাজ আর আহার অপথ্য হওয়ার কারণে ক্ষতিকারক।

আহার

যব, গম, অড়হর, কলাই, আলু, কপি, ঢেঁড়শ, পেঠা, কলা, লাউ, ওল, দুধ, ঘি, দই, মেওয়া, দুধ-মালাই, মিশ্রি, শ্রীখণ্ড, গুড়, গোলাপ জাম, ফেনি, মালপোয়া, লুচি, আপোল, বেদানা, আঙ্গুর ইত্যাদি সব পুষ্টিকর পদার্থ এই রোগের জন্য উপযুক্ত।

শীঘ্রপতন কেন হয় ?

এর কারণের ওপর আলোকপাত করে প্রথমেই এটা বলা হয়েছে যে, বিভিন্ন প্রকার বিকৃতি, আসক্তি এবং রোগ এর মুখ্য কারণ। এখানে এই প্রসঙ্গে আরও দু-একটা কথা বলাটা অপ্রাসঙ্গিক হবে না।

এমনিতে কোন রুচিকর পদার্থ যদি অনেক দিন পর সেবন করা হয়, তাহলে তার স্বাদের মাত্রা বেড়ে যায়। ঠিক সেই প্রকার মানুষ যখন অনেক দিন পর সম্ভোগ করার সুযোগ পায়, তখন ওর লিঙ্গ প্রচণ্ড মাত্রায় সংবেদনশীল হয়ে ওঠে। এর জন্যই ওর বীর্য অত্যন্ত তাড়াতাড়ি স্খলিত হয়ে পড়ে। এই ব্যাপারটা কোন ব্যক্তিবিশেষের ওপরই প্রযোজ্য হয় না, বরং এই রনের পরিস্হিতি যে কোন সময় যে কোন ব্যক্তির হতে পারে। সুতরাং, এটা কোন প্রকারের রোগ নয়। এই প্রক্রিয়া একদম স্বাভাবিক এবং অস্হায়ী।

যদি এই ব্যাপারটা স্হায়ী হয় এবং লাগাতার এই জিনিষটা চলতে থাকে, তাহলে অবশ্য এটাকে রোগ বলে মনে করা উচিত। মানসিক, শারীরিক এবং আর্থিক পরিস্হিতিও এর জন্য দায়ী।

যে ব্যক্তির বীর্য সম্ভোগের আগেই বেরিয়ে পড়ে, তার পত্নীর সন্তুষ্টি এবং তৃপ্তির জন্য বিশেষ রূপে সতর্ক হয়ে সম্ভোগে লিপ্ত হওয়া উচিত। মানুষের এই ব্যাপারটা সব সময় মাথায় রাখা উচিত যে, এট

কেন রোগ নয়। এই ব্যাপারটা মনে রাখলেই ওর মন চিন্তামুক্ত হয়ে উঠবে। এটা কোন ধরনের মানসিক রোগও নয় সম্ভোগের সময় যদি কোন ব্যক্তির শীঘ্রপতন হয়ে পড়ে, তাহলে তার নিজের পত্নীর ভগসানসা নিজের আঙুল দিয়ে ঘর্ষণ করতে থাকা উচিত। এই কাজটা এমনিতে তো পুরুষদের লিঙ্গ করে, কিন্তু লিঙ্গ করে, কিন্তু লিঙ্গ শিথিল হয়ে পড়লে আঙুলের ব্যবহার লিঙ্গের বিকল্প হিসেবে করা উচিত। এতে ওর পত্নী কিছুটা সীমা পর্যন্ত্য কিছুটা সীমা পর্যন্ত্য তৃপ্ত হয়ে উঠবে।

এমন বেশ কিছু ব্যক্তি আছেন, যারা বীর্যের শীঘ্রপতনের সঠিক অর্থটাই জানেন না। সম্ভোগের সময়কাল খুব বেশী হয় না। তবুও মানুষের এটাই মনে হয় যে, অনেক সময় পেরিয়ে গেছে। কারণ হল, সম্ভোগের স্হিতিতে দম্পতি আনন্দের অনুভূতিতে লীন হয়ে ওঠার কারণে সময়ের সঠিক হিসেব রাখতে পারে না। সেই আনন্দের মুহূর্তে ওদের এটাই মনে হয় যে, সময় অত্যন্ত তাড়াতাড়ি কেটে গেছে। এই সময় পুরুষের নিজের প্রতি সন্দেহের সৃষ্টি হয়ে পড়ে যে, ও শীঘ্রপতনের শিকার হয়ে পড়েনি তো ? একবার যদি এই সন্দেহ মনে দানা বেঁধে নিতে সফল হয়, তাহলে ওর বীর্য সত্যিই খুব তাড়াতাড়ি স্খলিত হয়ে পড়তে শুরু করে। এই ধরণের মিথ্যে ভ্রম দূর করা অত্যন্ত আবশ্যক।

চিকিৎসা

বীর্যের শীঘ্রপতন জিনিষটা নিজে ততটা রোগ নয়, যতট আগের কোন রোগের কারণে হয়। এর জন্য রোগীকে চিন্তা ঘিরে ফেলে আর ও দিন-দিন দূর্বল থেকে দূর্বলতর হয়ে পড়তে থাকে। ব্যস, এই মানসিকতার জন্য ওর রোগও সেই অনুপাতে বেড়ে চলে। তাই, শুরুতেই এর সঠিক চিকিৎসা করিয়ে নেওয়াটাই ভাল- তখন চিকিৎসাটা সহজও হয়।

আয়ুর্বেদিক চিকিৎসা

আমাদের দেশ, ভারতবর্ষে যৌন-রোগ পৃথিবীর অন্যান্য দেশের তুলনায় মোগল আর ইংরেজদের জন্য বেশী ছড়িয়ে পড়েছে। প্রচীন যুগে আমাদের দেশে তো এই রোগ কিছুটা ছিলই। তাই, আয়ুর্বেদেও এই সব রোগের চিকিৎসার বিধান পাওয়া যায়।

আয়ুর্বেদ চিকিৎসা প্রণালীতে এই রোগের জন্য বিভিন্ন রকমের

ওষুধে রয়েছে। শিলাজিতাদি বটি এই রোগের জন্য সর্বোত্তম ওষুধ বলে পরিচিত। এই বীর্য বেশ কিছু ওষুধের সংমিশ্রনে বানানো হয়।

শীঘ্রপতন নাশক চূর্ণও প্রায় 16-টি দ্রব্যের মিশ্রণে তৈরী করা হয়। এতে শীঘ্রপতনে চমৎকার ফল পাওয়া যায়। এর সেবন স্বপ্নদোষ খুব তাড়াতাড়ি ঠিক হয়ে যায়–যা বীর্যের শীঘ্রপতনের মুখ্য কারণ। এই প্রকার হস্তমৈথুন থেকে সৃষ্ট বিকার দূর করতেও এই ওষুধ লাভকারী হয়।

শিলাজিতাদি বটি সব রকমের শীঘ্রপতন, স্বপ্নদোষ, ধাতু-দৌর্বল্য, বীর্য, স্রাব, প্রমেহ এবং নপুংসকতাজনিত রোগকে দূর করতে বিশেষ উপযোগী বলে প্রমাণিত হয়েছে।

মকরধ্বজ বটি প্রায় 14-টি বহুমূল্য দ্রব্যের মিশ্রণে তৈরী করা হয়। শীঘ্রপতনের সঙ্গে-সঙ্গে স্বপ্নদোষ, প্রমেহ, নপুসংকতা এবং বেশ কিছু বীর্য-বিকার দূর করতে এটি বটি অত্যন্ত উপযোগী এবং বাজীকরণ রসায়ণ আর বীর্যস্তম্ভকের কাজও করে।

ইউনানী চিকিৎসা

ইউনানী চিকিৎসা পদ্ধতিতে শীঘ্রপতনের জন্য মাজুন ফলক সের, যা মোটামুটি 40-টি দ্রব্যের সংমিশ্রণে তৈরী করা হয়, বিশেষ করে লাভজনক বলে প্রমাণিত হয়েছে। একে মৈথুনে লিপ্ত হবার এক ঘন্টা আগে মিশ্রী গোলা শুদ্ধ গরুর দুধের সঙ্গে পান করা উচিত। এর সেবন শীঘ্রপতন রোগ দূর হয়ে যায় আর স্তম্ভন শক্তি বাড়ে। এটা বাজীকরণও করে এবং বীর্য-স্তম্ভনের কাজও করে। এতে মানুষের নপুংসকতায় ভাল লাভ হয়।

ইউনানী চিকিৎসা পদ্ধতিতে হব্বে সীমাজ, হব্বে নিয়াত অথবা হব্বে খুশবন্তী ইত্যাদিও উপযোগী ওষুধ।

এই সব ওষুধ শীঘ্রপতন-রোধক হবার সঙ্গে-সঙ্গে বীর্য-স্তম্ভনের কাজও করে। এর সঙ্গে-সঙ্গে বাজীকরণেও সহায়ক সিদ্ধ হয়।

স্ত্রী-কে স্খলিত করার যোগ

শীঘ্রপতনে পুরুষের মানসিক অবস্থা বড়ই অদ্ভূত হয়ে ওঠে।

কখনো-কখনো ও নিজের পত্নীর দৃষ্টিতে নীচু হয়ে পড়ে। এতেও এতটা নিরাশ হয়ে পড়ে যে, অনেক সময় আত্মহত্যা করার চিন্তাও ওর মাথায় আসে। এই পরিস্থিতিতে পুরুষের উচিত যে, ও নিজের শীঘ্রপতন আটকাবার সঙ্গে-সঙ্গে নিজের পত্নীরও শীঘ্র স্খলিত হবার ব্যবস্থা করবে।

এখানে আমরা এমন কিছু যোগের উল্লেখ করছি, যা এতে সাহায্য করতে পারেঃ-

(1) সুহাগার ফুলা আধ থেকে এক গ্রাম নিয়ে পানের মধ্যে করে পত্নীকে খাইয়ে দিয়ে ওর সঙ্গে সহবাস করলে পত্নী তাড়াতাড়ি স্খলিত হয়ে পড়বে।

(2) খাঁটি মধুতে ত্রিফলার চূর্ণ ফেঁটে নিয়ে পত্নীর যোনিতে লাগিয়ে মৈথুন করলে পত্নী তাড়াতাড়ি স্খলিত হয়ে পড়বে।

(3) গোরখমুণ্ডিল ফুল, কর্পূর আর লতাপাতা সমান মাত্রায় নিয়ে জলে ঘষে পুরুষ নিজের লিঙ্গে লাগিয়ে নিক। যখন সেই জিনিষটা শুকিয়ে যাবে, তখন পত্নীর সঙ্গে সহবাসে লিপ্ত হোক। এতে পত্নী তাড়তাড়ি স্খলিত হয়ে পড়বে।

(4) কলাই আর মূলহটি সমান মাত্রায় নিয়ে অসগন্ধের মূলের রসে খল-নুড়ি দিয়ে পিষে, সেটা সেবন করে পত্নীর সঙ্গে সম্ভোগ করলে পত্নী তাড়াতাড়ি স্খলিত হয়ে পড়বে।

(5) গন্ধককে মধুর সঙ্গে মিশিয়ে লিঙ্গে লাগানোর পর পত্নীর সঙ্গে মৈথুন করলে পত্নী তাড়াতাড়ি স্খলিত হয়ে পড়ে।

(6) মধু, সুহাগা, বৃদ্ধ স্ত্রী-র পোড়া চুল-এই তিনটে জিনিষ লিঙ্গে লাগিয়ে সম্ভোগে লিপ্ত হলে পত্নী তাড়াতাড়ি স্খলিত হয়ে পড়ে।

(7) গোলমরিচ, ধুতরোর বীজ, ছোট পিপল আর লোধকে মিহি করে পিষে নিয়ে সেটা মধুর সঙ্গে মিলিয়ে লিঙ্গে লাগালে এবং তার এক ঘন্টা পর পত্নীর সঙ্গে সহবাস করলে পত্নীর কামাগ্নি অত্যন্ত দ্রুত শান্ত হয়ে পড়ে।

নপুংসকতা

পরিচয়

পুরুষের জননেন্দ্রিয় অর্থাৎ লিঙ্গের আংশিক বা পূর্ণ দূর্বলতা বা অসমর্থতাকে 'নপুংসকতা' বলা হয়। আয়ুর্বেদের ভাষায় একে 'ধ্বজভঙ্গ '-ও বলা হয়। এই রোগে লিঙ্গের উত্তেজনা শক্তি সমাপ্ত হয়ে পড়ে। যার পরিণামস্বরূপ পুরুষ মৈথুনের জন্য উত্তেজিত হয়ে উঠতে পারে না। এর ফল এটাই হয় যে, ব্যক্তি মৈথুন-ক্রিয়ায় একদমই অসমর্থ হয়ে পড়ে। যালর পরিণামস্বরূপ পুরুষ মৈথুনের জন্য উত্তেজিত হয়ে উঠতে পারে না। এর ফল এটাই হয় যে, ব্যক্তি মৈথুন-ক্রিয়ায় একদমই অসমর্থ হয়ে পড়ে। এই ধরণের ব্যক্তিকেই 'নপুংসক' বলা হয়।

যে ব্যক্তি জন্মগতভাবে জননেন্দ্রিয় বিহীন অথবা বিকৃত জননেন্দ্রিয় নিয়ে জন্মায়, তাকওে সভ্য ভাষায় বলা হয়ে 'নপুংসক'। কিন্তু এটা কোন রোগের শ্রেণীতে পড়ে না। এটা হল এক জন্মগত শারীরিক বিকৃতি। সুতরাং, এখানে তার উল্লেখ এবং তার চিকিৎসার ব্যাপারে কোন রকম উল্লেখ করা হল না, কারণ এটা কোন যৌন-রোগ নয়।

কারণ

স্ত্রী-র সঙ্গে অত্যধিক সহবাস, হস্ত-মৈথুন, লিঙ্গে কোন ধরণের চোট-আঘাত লাগা, ব্যক্তির শরীরে চর্বি বেড়ে যাওয়া কোন অন্য প্রকারের ভয়ংকর রোগ এবং ওর কারণে উৎপন্ন দূর্বলতা, অণ্ডকোষ ছোট হওয়া, কোন রোগের কারণে অণ্ডকোষ বের করে দেওয়া, বার-বার প্রস্রাব পাওয়া, অগ্নিমান্দ্য, হার্নিয়া, লম্বা সময় ধরে তীব্র প্রভাবশালী ওষুধের সেবন করা, অত্যধিক মাত্রায় মদ্যপান করা, অত্যধিক মাত্রা আফিম অথবা অন্যান্য মাদক দ্রব্যের বেসন করা ইত্যাদি হচেছ নপুংসকতার মূল কারণ।

নপুংসকতার প্রাথমিক অবস্থায় ব্যক্তি মৈথুনে লিপ্ত হতে ভয় পায়। তার ফল এটাই হয় যে, নপুংসকতা দিন-দিন বেড়ে চলে এবং এক সময় ব্যক্তিকে পুরোপুরি নপুংসক বানিয়ে ছাড়ে।

লক্ষন

এই রোগের কারণে মানুষের মধ্যে মৈথুন করার শক্তি হয় কমে যয় অথবা পুরোপুরি নষ্ট হয়ে যায়। এই ধরনের পরিস্হিতিতে পুরুষের মনে স্ত্রী-সহবাসের ইচেছ পুরোপুরি জাগ্রত থাকে, কিন্তু তার সঙ্গে মৈথুন কায় ও অসমর্থ হয়ে থাকে। নিজের গুপ্তেন্দ্রিয়ের দুর্বলতার জন্য ও স্ত্রী-র কাছে যেতেও ভয় পায়।

পুরুষের এই ভয় ওকে আরও বেশী নপুংসক করে তুলেত সাহায্য করে। ব্যক্তি যদি কোনভাবে সাহস করে সম্ভোগে লিপ্তও হয়, তবুও সম্ভোগকালে ওর শ্বাস ফুলতে থাকে, ওর সর্বশরীর ঘামে ভিজে ওঠে আর সবচেয়ে বড় কথা হল এই যে, ওর ইন্দ্রিয়ে উত্তেজনাই সৃষ্টি হয় না। এতে পুরুষের নিজের ওপর নিজেরই লজ্জা হতে শুরু করে। এই লজ্জাই ওর দুঃখের কারণ হয়ে ওঠে।

নপুংসকতার শিকার হয়ে পড়া ব্যক্তি নিজের রোগের জন্য রাত-দিন চিন্তিত হয়ে থাকে। নিজের ব্যাপারে ও কারো সঙ্গে সলা-পরামর্শ করতেও লজ্জা আর সংকোচত অনুভব করে। ও সক্ষিন সংকোচ ঘিরে থাকে আর মৈথুনের সময় সঠিকভাবে মৈথুন না করতে পারার কারণে ওর মাথায় যন্ত্রণা হতে থাকে। কখনো-কখনো ওর মাথাও ঘুরতে শুরু করে। হৃদস্পন্দনের গতি বেড়ে ওঠে। এই হৃদগতি এতটা বেড়ে ওঠে যে, বারারাত ওর ঘুমও আসে না।

পুরুষের এই ধরণের নপুংসকতা ওর পত্নীর ওপরও বড়ই অদ্ভূত প্রতিকূল প্রভাব ফেলে। সেই প্রতিকূল প্রভাবকে ভাষায় বর্ণনা করা সম্ভব নয়। ওর অবস্হা বড়ই দয়নীয় আর শোচনীয় হয়ে ওঠে।

সাধারণতঃ নপুংসকতার চারটে পর্যায় থাকে। প্রথম পর্যা হল, মৈথুনের সময় উত্তেজনা তো সৃষ্টি হয়, কিন্তু লিঙ্গে যথোচিত কঠোরতা আসে না। কখনো-কখনো শুরুর দিকে লিঙ্গ কোনভাবে কঠোর হয়েও পড়ে, কিন্তু খুব তাড়াতাড়ি শিথিল হয়ে পড়ে। এই ভাবে, ব্যক্তির কামশক্তি খুবই

কমে যায়।

দ্বিতীয় পর্যায়, পুরুষের মনে মৈথুন করার ইচ্ছে জাগলে কোন ভাবে কিছুক্ষন পর লিঙ্গে চেতনা তো আসে, লিঙ্গ কঠোরও হতে শুরু করে, কিন্তু হঠাৎই এক সময় লিঙ্গে শিথিলতা এসে পড়ে। পরিণামস্বরূপ ও মৈথুন করতে অসমর্থ হয়।

তৃতীয় পর্যায়ে, মৈথুনের প্রবল ইচ্ছে হওয়া সত্ত্বেও লিঙ্গে কোন প্রকারের উত্তেজনা সৃষ্টি হয় না এবং লিঙ্গে খুব কম কঠোরতা আসে। এই পরিস্থিতিতে ও কোন সময়েই মৈথুন করার যোগ্য থাকে না।

চতুর্থ পর্যায়ে, পুরুষের মধ্যে মৈথুন করার ইচ্ছেই থাকে না। ওর লিঙ্গে কোন রকমের চেতনাই থাকে না। এইভাবে ও পত্নীর সঙ্গে সম্ভোগ করতে পুরোপুরি অযোগ্য হয়ে ওঠে।

এখনও পর্যন্ত্য, নপুংসকতার কিছু বিশেষ কারণে ওপর ভাল মতন আলোকপাত করা হল। অত্যধিক মৈথুন, বেশ্যাগমন, হস্ত-মৈথুন, পায়ু-মৈথুন অথবা পশু-মৈথুন ইত্যাদি কারণে যদি কোন ব্যক্তি মধ্যে নপুংসকতার সৃষ্টি হয় পড়ে, তাহলে সেই ব্যক্তি নিজেই নিজের জীবনটাকে নষ্ট করে ফেলেছে বলে ধরে নেওয়া যেতে পারে। চিকিৎসকেদের বক্তব্য হল, এই ধরণের নপুংসকতা চিকিৎসার অযোগ্য নয়। এর চিকিৎসকেদের বক্তব্য হল, এই ধরণের নপুংসকতা চিকিৎসার অযোগ্য নয়। এর চিকিৎসা সম্ভবক আর রোগীর মধ্যে পুরুষত্ব নতুন করে উৎপন্ন করাও সম্ভব।

মানুষের মধ্যে নপুংসকতার একটা কারণ ওর ওপর বংশগতভাবেও আসে। বাবার যদি বীর্যদোষ থেকে থাকে অথবা বাবার যদি বীর্য অল্প হয়, তাহলে তার সন্তানের ওপরও এর প্রভাব পড়ে পরিণামস্বরূপ সন্তান জন্মগতভাবেই নপুংসক হয়ে জন্মায়। ওকে না স্ত্রী বলা চলে, না পুরুষ। এই ধরনের নপুংসকতা চিকিৎসার অসাধ্য হয়।

মানসিক নপুংসকতা

মানুষের মধ্যে যখন আত্মবিশ্বাসের অভাব হয় অথবা অন্য কোন কারণে যদি ওর মনে এ ধারণার সৃষ্টি হয়ে পড়ে যে, ও মৈথুন করতে পারবে না, তাহলে সেই পরিস্থিতিতে ও নপুংসক না হওয়া সত্ত্বেও

নপুংসক হয়ে পড়ে। এটাকে মানসিক নপুংসকতা বলা হয়।

কুসঙ্গ পড়ে যখন কোন যুবক নানা প্রকারে মৈথুন সম্বন্ধীয় কথাবার্তা শোনে, তখন নিজের মন আর লিঙ্গের দূর্বলতার জন্য নিজের বিষয়েও নিজেই এই ভ্রম ধারণার শিকার হয়ে পড়ে যে, ও মৈথুন করতে একদম অসমর্থ। এই ধরনের ভ্রম লম্বা সময় ধরে মনের মধ্যে বাসা বেঁধে থাকলে অনুকূল পরিস্হিতিতেও সেই যুবক মৈথুন-ক্রিয়ায় অযোগ্য হয়ে থাকে।

এটা কেবলমাত্র মানসিক নপুংকসাত, শারীরিক নপুসংকতা নয়। সুতরাং, এর চিকিৎসাও সেই দৃষ্টিতেই করা উচিত।

পথ্য

দুধ, মাখন, মালাই, ঘি পনীর, দই-এই ধরনের দুধ থেকে তৈরী সব রকমের পদার্থ, মায়, চিঁড়ে, পশুদের অণ্ডকোষ, ভাজা মাংস, তাজা ডিম, পোলাও ইত্যাদি সব রকমের ফল এবং রকমের শুকনো মেওয়া আর সব রকমের শাক-সব্জি ইত্যাদি সেবন।

নপুংসকতায় এই সব জিনিষ খাওয়া যেতে পারে। প্রয়োজনের তুলনায় বেশী কোন পদার্থই লাভদায়ক হয় না। সঠিক মাত্রায় সেবন না করলে কখনো-কখনো এইসব জিনিষ ক্ষতিকারকও হতে পারে। সুতরাং, ব্যক্তির সেইসব পদার্থ ঠিক ততটা মাত্রাতেই খাওয়া উচিত, যতটা ও সহজভাবে হজম করতে পারবে। ফলে, খাওয়া পদার্থের সবটা রস আর রক্ত হতে পারে।

টক এবং ঠাণ্ডা জিনিষ নপুংসকতায় সেবন করা উচিত নয়। ধুম্রপান, মদ্যপান, আফিম ইত্যাদি মাদক দ্রব্যের সেবনও সম্পূর্ণভাবে বর্জিত। এই প্রকার গ্যাস সৃষ্টিকারক এবং দেরীতে হজম হওয়া পদার্থের সেবনও নপুংসকতার রোগীর করা উচিত নয়।

বিশেষ করে মুখ আর মসুর ডাল, বেসন, তন্দুরী রুটী, শুকনো লংকা, তেল আর তেলে ভাজা জিনিষ, গুড় আর গুড় দিয়ে তৈরী জিনিষ, ডালডা ঘি ইত্যাদি পদার্থ নপুসংকতার রোগীর পক্ষে প্রচণ্ড ক্ষতিকারক হয়। ভাজাভুজি আর মিষ্টিও ক্ষতিকারক হয়। গ্যাস

সৃষ্টিকারী, সহজে হজম না হওয়া পদার্থ এবং মাদক দ্রব্য নপুংসকতার রোগে অপথ্য বলে ধরে নেওয়া হয়। বর্জিত পদার্থের সেবন প্রচণ্ড ক্ষতি করে। বিশেষ করে চিকিৎসা চলাকালীন এই সব জিনিষের সেবন একদমই করা উচিত নয়।

নপুংসকতা এবং মৈথুন

মানুষের শরীরে, বিশেষ করে যুবকের শরীরে বীর্যের ভাণ্ডার থাকে। মৈথুনের পর বীর্য ক্ষীন্ন হয়ে পড়ায় তার অভাব পূরণ সহজে হয় না। মানুষের মনে ঢুকে থাকা এই ভ্রান্তিকে তৎক্ষনাত দূর করে দেওয়া উচিত। বীর্যের অভাব পূরণ উপযোগী এবং পুষ্টিকর খাবার খেলে খুব তাড়াতাড়ি হয়ে পড়ে। মানুষকে নিজের মন থেকে এই ভুল ধারনাকে বরাবরের মত ঠেলে বের করে দেওয়া উচিত। কখনো-কখনো এই ভ্রম নপুংসকতার বিরাট বড় কারণও হয়ে ওঠে।

মানুষের বীর্যপাত হলেই মানুষ মারা যাবে–কিছু ঘোর স্বার্থপর লোক মানুষের মনে এই ধরনের ভ্রান্ত ধারণার সৃষ্টি করে। নয়তো, সঠিক সময়ে মৈথুন-ক্রিয়া তো মানুষের এক অত্যন্ত স্বাভাবি ক্রিয়া। শরীরের পুষ্টির জন্য যেমন ভোজনের প্রয়োজন রয়েছে, ঠিক তেমনই যথাসময়ে মৈথুন করাটাও অত্যন্ত জরুরী। এতে লাভই হয়, ক্ষতি হয় না।

এর ঠিক বিপরীত, যে ব্যক্তি নপুংসকতার শিকার হয়ে পড়ছে তার চিকিৎসার সঙ্গে-সঙ্গে সময়ে-সময়ে মৈথুন করারও চেষ্টা করা উচিত, যাতে নিজের সঠিক এবং বাস্তবিক অবস্হাটা ও জানতে পারে।

স্ত্রী আর পুরুষের কাম-বাসনার মধ্যে বিরাট বড় পার্থক্য থাকে। পুরুষ অত্যন্ত দ্রুত উত্তেজিত হয়ে ওঠে। অপর দিকে, স্ত্রী-র একটু বেশী সময় লাগে উত্তেজিত হয়ে উঠতে। কিন্তু স্ত্রী যখন একবার উত্তেজিত হয়ে ওঠে, তখন ওর সেই উত্তেজনার বেগ প্রবল হয়। সুতরাং, সম্ভোগ করার সময় পুরুষের উচিত যে, ও নিজে বেশী উত্তেজিত না হয়ে নিজের পত্নীকে যতটা বেশী সম্ভব উত্তেজিত করে তোলার চেষ্টা করবে। এইরকম করলে পুরুষ মৈথুন-ক্রিয়ায় ভালমতন সফলতা পাবে আর ওর নপুংসকতাজনিত রোগও ধীরে-ধীরে দূর হয়ে পড়বে।

আত্মবিশ্বাসই হচ্ছে মানুষের সবচেয়ে বড় সম্বল–এটাকে কখনোই হারানো উচিত নয়।

অস্থায়ী নপুংসকতা

কিছু-কিছু যুবকের যৌন-বিজ্ঞান সম্বন্ধে সঠিক জ্ঞান থাকে না। যখনই ওদের মধ্যে কোনরকম দূর্বলতা আসে, ওদের মনে এই ভুল ধারনার সৃষ্টি হয়ে পড়ে যে, ওরা নপুংসক হয়ে পড়ছে। আর একবার যদি ভ্রম ওদের মনের মধ্যে ঢুকে যায়, তাহলে ওদের মানসিক নিরাশা ক্রমে বেড়েই চলে। এর পরিণাম এটাই হয় যে, ওদের নিরাশার সঙ্গে-সঙ্গে ওদের দূর্বলতাও বেড়ে চলে। এসবে ভয়ংকর পরিণাম এটাই হয় যে, ওরা বাস্তবিকই নপুংসকতার দিকে এগিয়ে চলে। যে ব্যক্তির মন একবার দুর্বল হয়ে পড়ে, ও যতই শক্তিশালী হোক না কেন, মৈথুনের সঠিক আনন্দ ও পেতে পরে না।

যুবক যদি এটা জানতে পারে যে, ওর লিঙ্গে উত্তেজনা আসা কিন্তু মৈথুনে সক্রিয় না হওয়াটা এই দিকে সংকেত করছে যে, ওর শরীর বিভ্রান্তি চাইছে অথবা ও নিজে এক পরিবর্তনের মধ্যে দিয়ে চলেছে, তাহলে হয়তো ওর মধ্যে নিরশাভাব আসবে না। এই ধরনের পরিস্থিতিতে নিরাশার কারণে ওর নপুংসক হয়ে যাবার ভ্রমও সৃষ্টি হবে না। সুতরাং, মানুষকে শরীর-ক্রিয়া-বিজ্ঞানের সঙ্গে ভাল ভাবে পরিচিত হওয়াটা উচিত।

সাধারণতঃ এটা দেখা যায় যে, মানসিক ব্যাকুলতা, ভয়, ক্রোধ, রোগ, নিরাশা আর বিষাদের মত মানসিক বিকারের জন্য পুরুষের লিঙ্গ উত্তেজিত হয় না। এই সময় ব্যক্তি এটাই মনে করতে থাকে যে, ওর মধ্যে নপুংসকতা এসে গেছে। এই ধরনের যুবকদের এই পরামর্শই দেওয়া হচ্ছে যে ,ওরা যেন নিজের মন থেকে এই ধরনের ভ্রমকে দূরে ঠেলে সরিয়ে দেয় আর নিজের শরীরকে ভাল করে চেনে যে, কখন ওর শরীরের কি প্রয়োজন ? নিজের খাওয়া-দাওয়া ঠিক রাখে। এই রকম করলে এই অস্থায়ী মানসিক নপুংসকতা দু-চার দিনের মধ্যেই ঠিক হয়ে যেতে পারে। এটা কোন রোগ নয়। তবুও যুবকের মনের অবস্হা যদি এই রকম হতে থাকে, তাহলেও নিজেই রোগকে ডেকে আনবে।

শুধু এই নয়, যদি কোন ব্যক্তি বাস্তবে নপুংসক হয়েই পড়ে, তাহলে এই পরিস্থিতিতেও ওর সামনে মৈথুন-সুখ প্রাপ্ত করার সব রকমের সম্ভাবনাই খোলা থাকে। বাস্তবিকতা হল এটাই যে, মানব-শরীরের বীর্যের পর্যাপ্ত ভাণ্ডার থাকে। এই ভাণ্ডার তাড়াতাড়ি শেষ হয়ে যায় না। কিছু লোক, যারা এটা মনে করে যে, মৈথুন-ক্রিয়া করার পর বীর্যের অভাব পূরণ হতে সময় লাগে, এটা ওদের ভুল ধারণা। মৈথুন-ক্রিয়ার ফলে স্খলিত হওয়া বীর্যের অভাব খুব তাড়াতাড়ি পূরণ হয়ে পড়ে। এই অভাব পূরণ পুষ্টিকর খাবার খেলে আরও তাড়াতাড়ি হয়ে পড়ে। তবুও বীর্যপাত হয়ে গেলে সেটা কোন অনর্থ নয়। মানুষের নিজের মন থেকে এই ভুল ধারনা বের করে দেওয়া উচিত যে, এই পরিস্থিতিতের মৈথুন-ক্রিয়ায় রত হলে ও সুস্থ আর নীরোগ থাকতে পারবে না।

যে কোন কারণেই হোক না কেন, যদি কেউ নপুংসক হয়েই পড়ে, তারও মাঝে-মাঝে মৈথুন নিশ্চয়ই করে নেওয়া উচিত। এতে ও পর্যাপ্ত সন্তুষ্টি পাবে। অন্য দিকে এটাও জানা যাবে যে, ও কতটা মাত্রায় নিজের রোগের হাত থেকে মুক্তি পেয়েছে। নপুংসক ব্যক্তিদের উচিত, ওরা নিজের হাতের আঙুল দিয়ে ধীরে-ধীরে স্ত্রী-র ভগনাসায় ঘর্ষন করবে। এরপর নিজের কিছুটা মাত্রায় উত্তেজিত লিঙ্গকে স্ত্রী-র ভগনাসার ঠিক ঐ জায়গাটার ওপর রাখবে এবং রগড়াবে আর লিঙ্গ দিয়ে স্ত্রী-র ভগনাসার ঐ জায়গাটায় বার-বার আঘাত করবে। এই জিনিষটা স্ত্রী-র ওপর খুবই অনুকূল প্রভাব ফেলে। স্ত্রী এতে আনন্দিত হয়ে ওঠে এবং ও অপেক্ষাকৃত তাড়তাাড়ি উত্তেজিত হয়ে ওঠে। এই ভাবে যদি একবার স্ত্রী উত্তেজিত হয়ে ওঠে, তখন পুরুষের নিজের আঙুল দিয়ে স্ত্রী-র যোনিমর্দন করা উচিত। এই প্রক্রিয়া দ্বারা ও নিজের সহবাসিনীকে তো আনন্দিত করে তুলবেই, তার সঙ্গে-সঙ্গে ও নিজেও আনন্দিত হয়ে উঠবে। এর ফল এটাই হবে যে, ওরও সমান মাত্রায় উত্তেজনা অনুভূত হতে থাকবে। তখন ও ভালভাবে মৈথুন করতে পারবে।

নপুংসকতার কারণে রোগী যদি ভাল ভাবে মৈথুন করতে সমর্থ নাও হয়, তাহলেও ওর ঘাবড়ানোর কিছু নেই। এই ধরনের পরিস্থিতিতে ওর নিজের লিঙ্গ স্ত্রী-র যৌনি থেকে বের করে কোন পরিস্কার রুমাল

দিয়ে মুছে নিয়ে স্ত্রী-র ভগনাসার ঠিক পাশে রগড়ানো উচিত। এই রকম করলে ওর সহবসীনীর ঠিক সেইরকম কাম-সুখ অনুভূত হবে, ঠিক যেমনটা মৈথুন-ক্রিয়া করলে হয়। একবার যদি স্ত্রী আনন্দ পেতে থাকে, তাহলে ও এটা ভুলে যাবে যে, ওর পতি বা মৈথুনকর্তা নপুংসক অথবা কখনো নপুংসক ছিল।

স্তম্ভন

এটা এমনই এক প্রক্রিয়া, যার দ্বারা সবার লাভ হয়। এর জন্য পুরুষকে নিজের মনের ওপর নিয়ন্ত্রণ বজায় রাখতে হয়। মৈথুনে তাড়াহুড়ো করার থেকে নিজের দূরে সরিয়ে রাখতে হয়। মনের ওপর নিয়ন্ত্রণ বজায় রেখেই সব কাম-ক্রীড়া করা উচিত। খুব বেশী উত্তেজিত হয়ে উঠলে সঙ্গে-সঙ্গে নিজের উত্তেজিত হয়ে ওঠা লিঙ্গকে স্ত্রী-র যোনির মধ্যে প্রবেশ করানো উচিত নয়। সম্ভোগ-ক্রিয়ায় প্রকাশ যুক্ত স্থানের তুলনায় অন্ধকার স্থানে অথবা কিছুটা একান্তেই বেশী আনন্দ পাওয়া যায়। আলোয় শীঘ্র-স্খলনের সম্ভাবনা খুব বেশী থাকে। মৈথুন-ক্রিয়া ধীরে-ধীরে আর থেমে-থেমে যদি করা যায় তো মৈথুনে লিপ্ত স্ত্রী-পুরুষ উভয়েই সুখ পায়।

পরিবার-নিয়োজনের প্রচারকেরা সন্তান নিরোধের অনেক পরামর্শ দেন। কখনো-কখনো ওরা সন্তানের জন্ম না দেওয়ার পরামর্শ দিয়ে বলেন, সম্ভোগের সময় স্ত্রী-পুরুষ দ্বারা কোন প্রকারের নিরোধক উপকরণের প্রয়োগ করা সত্ত্বেও বীর্যস্খলনের মুহূর্ত এলে পুরুষ নিজের লিঙ্গ স্ত্রী-র যোনি থেকে বের করে নিয়ে স্ত্রী-র যোনির বাইরে-স্থাপন হবে না। সন্তান-নিরোধের প্রসঙ্গে এই ক্রিয়া হয়তো লাভদায়ক হতে পারে, কিন্তু শারীরিক এবং মানসিক দৃষ্টিতে এই জিনিষটা স্ত্রী এবং পুরুষ-দুজনের পক্ষেই ক্ষতিকর হয়। কারণ, হল এটাই যে, মৈথুন-ক্রিয়ায় যখন চরম আনন্দের মুহুর্ত আসে তখন স্ত্রী-পুরুষ-দুজনেরই সম্পূর্ণ নাড়ি মণ্ডল বীর্যপাত এবং বীর্যগ্রহণের আনন্দ নেবার জন্য বিশেষ রূপে লালায়িত হয়ে থাকে। এই সময় পুরুষ নিজের লিঙ্গকে স্ত্রী-র যোনি থেকে বের করে নিলে, দুজনেরই মৈথুন-ক্রিয়ার অন্তিম মুহূর্তে একটা ঝট্‌কা লাগে। এরকম করাটা বেশ কিছু দৃষ্টিকোন থেকে উচিত

নয়। এর দ্বারা বেশ কিছু মানসিক রোগ হবার সম্ভাবান থেকে যায়।

চুম্বন

স্ত্রী-পুরুষের পারস্পরিক চুম্বন বড়ই লাভজনক হয়। আনন্দদায়ক হবার সঙ্গে-সঙ্গে এই জিনিষটা কামোত্তেজকও হয়। নপুংসকতার অবস্থাতেও এর যথেষ্ঠ গুরুত্ব রয়েছে। পাশ্চাত্য দেশে চুম্বনকে খুব বেশী গুরুত্ব দেওয়া হয়ে থাকে। এই কারণেই ওখানে অত্যন্ত খোলাখুলি ভাবে স্ত্রী-পুরুষেরা পরস্পরকে চুম্বন করে থাকে। এক পাশ্চাত্য ব্যক্তি চুম্বনের প্রশংসা করে বলেছিলেন–'চুম্বন এক অসাধারণ কার্য। এই ক্রিয়া এক তরফা হলে নিরর্থক হয়ে ওঠে, কিন্তু দুজনেই যদি এই কাজে সমান ভাবে অংশ নেয়, তাহলে এটা পরম সুখের কারণ হয়ে দাঁড়ায়। ছোট-ছোট বাচ্চারা খুব সহজেই এই জিনিষটাকে প্রাপ্ত করে নেয়। যুবকদের চুম্বন চুরি করে নিতে হয়। বৃদ্ধদের এই জিনিষটা কিনতে হয় চুম্বন নব যুবতীদের জন্য আস্হা, বিবাহিতা মহিলাদের জন্য আশা এবং বৃদ্ধাদের জন্য দান।'

এক অন্য পাশ্চাত্য যুবতী এই বিষয়ে নিজের মত দিয়েছেন–'ও যখন ওর নিজের ঠোঁঠ আমার ঠোঁঠের ওপর রাখল, তখন আমার শরীরের ঠিক সেই রকিম অবস্হা হয়ে উঠল, যেন অসংখ্য কামদেব সুগন্ধিত ফুল দিয়ে সজ্জিত বিমানে চেপে আমার শিরা-উপশিরায় ঘুরে বেড়াচেছ।'

মৈথুনের ভ্রান্তি

সাধারণতঃ লোকেদের মনে এই ধারণার সৃষ্টি হয়ে পড়েছে যে, মৈথুনের পর পুরুষ ক্লান্ত আরও বেশী দুঃখ দেয়। মানুষ এটাই চিন্তা করতে থাকে যে, ওর শরীর থেকে সারতত্ত্ব 'বীর্য' বেরিয়ে গেছে। এতে ওদের মনে শিথিলতার অনুভূতি হতে শুরু করে।

কিন্তু বাস্তবিকতা এর থেকে কয়েক যোজনা দূরে। মানুষের যে ক্লান্তির ভাবটা অনুভূত হয় মৈথুনের পরে, তা ওর বীর্যের ক্ষয়ের জন্য নয়। মৈথুন করার সময় ওর গোটা শরীর পরিশ্রম করতে থাকে। এর জন্য সেই সময়ও ওর রক্তসঞ্চারও অত্যন্ত বেড়ে ওঠে। আর যখন শরীরের রক্তসঞ্চার বেড়ে ওঠে, তখন হৃদস্পন্দনের গতিও অত্যন্ত বেড়ে ওঠে। ফুসফুস অত্যন্ত দ্রুতশ্বাস নিতে থাকে। এইভাবে শরীরের পূর্ণ

স্নায়ুমণ্ডল শ্রম-মংলগ্ন হয়ে পড়ে।

মৈথুন-ক্রিয়ার সম্ভাবনা হলে বীর্যস্খলনের সময় শরীরের সমস্ত উত্তেজনা চরম সীমায় পৌঁছে যায়। তারপ বীর্যপাত হওয়ামাত্র সেই উত্তেজনা শেষ হয়ে পড়ে। সুতরাং, এটা অত্যন্ত স্বাভাবিক যে, উত্তেজনা শেষ হয়ে যাবার পর কিছুটা শিথিলতা শরীরে আসবেই এটা এক প্রাকৃতিক নি। এর ওপর ভিত্তি করে মৈথুনের পরর শরীরে শিথিলতা আসে। এরকম হওয়াটা অত্যন্ত স্বাভাবিক। এই সম্বন্ধে আমাদের কোনরকম চিন্তা করা উচিত নয়।

একটা ব্যাপার খুব ভাল করে জেনে নেওয়া উচিত যে, বীর্য বেরিয়ে গেলে শরীরে কোনরকম শিথিলতা আসে না। যাদের মনে এই ধরনের ভুল ধারনা ঢুকে বসে আছে, তদের এখুনি নিরে মন থেকে সেই ভুল ধারনাকে ঠেলে বের করে দেওয়া উচিত। আমরা এখানে বিশেষ করেতাদের পরামর্শ দিতে চাই, যারা মৈথুনের দৃষ্টিতে নিজেদের দূর্বল মনে করেন আর অকারণেই নিজেকে নপুংসক বলে ধরে নেন। ওরা নিজেদের মন থেকে যত তাড়াতাড়ি সম্ভব এই ভুল ধারনাকে সরিয়ে দেবেন, ততই ওনাদের লাভ হবে।

নপুংসকতার চিকিৎসা

নপুসংকতার চিকিৎসা সম্ভবকি না, এই বিষয়ে পাশ্চাত্য চিকিৎসাবিদদের মত পরে দেওয়া হবে। এখানে আমরা আয়ুর্বেদের দৃষ্টিতে এই সমস্যার সমাধান নিয়ে আলোচনা করছি।

আয়ুর্বেদ চিকিৎসা প্রণালীর দৃষ্টিতে নিম্নলিখিত নপুসংকতা চিকিৎসার অসাধ্য বলে মেনে নেওয়া হয়েছে। এই ধরনের রোগীর রোগ ঠিক হওয়া সম্ভব নয়ঃ-

(1) যে ব্যক্তি জম্মগত ভাবেই নপুংসক।

(2) যে ব্যক্তির জননেন্দ্রিয় অর্থাৎ লিঙ্গ অত্যন্ত ছোট এবং যার শরীরে ওর বয়স অনুপাতে কোনরকম বৃদ্ধি হয়নি।

(3) যে ব্যক্তি জম্ম থেকেই হিজড়া।

এই ধরনের ব্যক্তি না তো পুরুষের শ্রেণীতে পড়ে, না পড়ে

মহিলাদের শ্রেণীতে।

(4) যে ব্যক্তির লিঙ্গে কোন রকম রোগের কারণে অপারেশন করা হয়েছে বা যার লিঙ্গ কেটে বাদ দিয়ে দেওয়া হয়েছে। এর সঙ্গে অণ্ডকোষেও কোনরকমও অপারেশন করা হয়েছে আর যার পরিণামস্বরূপ ও নপুংসক হয়ে পড়েছে।

এই ভাবে উপরে উল্লেখিত চার শ্রেণীর ব্যক্তিদের নপুংসকতা চিকিৎসার অসাধ্য। এই চার শ্রেণী ছাড়া অন্য কোন রকমর নপুংসকতার হলে সেটা বিশেষ পরিস্হিতির জন্য হয়েছে বলে ধরে নেওয়া হয়। তাই ব্যাখ্যা করাটা অত্যন্ত কঠিন।

নিম্ন প্রকার নপুংসকতা রোগ চিকিৎসা দ্বারা সরিয়ে তোলা সম্ভব বলে মেনে নেওয়া হয়েছেঃ-

(1) হস্তমৈথুনের জন্য যে ব্যক্তি অস্হায়ীরূপে নপুংসক হয়ে উঠেছে।

(2) শীঘ্রপতনের জন্য অথবা বীর্য-স্রাব হওয়ার ফলে যে ব্যক্তির মধ্যে নপুংকসাত এসে গেছে।

(3) মানসিক ভয় অথবা ভ্রমের জন্য যে নিজেকে নপুংসক ভাবে।

ওপরে আমরা চিকিৎসার সাধ্য এবং অসাধ্য-সব রকমেরই নপুংসকতার বিবরণ দিলাম। কিন্তু কিছু-কিছু রোগী এমন হন, যাদের রোগ কষ্টসাধ্য হয়। লাগাতার চিকিৎসা করাবার পর অনেক কষ্টে এই ধরনের রোগীরা সুস্হ হতে পারেন। তারা হলেনঃ-

(1) যাদের শরীরের আভ্যন্তরীন অংশে কোন প্রকারের বিকৃতি এসে যাওয়ার ফলে নপুংসকতা এসে গেছে।

(2) যে ব্যক্তি ছোট বেলা থেকেই হস্তমৈথুন করে আসছে আর পরিণামস্বরূপ যার লিঙ্গে কোন প্রকারের বিকৃতি এসে গেছে অথবা যার অণ্ডকোষ নীচের দিকে ঝুলে পড়েছে। এই ধরণের ব্যক্তির চিকিৎসা তো সম্ভব, কিন্তু সেই চিকিৎসা প্রচণ্ড কঠিন।

(3) যে ব্যক্তি প্রচণ্ড মোটা, অলস, যার অণ্ডকোষ বেড়ে গেছে, যে ব্যক্তির ঘুম অত্যন্ত লম্বা-এরকম ব্যক্তিদের রোগ অত্যন্ত কষ্টের সঙ্গে ঠিক হয়।

(4) যে ব্যক্তি নিজের প্রৌঢ়াবস্থা অর্থাৎ 40-50 বছর আয়ুর পর নপুসংকতার শিকার হয়ে পড়েছে। তার চিকিৎসাও অত্যন্ত কষ্টসাধ্য হয়।

চিকিৎসা বিধি

চিকিৎসকদের এই ধরনের রোগীদের চিকিৎসা শুরু করা আগে রোগের কারণগুলোর ওপর দৃষ্টি দেওয়াটা অত্যন্ত জরুরী। যে কারণে ওর মধ্যে নপুংসকতার সৃষ্টি হয়েছে, চিকিৎসকের সর্বপ্রথমে সেই কারণটাকে দূর করা উচিত। রোগী যদি বার-বার হস্তমৈথুন করার জন্য নপুংসকতার শিকার হয়ে পড়ে আর চিকিৎসক যদি এই দিকে দৃষ্টিনা দিয়ে, কারণ না খুঁজেই চিকিৎসা শুরু করে দেন, তাহলে সেই চিকিৎসা ব্যর্থ বলে প্রমাণিত হবে আর হস্ত-মৈথুনের প্রতি আসক্ত থাকার কারণে রোগীও সেই চিকিৎসাকে নিরর্থক করে তুলবে। এইভাবে চিকিৎসক যতটা চেস্টা করুন না কেন, উনি কিন্দুমাত্র সফলতা পাবেন না। সুতরাং, উচিত এটাই হবে যে, রোগের পেছনের সঠিক কারণটা জেনে নেবার পরই চিকিৎসা করলে খুব তাড়াতাড়ি রোগ দূর হয়ে পড়ে।

একটা প্রবাদ আছে–'নষ্ট মূলে নৈব শাখা ন পতম।' শেকড় কেটে দিলে গাছে না তো ডাল আসবে, না পাতা। এই একই পরিস্থিতি এই রোগের রোগের কারণটাকে নষ্ট করে দিলে রোগের হাত থেকে তাড়াতাড়ি মুক্ত পাওয়া যেতে পারে।

চিকিৎসার সময়ে রোগীর উচিত, ও নিজের খাওয়া-দাওয়াকে সন্তুলিত রাখবে। ব্রহ্মচর্যের পালন করবে। রোগী হয়তো সব সময় এদিকটায় দৃষ্টি দিতে পারবে না, তাই চিকিৎসকেরই এই দিকে দৃষ্টি দিতে হবে। রোগীকে সঠিক পরমার্শ দিয়ে ওর ওপরও সময়ানুকুল দৃষ্টি দিতে হবে। চিকিৎসক এটাও দেখবেন যে, ওনার নির্দেশগুলো ঠিক-ঠাক মত পালন করা হচেছ কি না ? নতুবা, রোগ ঠিক হওয়া সম্ভব নয়।

রোগীর মানসিক সন্তুষ্টি হওয়াটা অত্যন্ত জরুরী। ওর মন সুদৃঢ় হওয়া উচিত। চিকিৎসক দ্বারা লাগাতার রোগীকে স্বান্তনা এবং আশ্বাস দিলে রোগীর ওপর অনুকূল প্রভাব পড়ে।

এইভাবে রোগীর চিকিৎসা শুরু করার আগে ওর পেট পরিস্কার করে

দেওয়াটা একটা অত্যন্ত জরুরী কাজ। এনিমা দিয়েও পেট পরিস্কার করা যেতে পারে। মৃদু-বিরেচন দ্বারাও পেট পরিস্কর করা যেতে পারে। তীব্র-বিরেচন সব সময় লাভদায়ক হয় না। কোষ্ঠকাঠিন্য থাকলে বিরেচন না দিয়ে এনিমাই দেওয়া উচিত।

রোগীর আশপাশের পরিবেশ আনন্দদায়ক হওয়া উচিত। চিকিৎসক রোগীকে এই পরামর্শ দিতে পারেন যে, রোগী যেন সুমধুর সঙ্গীতের রসাস্বাদন করে, সুন্দর পোশাক পরে, আনন্দপ্রদ স্থানে যাত্রা করে। স্বভাবের অনুকূল চলচ্চিত্র দেখে। রুচি না হওয়া সত্ত্বেও মাঝে-মাঝে চলচ্চিত্র দেখে নেওয়াটা অত্যন্ত জরুরী। সম্ভব হলে ইংরেজী চলচ্চিত্রও দেখা যেতে পারে। এতে যদি ভাষার বাধা সৃষ্টি হয়, তাতে কোন ক্ষতি নেই। পরিবেশের প্রভাব তো দর্শকের মনের ওপর নিশ্চয়ই পড়ে।

কোন সামাজিক সম্মেলনে, কোন পারিবারিক সম্মেলনে, বিবাহ ইত্যাদি সম্মেলনে কোন যুবতী আর মহিলা যদি রোগীর দিকে বিশেষ দৃষ্টিতে তাকিয়ে দেখে, তারও অনুকূল প্রভাব সেই রোগী ব্যক্তির ওপর পড়ে। এই প্রকার রোগী ব্যক্তির সুপ্ত নাড়ি জেগে ওঠে।

রোগীর আনন্দবর্ধক সাহিত্যও পড়া উচিত। মনোরঞ্জন ওর পক্ষে পরম আবশ্যক। প্রেম-কাহিনী রোগীর শরীরে কম্পন উৎপন্ন করে। নপুসকতার রোগীর পক্ষে এটা সর্বোত্তম বলে মেনে নেওয়া হয়েছে।

সাধারণতঃ এটা দেখা যায় যে, নপুংসকতার রোগীর প্রমেহ অথবা স্বপ্নদোষের রোগ নিশ্চয়ই থাকে। তাই চিকিৎসকের উচিত যে, উনি এই দিকটায় বিশেষ দৃষ্টি দেবেন। এই রোগগুলো হলে রোগী কোন মতেই সুস্থ হতে পারে না। প্রায়ই নপুংসকতায় পুষ্টিকর এবং উত্তেজক জিনিষ রোগীকে খাওয়াতে হয়। অন্য দিকে প্রমেহ এবং স্বপ্নদোষ রোগে এই দুটো জিনিষই অত্যন্ত ক্ষতি করে। এর জন্য স্বপ্নদোষ আর প্রমেহ রোগ বেড়ে ওঠে। সুতারং, সবার আগে স্বপ্নদোষ এবং প্রমেহ রোগের চিকিৎসা করানোই উচিত।

নপুসংকতার গ্রস্ত ব্যক্তিদের হজম-শক্তি অত্যন্ত দুর্বল হয়ে ওঠে। এজন্য ওর হজম-শক্তিকে ঠিক করাটা অত্যন্ত জরুরী। রোগীর হজম-শক্তি ঠিক হয়ে পড়লে ওর অর্ধেক রোগ আপনা থেকেই দূর হয়ে পড়ে।

সুতরাং, তখন ওকে অর্ধেক সুস্থ বলে মনে করা উচিত। এই অবস্থায় ওকে যে ওষুধ অথবা পুষ্টিকর আহার দেওয়া হবে, সেটা ভালমতন হজম হয়ে পড়বে। এরকম হলে ওর শরীরে নতুন রক্তের সঞ্চার হবে। ফলে, রোগীর স্বাস্থ্যেও দিনদিন উন্নতি হতে থাকবে।

কখনো-কখনো এটাও দেখা যায় যে, নপুংসকতার রোগীর এই রোগ ছাড়াও হৃদয়, মস্তিস্ক, যকৃত ইত্যাদি কোমল অঙ্গেরও বেশ কিছু রোগ থাকে। সুতরাং, চিকিৎসকের উচিত যে, উনি এই সব দিকে দৃষ্টি দিয়ে নপুংসকতার রোগীর চিকিৎসা করবেন। এরকম না হলে রোগীর সুস্থ হওয়াটা সম্ভব নয়।

এসবের পরই রোগীকে পুষ্টিকর পদার্থ এবং ধাতুবর্ধক ওষুধ সেবন করানো লাভপ্রদ হবে। এরপর ওকে স্তম্ভক আর বাজীকরণ ওষুধও দেওয়া যেতে পারে। এইসব ওষুধ রোগীর পেট ঠিক হলে এবং অন্যান্য সম্বন্ধিত রোগের চিকিৎসা হয়ে যাবার পরই দেওয়া যেতে পারে।

রোগীর চিকিৎসা করার আগে সব ব্যাপারগুলোর ওপর দৃষ্টি দেওয়াটা অত্যন্ত জরুরী।

ওষুধ

এখানে আমরা কিছু প্রচলিত ওষুধের দিকে ইশারা করছি। চিকিৎসকের পরামর্শ অনুযায়ীই এই সব ওষুধের সেবন এবং প্রয়োগ করা উচিত। নিজেই নিজের চিকিৎসক হওয়াটা কখনো-কখনো লাভপ্রদ হবার চেয়ে ক্ষতিকর হয়ে ওঠে। এরকম ঝুঁকি কখনো নেওয়া উচিত নয়।

মুখ্য ওষুধ ঃ

নপুংসকতানাশক বটি, ক্লাধ্যহর বটি, স্তম্ভক বটি, উত্তেজক বটি, আনন্দ বটি, সুপ্তম্ভ বটি, চন্দ্রপ্রভা বটি, মদনমঞ্জরী, বটি, বীর্যশোধক বটি, কামেশ্বর বটি, অশ্বগন্ধাদি বটি, চন্দ্রপ্রভা গুটিকা ,শিলজিতাদি বটি, বিলাসিনী মদর্ন বটি, দিব্য বটি, রৌপ্য বটি, লৌহ বটি ইত্যাদি।

এসব ছাড়াও আট-নয় প্রকারের চূর্ণ এব পোটলি ইত্যাদি এবং বিভিন্ন রকমের ভস্ম, তেল, অবলেহ ইত্যাদিও নপুংকসাত রোগে উপকার

দেয়। বেশ কিছু ট্যাবলেট, হলবে, জবারিশ, মাজুন, সফুফ, অর্ক আর তিলা ইত্যাদিও প্রয়োগ করা হয় থাকে।

ইউনানি চিকিৎসক সবার আগে রোগীর রোগের কারণের ওপর বিশেষ দৃষ্টি দেন। তার পর রোগীর হজম-ক্রিয়ার ওপর দৃষ্টি দেওয়া হয় তারপর রোগীর অন্যান্য রোগগুলোকে পরীক্ষা করে দেখা হয় এবং সেই অনুযায়ী রোগীর চিকিৎসা শুরু হয়ে যায়।

এ্যালোপ্যাথিক চিকিৎসা

ভারতবর্ষে কিছু-কিছু লোকের ধারণা যে, এ্যালোপ্যাথিক চিকিৎসা পদ্ধতিতে নপুংসকতা রোগের কোন চিকিৎসাই নেই। কিন্তু এই ওদের সম্পূর্ণ ভূল ধারণা। এর ঠিক বিপরীত, আধুনিক চিকিৎসকদের বক্তব্য হল যে, দেশীয় চিকিৎসা-পদ্ধতির তুলনায় আধুনিক চিকিৎসা-পদ্ধতি অনেক বেশ এই রোগে সারাতে সমর্থ এবং এর দ্বারা কম সময়ে এই ধরনের রোগের সফল চিকিৎসা করা যেতে পারে।

এ্যালোপ্যাথিক চিকিৎসকরাও শুরুতে সেই সব ব্যাপারে ওপর দৃষ্টি দেন, যেসব বিষয়ের ওপর আগেই আলোচনা কর হয়েছে। যথা-রোগীর হজম-ক্রিয়া, ওর শরীরের আভ্যন্তরীন কোন রোগ, ওর জীবন-প্রণালী এবং পরিবেশ ইত্যাদি-ইত্যাদি। তার পরই চিকিৎসা শুরু করা হয়।

এ্যালোপ্যাথিক চিকিৎসা-পদ্ধতিতে সাধারণতঃ নপুংসকতা রোগের জন্য নিম্নলিখিত ওষুধ দেওয়া হয় ঃ-

ওস্ফোরিন, টেস্টিন, সেরেবিন, গেস্ট্রীন, মেডুলিন, রেসিন, মস্ক্যুষলন, এপিওল, বেলাডোনা, গোখরু, ক্যাম্ফার, সতগিলোয়, চৌবচিনি, ভাং, সিমিসিফ উজা, স্যালিক্স নিগ্রা, স্বাপোমেট্রো, পিপবেজাইন, আফিম, ম্যাটিকা,অরগট, সিনকোনা, কোনিয়ন, ক্যুনাইন, কোকো, কোরনিন, হমেমলিস ল্যুপলিন ইত্যাদি।

এ ছাড়া এ্যালোপ্যাথিক চিকিৎসা-পদ্ধতিতে নপুংসকতা রোগের ওষুধের মধ্যে অনেক পেটেন্ট ওষুধ, ট্যাবলেট, শরবত ইত্যাদিও আছে, যেগুলো ডাক্তারের পরামর্শ ,মতই সেবন করা উচিত।

হোমিওপ্যাথক চিকিৎসা

হোমিওপ্যাথিক চিকিৎসকরাও নপুংসকতার কারণ হিসেবে অত্যধিক হস্তমৈথুন এবং অত্যধিক স্ত্রী সহবাসকেই মান্যতা দিয়ে এসেছেন। ওনাদের মতানুযায়ী রোগী যদি নিজের চিন্তা-ভাবনাকে শুদ্ধ রাখে, পুষ্টিকর খাবার খায়, বিশুদ্ধ বায়ুর সেবন করে, নিয়মিত রূপে ব্যায়াম করে আর যতদিন পর্যন্ত্য চিকিৎসা চলছে, ততদিন সংসমিত জীবন জীবন কাটায় এবং নিজের খাওয়া-দাওয়া ঠিক রাখে, তাহলে রোগী তাড়াতাড়ি এই রোগের হাত থেকে মুক্তি পেতে পারে।

হোমিওপ্যাথি চিকিৎসা-পদ্ধতি এই রোগকে চিকিৎসার অসাধ্য বলে মনে করে না। হোমিওপ্যাথিতে সাধারণতঃ নপুংসকতা রোগ সারাবার জন্য নীচে উল্লেখিত ওষুধগুলের প্রয়োগ করা হয়ঃ-

এগ্নস ক্যাকটাস ২০০ ঃ অত্যধিক স্ত্রী সহবাসের জন্য উৎপন্ন দুর্বলতা, এর জন্য স্ত্রী-সহবাসের অনিচ্ছা অথবা বরাবরের মত ইচ্ছে নষ্ট হয়ে পড়া- এই ধরনের লক্ষন দেখা দিলে এই ওষুধ ভাল ফল দেয়।

এর্নাকাডিমম ২০০ ঃ বেশ্যাগমন অথবা হস্তমৈথুনের জন্য উৎপন্ন নপুংসকতায় এই ওষুধ অত্যন্ত ভাল ফল দেয়।

কোনায়ম ২০০ ঃ বেশী বয়স পর্যন্ত অবিবাহিত থাকলে এবং বিয়ে করতে না পারার জন্য নপুংসকতাকে চাপা দেওয়ার জন্য সৃষ্ট নপুংসকতায় এই ওষুধ অত্যন্ত উপকারী।

লাইকোপোডিয়াম ২০০, ১০০০ ঃ আত্মবিশ্বাসের অভাব, শীঘ্রপতন এবং ক্রনিক রোগে এটা এক অত্যন্ত উপযোগী ওষুধ।

সেবল সেরলেট ক্যু ঃ দুর্বলতার জন্য মৈথুন করতে না পারেল এই ওষুধ ভাল কাজ দেয়।

সেলেনিয়াম ২০০ ঃ ইচেছ হওয়া সত্ত্বেও বীর্যের শীঘ্রপতন এবং মৈথুনে অযোগ্য হয়ে উঠলে। এই ওষুধের সেবনে রোগী নপুংসকতার হাত থেকে মুক্তি পেতে পারেন।

স্টাফেসাগেরিয়া ২০০ ঃ প্রতি মুহূর্ত বিষয়-লোলুপ এবং বিষয়-কামনার দিকে দৃষ্টি দেওয়া এবং সব সময় সেই সব কথা বলতে থাকা

রোগীদের জন্য এটা অত্যন্ত ভাল ওষুধ।

সাল্ফার ৩০ ঃ রোগী যখন শিথিলতা এবং দুর্বলতা অনুভব করে, ওর স্বভাব খিট্‌খিটে হয়ে ওঠে এবং স্বাস্থ্য দিন-দিন খারাপ হয়ে পড়তে থাকে, এই পরিস্থিতিতে এই ওষুধ খুব ভাল কাজ দেয়।

ফোসফোরাস ৩০, ২০০ ঃ যে ব্যক্তি কোন সময় নির্লজ্জ, কামুক আর লম্পট ছিল আর বর্তমানে নপুংসক হয়ে পড়েছে। তার জন্য এই ওষুধ অত্যন্ত ভাল কাজ দেয়।

গ্রেফাইটিস ৩০, ২০০ ঃ এমন ধরনের নপুংসকতা, যাতে কোন রকমের অনুভূতি হয় না, অথবা বীর্যপাতও হয় না, সেই পরিস্থিতিতে এই ওষুধ সহায়ক হয়ে ওঠে।

ক্যালকেরিয়া কার্ভ ৩০, ২০০ঃ জননেন্দ্রিয় সম্বন্ধীয় রোগ, হস্ত-মৈথুনের কারণে নপুংসকতার সৃষ্টি হলে এই ওষুধ ভাল কজ দেয়। রোগীর কামেচ্ছা হয়,কিন্তু সহবাস করতে ও নিজেক অসমর্থ মনে করে, এই পরিস্থিতিতে এই ওষুধের সেবন খুব ভাল কাজ দেয়।

এই ব্যাপারে আমাদের পরামর্শ হল এটাই যে, কোন সুযোগ্য চিকিৎসকের পরামর্শ ছাড়া নিজেই নিজের চিকিৎসা করতে যাওয়াটা অত্যন্ত ক্ষতিকর হয়ে ওঠে।

ধাতুক্ষীণতা এবং সিফিলিস

ধাতুক্ষীণতা

পরিচয়

ধাতু অর্থাৎ বীর্য কম এবং ক্ষীন্ন হয়ে পড়া অথবা আংশিক রূপে নষ্ট হওয়াকে 'ধাতুক্ষীণতা' বলে।

কারণ

ভয়, চিন্তা, শোক ইত্যাদি মানসিক টেনশন সৃষ্টি হয়ে পড়া এবং পুষ্টিকর আহারের অভাব, অত্যধিক উপবাস করা, বার-বার সম্ভোগ করা এবং বৃদ্ধাবস্থা ইত্যাদি বিভিন্ন কারণে প্রথম থেকেই 'রস' ক্ষীণ বা কম তৈরী হয়। রস কম তৈরী হওয়ায় রক্তও ক্ষীণ হয়ে পড়ে। রক্তের ক্ষীণতায় মাং, মাংসের ক্ষীণতায় মেদ, মেদের ক্ষীণতায় অস্হির আর অস্হির ক্ষীণতায় মজ্জা ক্ষীণ হয়ে পড়ে। এই জিনিষটা লাগাতার চলতেই থাকে।

লক্ষণ

ধাতুক্ষীণতার জন্য মানুষ উদাস হয়ে থাকে। ওর শরীর-কাঁপতে থাকে। গায়ে যন্ত্রণা, মুখ ফুলে ওঠা, একটু পরিশ্রমেই ক্লান্তি অনুভব করা, কোন কাজ না করেও ক্লান্ত হয়ে পড়া, শরীর দূর্বল হয়ে পড়া, শরীর হলুদ বর্ণ হয়ে পড়া, কোন কাজে মন না লাগা, ইন্দ্রিয় দুর্বল হয়ে পড়া, চেতনা বোধের অভাব হওয়া, টি.বি. শ্বাস কষ্ট, কাশি, আংশিক নপুংকসাত, লিঙ্গ এবং অণ্ডকোষে যন্ত্রণা হওয়া, মৈথুনে প্রবৃত্তি না হওয়া, শুক্রের সঙ্গে রক্ত আসা ইত্যাদি এই রোগের প্রমুখ লক্ষণ।

পথ্য

বেশী নুন, ঝাল,তেল, টক, গুড় খাওয়া, মদ্যপান, অত্যধিক মৈথুন

ক্রিয়া করা, রাত জাগা, অত্যধিক পরিশ্রম, আগুনের তাপ বেশী করে নেওয়া, বেশী রোদে ঘুরে বেড়ানো এই রোগের জন্য ক্ষতিকারক হতে পারে।

সুস্বাদু এবং পুষ্টিকর ভোজন, ভাত, মুগ, মুসুর, ছোলা, আলু, পটল, বেগুন, কপি, শালগম, গাজর, বাদাম, কিশমিশ, পেস্তা, খেজুর, আঙুর, পেঁপে, আম, কাঁঠাল ইত্যাদি খাওয়া এবং মাংসাহারীদের জন্য মাছ, চিকেন, পায়রার মাংস এবং ডিম ইত্যাদি ভাল কাজ দেয়। পুষ্টিকর খাবার সঠিক মাত্রায় গ্রহণ করা, সেটাকে ভাল মতন হজম করা এবং তারপর ওর জন্য শরীরে রস সৃষ্টি করা এবং রোগের জন্য অত্যন্ত আবশ্যকতা পুষ্টিকর ভোজন নেওয়ার পরও যদি শরীরে রস সৃষ্টি না হয়, তাহলে এই সব খাদ্য পদার্থের কোন উপযোগীতাই নেই। এর জন্য হজম-শক্তি ঠিক হওয়াটা খুবই জরুরী।

দুধ-মালাই, দই,মাঠ্‌ঠা,মাখন আর ঘি ইত্যাদি বস্তু এই রোগে বেশী লাভ এনে দেয়। এই সব জিনিষ হজম-ক্রিয়াতেও সহায়ক হয়। এসব জিনিষ সেবন করলে শরীরে রস সৃষ্টি করতেও সাহায্য পাওয়া যায়।

আনুসঙ্গিক চিকিৎসা

সবার আগে আমাদের কুসঙ্গ থেকে নিজেদের সরিয়ে নিয়ে যেতে হবে। এমন কোন ব্যক্তিদের সংস্পর্শে থাকা উচিত নয়, যাদের মধ্যে ব্যভিচার এবং যৌনচার নিয়ে নিরন্তর আলোচনা হয়। নিয়মিত ব্যায়াম করাটাও এই রোগের পক্ষে লাভপ্রদ হয়। সব সময় কোন-না-কোন কাজে লেগে থাকা উচিত এবং নিজের সামর্থ অনুযায়ী পরিশ্রমও করা উচিত। অশ্লীল সাহিত্য পড়া সব সময় বর্জিত।

রাতে ঘুমোতে যাবার আগে ভরপেট খাবার কখনোই খাওয়া উচিত নয়। খাবার খাওয়ার মোটামুটি দু ঘন্টা পর ঘুমোতে যাওয়া উচিত। মানে হল এটাই যে, খাবার ঠিক সময়ে খেয়ে নেওয়া উচিত, যাতে ঘুমোবার আগে খাবার ভাল মতন হজম হয়ে পড়ে। ঘুমোবার আগে নিজের হাত-পা ভাল করে ঠাণ্ডা জলে নিশ্চয়ই ধুয়ে নেওয়া উচিত।

ধাতুক্ষনীতায় এই সব কারণ ছাড়া যে কোন প্রকারের রোগী হলে

কিছু এমন ওষুধের সেবন করানো হয়, যা শরীরের ক্ষতি করে। সেসব ওষুধে রোগ কখনো-কখনো হয়তো ঠিক হয়েও যায়। কিন্তু শরীরের সন্তুলন নষ্ট হয়ে পড়ে। ফল এটাই হয় যে, অন্য বেশ কিছু ধরনের রোগ অথবা বিকৃতি উৎপন্ন হয়ে পড়ে। বিশেষ করে এ্যালোপ্যাথিক চিকিৎসা পদ্ধতিতে এই ধরনের ক্ষতিকারক ওষুধের প্রচলন একটু বেশীই লক্ষ্য করা যায়।

বার-বার হস্তমৈথুনও ধাতুক্ষীনতার কারণ হয়ে ওঠে। তাতে শুক্র-দোষ উৎপন্ন হয়। বীর্য পাতলা হয়ে পড়ে, যার ফলে শীঘ্রপতনের রোগ উৎপন্ন হয়ে পড়ে। এই কারণের ওপর বিশেষ দৃষ্টি দেওয়া আবশ্যক।

চিকিৎসা

ধাতুর দূর্বলতা কোন প্রকারের রোগ নয়। অন্য কোন কারণেও ধাতুর অভাব এবং শারীরিক দূর্বলতার সৃষ্টি হতে পারে। সুতরাং, চিকিৎসকের সবার আগে রোগের মূল কারণের দিকে দৃষ্টি দেওয়া উচিত এবং তারপর যথোচিত চিকিৎসা শুরু করা উচিত। ধাতু-দূর্বলতা নিজে থেকেই তা হলে দূর হয়ে পড়বে। এর জন্য সব রকম চিকিৎসা-পদ্ধতিতে নানা রকম ওষুধের প্রচলন আছে।

এ্যালোপ্যাথিক চিকিৎসা

আধুনিক চিকিৎসা-পদ্ধতিতে এই রোগের জন্য অনেক পেটেন্ট ওষুধ এবং ইঞ্জেকশনের বিধান আছে। সে সবের সেবন এবং প্রয়োগে শুধুমাত্র ধাতু-দৌর্বল্যই দূর হয় না, উল্টে তার জন্য উৎপন্ন আরও বেশ কিছু রোগও দূর হওয়া যায়। পুরুষ সুস্হ এবং সুন্দর হয়ে ওঠে।

আধুনিক চিকিৎসা পদ্ধতিতে ইণ্ডোক্রিন কম্পাউণ্ড, স্পীমন, ফোর্ট, ওকাসা ট্যাবলেট ইত্যাদি অনেক ওষুধের প্রচলন আছে। এই সবগুলোই পেটেন্ট ওষুধ। এরকম বিভিন্ন রকম ইঞ্জেকশনও আধুনিক চিকিৎসা-পদ্ধতিতে এই রোগ দূর করার জন্য প্রয়োগ করা হয়ে থাকে।

আয়ুর্বেদিক চিকিৎসা

আয়ুর্বেদে সবার আগে রোগের মূল কারণটা জানা অত্যন্ত আবশ্যক। সাধারণতঃ এই প্রক্রিয়া মোটামোটি সব চিকিৎসা-পদ্ধতিতেই অনুসরণ

করা হয়ে থাকে। আধুনিক চিকিৎসা-পদ্ধতিতে 'কীটানু পদ্ধতি'-র প্রচলন হওয়ায় রোগের কারণের ওপর বিশেষ দৃষ্টি দেওয়া হয় না। কিন্তু অন্য সব চিকিৎসা-পদ্ধতিতে 'ত্রিদোষ এবং ত্রিধাতু' সিদ্ধান্তের অনুসরণ করা হয়।

আয়ুর্বেদ চিকিৎসা-পদ্ধতিতে এই রোগের জন্য 'শিলাজত্যাদি বটি' প্রমুখ এটা প্রায় ২৫-টি দ্রব্যের মিশ্রণে তৈরী করা হয়ে থাকে। এ ছাড়াও আরও অনেক ওষুধ এই রোগের জন্য আয়ুর্বেদ চিকিৎসা-পদ্ধতিতে প্রয়োগ করা হয়। আয়ুর্বেদিক ইঞ্জেকশনও এখন প্রয়োগ করা হয়ে থাকে।

ইউনানী চিকিৎসা

আয়ুর্বেদের মতই ইউনানী চিকিৎসা-পদ্ধতিতেও 'ত্রিদোষ এবং ত্রিধাতু' সিদ্ধান্ত পালন করা হয়। ইউনানী চিকিৎসা-পদ্ধতিতেও এই রোগের জন্য অনেক-যোগের উল্লেখ আছে।

সিফিলিস

পরিচয় ঃ

সিফিলিসকে এক ভয়ংকর সংক্রামক রোগ হিসেবে মেনে নেওয়া হয়েছে। সিফিলিস রোগীর সঙ্গে যে মৈথুন করে, তারও এই রোগ হয়ে পড়ে। সহবাসের জন্যও এই রোগ এক জনের শরীর থেকে অন্য জনের শরীরে ঢুকে পড়ে। মূলতঃ এই রোগ সহবাসের জন্যই একজনের থেকে অন্যজনের মধ্যে ছড়িয়ে পড়ে। আর সঙ্গে-সঙ্গে মা-বাবার রোগের জন্য তাদের সন্তানদের এই রোগ হয়ে পড়ে। এই কারণকে এই রোগের আনুষঙ্গিক কারণ হিসেবে মেনে নেওয়া হয়েছে।

এই রোগের উৎপত্তি 'ফিরগ কুণ্ডলানু' নামক কীটাণু থেকে হয় বলে মেনে নেওয়া হয়েছে।

এই রোগের জন্মদাতা 'স্পাডরোকীটাপ্যালিডা' নামক কীটাণু। সরল ভাষায় একে 'ফিরং কুযলানা' নামেও জানা যায়। এটা ধরে নেওয়া হয়েছে যে, এই রোগের কীটাণু চার থেকে চৌদ্দ মাইক্রোন পর্যন্ত্য লম্বা হয়। এরা নিজেরাই টেনে-টেনে বড় হয়। মৈথুনে এদরে প্রসার ওপরে দিকে হয়। কখনো-কখনো এঁটো বাসন-পত্র দ্বারাও এইরোগ ছড়িয়ে পড়ে। কোন ব্যক্তির ঠোঁঠে যদি কোন ব্রণ হয়ে পড়ে আর ও যে পাত্রে জল খেয়েছে, সেই পাত্রে অন্য কেউ জল খায়, তবে তারও এই রোগ হয়ে পড়তে পারে। আনুবংশিকতাও এই রোগের কারণ হতে পারে।

কোন সুস্হ ব্যক্তি যদি এমন কারও সঙ্গে সহবাস করে, যার এই রোগ হয়েছে, তবে নিশ্চিত রূপে তারও এই রোগ হয়ে পড়ে।

কিছু লোক একই হুঁকোয় তামাক অথবা একটাই সিগারেট অথবা বিড়ি কয়েকজন মিলে ধুম্রপান করে। এইভাবেও এই রোগ ছড়িয়ে

পড়ে।

এই সংক্রামক রোগ বেশী করে সেই সব ব্যক্তিদের হয়, যাদের মধ্যে বেশ্যাগমন আর দুরাচারের আসক্তি থাকে।

দুরাচারী ব্যক্তিকে তো এই রোগ হবার পর চেনাও মুশ্কিল হয়ে পড়ে। জননেন্দ্রিয়ের ওপর যদি ফুলে ওঠা এবং লালচে ভাবের কোন ব্রণ হয়ে পড়ে, তবে তাকে সিফিলিস রোগের ব্রণ বলে ধনের নেওয়া উচিত। ঠিক এইভাবে, শরীরের অন্য ভাগেও যদি কোন ব্রণ চিরস্হায়ী এবং যন্ত্রণারহিত হয়, তবে তাকেও সিফিলিস রোগের কারণে উৎপন্ন ব্রণই মনে করা উচিত।

লক্ষণ

এই রোগকে তিনটে অবস্হায় ভাগ করা যেতে পারে।

এর প্রাথমিক অবস্হা হল, লিঙ্গের সামনের দিকে ফুসকুড়ি হয়ে পড়া। যখন এই ফুসকুড়ি ফেটে যায়, তখন ঐ জায়গায় 'ঘা' হয়ে পড়ে আর সেই ঘা থেকে পুঁজ বেরোতে শুরু করে।

দ্বিতীয় অবস্হায় রোগীর জ্বর আসে। ওর শরীরের হাড়ে-হাড়ে যন্ত্রণা হয় আর রোগী প্রচণ্ড দুর্বল হয়ে পড়ে। মাথার চুল ঝরে পড়তে শুরু করে। চোখের দোষ উৎপন্ন হয়ে পড়ে আর নানা রকম যন্ত্রণা হতে শুরু করে। শরীরে ঘা-ও দেখা দেয়।

তৃতীয় অবস্হায় রোগের বিষ সমস্ত শরীরে ছড়িয়ে পড়ে। শরীরে চাকা-চাকা দাগা অথবা টিউমারের চিহ্ন স্পষ্টভাবে দেখতে পাওয়া যায়।

এই রোগের একটা চতুর্থ অবস্হাও আছে। এই অবস্হা হল এক ধরণের চাপা সিফিলিস। প্রৌঢ়াবস্হা এবং বৃদ্ধাবস্হায় এই রোগ হলে এবং আংশিক পক্ষাঘাত, মেদ-মজ্জায় ক্ষয়, স্নায়বিক দূর্বলতা, মৃগী রোগ, ক্যান্সার ইত্যাদি রোগের সঙ্গে এই রোগ হলে কোন-কোন চিকিৎসক একে সিফিলিসের চতুর্থ অবস্হা বলে মানেন। তবে, এই বিষয়ে মতের মিল না হওয়ায় একে সিফিলিস রোগের কোন অবস্হা বলেই মেনে নেওয়া উচিত নয়। তবুও, চিকিৎসকেরা রোগের চিকিৎসা করার সময় এই ব্যাপারটাকেও মাথায় রাখেন।

একটা সময়ে এটা মনে করা হত যে, এই রোগ চিকিৎসার আসাধ্য। কিন্তু এখন পরিস্হিতি বদলে গেছে। সঠিক চিকিৎসা হলে এই রোগ

সমূলে নষ্ট হয়ে পড়ে।

পথ্য

টক, ঝাল, গুড়, তেল, গরম খাদ্য পদার্থ, রসুন, পেঁয়াজ, বেগশন, মুসুর ডাল, আলু ইত্যাদি এই রোগে খাওয়া উচিত নয়।

টিণ্ডা, ঢেঁড়শ, লাউ এবং সবুজ শাক খাওয়া এবং এদের রস বের করে পান করা লাভপ্রদ হয়। বিনা নুনের এবং ঝাল-মশলা না দেওয়া তরকারী খাওয়া সর্বোত্তম। সেদ্ধ সব্জী এবং অড়হর ডাল এই রোগের পক্ষে খুবই ভাল। মাংসহারী ব্যক্তিদের জন্য পাঁঠার মাংস খাওয়াটা লাভজনক। নুন ছাড়া ছোলার রুটীও এই রোগে ভাল লাভ এনে দেয়। এর সঙ্গে-সঙ্গে ঘি-ও ক্ষতি করে না।

চিকিৎসা

আয়ুর্বেদিক চিকিৎসায় সর্বপ্রথমে রোগীর ঘা এবং ফোড়া-ফুসকুড়িকে ত্রিফলার জল দিয়ে ভাল মতন ধুয়ে নেওয়া উচিত। ওষুধের প্রয়োগ করার আগে রোগীর পেটও ভাল মতন পরিষ্কার করে নেওয়া দরকার। সিফিলিসকে নাশ করার ওষুধের সঙ্গে-সঙ্গে রক্ত-শোধক ওষুধের প্রয়োগও লাভ এনে দেয়। তেল, ঝাল, টক ইত্যাদি উষ্ণ পদার্থ সর্বদ পরিত্যাগ করা উচিত।

ত্রিফলার জল দিয়ে ক্ষতস্হান ধুয়ে নেবার পর রস কর্পূরকে একশো বার শুদ্ধ ঘিয়ে মিশিয়ে ঘায়ের ওপর লাগালে লাভ পাওয়া যায়। এইভাবে আরও অনেক রকমের যোগ আয়ুর্বেদের গ্রন্থে উল্লেখ করা হয়েছে।

লাগানোর ওষুধের অতিরিক্ত খাবার জন্য কর্পূর-রস, পুরোন গুড়, শ্বেত খয়ের, ছোট এলাচ, গরুর ঘি ইত্যাদি যোগেরও উল্লেখ করা হয়েছে। রোগীর কখনোই নিজের চিকিৎসা নিজে করা উচিত নয়। কোন সুযোগ্য চিকিৎসকের পরামর্শ নিয়ে চিকিৎসা করানোটাই দরকার।

আয়ুর্বেদের মত ইউনানী চিকিৎসা পদ্ধতিতেও এই রোগের জন্য নেক যোগ, মলম আর মাজুনের বিধান আছে।

ঠিক এইরকম এ্যালোপথ্যাথিতেও এই রোগোর অনেক রকম ওষুধের উল্লেখ রয়েছে। এতে অনেক ওষুধ পেটেন্ট রূপে রেজিস্টার্ড। ওসব ওষুধের সেবনে লাভ পাওয়া যায়। তবুও ডাক্তারের পরামর্শ নেওয়াটা

সব সময় উচিত। তা না করলে লাভের জায়গায় ক্ষতিও হয়ে পড়তে পারে।

হোমিপ্যাথিতে এই রোগের জন্য 'সিফিলিয়ান ২০০' এক মাস পর্যন্ত্য সপ্তাহ দুবার করে সেবন করতে দেওয়া হয় আর তারপর পনেরো দিনে একবার সেবন করতে দেওয়া হয়।

লিঙ্গের তাগ্রভাগ ফুলে উঠলে 'গুআয়েকম-৬' অথবা এর মূল অর্ক প্রয়োগ করলে লাভ হয়।

মুখ আর গলায় ঘা হওয়া, দূর্বলতা, জ্বর, মাথাব্যাথা ইত্যাদিতে ''সর্কসাল-30'-এর প্রয়োগ ভাল ফল দেয়।

মোমের মত স্রাব, দুর্গন্ধ, রাত্রি পীড়া, কঠিন ঘা, পুঁজ পড়া ইত্যাদিতে 'মর্ক প্রোটা আয়োডাইড' উপযোগী হয়। এ ছাড়া 'থুজা-30', 'নাইট্রিক এ্যাসিড-6' 'অর্টেম-30', 'ক্যালিআটোডাইড-3', 'ফাইটো ল্যাক্কা-6', 'মর্ক কোল-3' ইত্যাদি ওযুধের প্রয়োগও লাভজনক হয়। এসবের জন্য অভিজ্ঞ কোন হোমিওপ্যাথিক ডাক্তারের সঙ্গে পরামর্শ করে নেওয়া উচিত।

গনোরিয়া

পরিচয়

দূষিত মৈথুনের জন্য এক জননেন্দ্রিয় থেকে অন্য জননেন্দ্রিয়ে গনোরিয়ার কীটাণুপ্রবেশ করে যায়। এর পরিণাম এটাই হয় যে, পুরুষের মূত্রনলী আর স্ত্রী-র যোনিতে জ্বলুনি হতে শুরু করে। রোগের জায়গা দিয়ে পুঁজের মত তরল স্রাব বের হতে শুরু করে।

স্ত্রী-র এই রোগ হয়ে পড়লে তা পুরুষের রোগের চেয়ে আরও বেশী ভয়ংকর রূপ ধারণা করে নেয়। কারণ হল যে, স্ত্রী-র গুপ্তাঙ্গ পুরুষের গুপ্তাঙ্গের তুলনায় বেশী গভীরে থাকে। সত্যি কথা হল এটাই যে, পুরুষের গুপ্তাঙ্গে কোন রকম গভীর তাই থাকে না। কিন্তু মহিলার গুপ্তাঙ্গ গভীর হয়। এই গভীর গুপ্তাঙ্গে যখন এক বার রোগের কীটাণু ঢুকে পড়ে, তখন চিকিৎসা করাতে বড়ই কষ্ট হয়।

কারণ

সিফিলিসের মতই গনোরিয়ার রোগী অথবা রোগিনীর সঙ্গে সহবাস বা মৈথুন করলে এই রোগ একজনের থেকে অন্য জনের হয়ে পড়ে। এর জন্মদাতা কীটাণুকে 'পুয়মোহানু' বলা হয়। ইংরাজীতে একে 'গোনোকোকস' বলা হয়। পুরুষের মূত্রনলীর এক ইঞ্চি পেছনে একটা গর্ত মন থাকে। এই গর্ত থেকে শুরু করে এই রোগ ধীরে-ধীরে মূত্রনলী অথবা মূত্রাশয় আর তারপর অণ্ডকোষ পর্যন্ত্য ছড়িয়ে পড়ে। স্ত্রীদের ক্ষেত্রে ওদের যোনির কারেছ অঙ্গ এবং মূত্রনলী, মূত্রাশয়, জরায়ু ইত্যাদি জায়গা আগে রোগাক্রান্ত হয়ে পড়ে। এমনি তো পুরুষ এবং স্ত্রী দুজনেরই এই রোগ হয়, কিন্তু স্ত্রীদের মূত্রমার্গ অত্যন্ত ছোট হওয়ার ফলে ওদের পুরুষদের তুলনায় এই রোগে কষ্ট কম হয় এর পুঁজ শরীরের যে কোন

স্হানের শ্লৈষ্মিক পদার্থ লেগে সেই জায়গাটাকেও রোগগ্রস্ত করে তোলে। এই রোগে মূত্রনলীতে পুঁজের মত পাতলা সরাব হতে থাকে।

লক্ষণ

এই রোগের কস্ট সূর্যোদয় থেকে সূর্যাস্ত পর্যন্ত অর্থাৎ দিনের বেলাতেই বেশী হয়।

এই রোগের প্রথম লক্ষণ হচ্ছে, গনোরিয়ার আক্রান্তে নর অথবা নারীর সঙ্গে সম্ভোগ করার পর বিপরীত লিঙ্গের ব্যক্তির মূত্রে জ্বলুনির অনুভব হতে থাকে। চুলকোনিও হতে থাকে। আর তারপর ক্রমশঃ মূত্রমার্গে জ্বলুনি হয়ে পুঁজের মত স্রাব বেরোতে শুরু করে। এই স্রাব চমকদার, হলুদ অথবা সবুজ রং-এর হয়। জ্বলুনি আর যন্ত্রণা ক্রমশঃ বেড়েই চলে। বার-বার প্রস্রাব করতে ইচ্ছে হয়। প্রস্রাব করার সময় যন্ত্রণা বেশী হতে থাকে। প্রস্রাব ভাল করে না হয়ে ফোঁটা-ফোঁটা করে বেরোয়।

এই সমস্ত লক্ষন ছাড়াও জ্বর-জ্বর মতন লাগতে থাকে। শীত-শীত ভাব অথবা কাঁপুনিও হতে পারে। মাথায় যন্ত্রণা হয়। রাতের বেলা লিঙ্গে অত্যধিক কড়া ভাব হওয়ার কারণে ঘুম আসতে চায় না।

এই রোগের মেয়াদ বেড়ে চললে এর প্রবল লক্ষনগুলো কম হয়ে পড়তে শুরু করে। জ্বলুনি আর যন্ত্রণা কমে আসে, কিন্তু পুঁজের স্রাব বেড়ে যায়। সেটা লাগাতার চালু থাকে। রোগ পুরোন হয়ে পড়লে পুঁজের রং সাদা হয়ে পড়তে শুরু করে আর সেটা আঠার মত চ্যাটচেটে ও হয়ে পড়ে। পুঁজের এই অবস্হাকে 'লালাসেহ' অথবা প্লীট বলা হয়।

পরিণাম

গনোরিয়া সূত্রপাতেই তৎক্ষনাত তার চিকিৎসা করানো উচিত। প্রায়ই দেখা যায় যে, এই রোগ এক সপ্তাহের ভেতরেই ঠিকহ হয়ে পড়ে। রোগ যদি পুরোন হয়ে যায়,তাহলে তার প্রকোপ চোখের ওপর পড়ে চোখ নষ্ট করে দেয়। গর্ভবতী মহিলার গনোরিয়া হলে প্রসবের সময় তার বিষ শিশুর চোখের ওপর লাগলে শিশু অন্ধ হয়ে পড়বে।

ঠিক এই প্রকার অন্যান্য রোগের মত এই রোগও কস্টকর হবার সঙ্গে -সঙ্গে ভয়ংকরও বটে।

পথ্য

সিফিলিস রোগে যেসব জিনিষ বর্জিত এবং উপযোগী বলে বর্ণনা করা হয়েছে, এই রোগেও সেসব জিনিষ বর্জিত এবং উপযোগী। মানুষের শুদ্ধ আচরণ এই রোগ থেকে ওকে বাঁচাতে পারে।

চিকিৎসা

ওষুধের প্রয়োগের আগে সাবান দিয়ে জননেন্দ্রিয়কে ভাল করে ধুয়ে তারপর পোটাশিয়াম পারম্যাগনেটের মিশ্রণ দিয়ে মূত্রনলীকে ভালমতন সাফ করে নেওয়া উচিত। সাল্ফাডাইজিনও উপযোগী হয়। এ ছাড়া চার কিলো বিশুদ্ধ জলে এক কিলো কাঁচা দুধ মিলিয়ে রোগীকে দিনের মধ্যে বার-বার পান করতে দেওয়া উচিত। এতে ভালমতন প্রস্রাব হবে। যার ফলে মূত্রনলীও লাগাতার পরিষ্কার হতে থাকবে।

আয়ুর্বেদিক ওষুধ

এই রোগে আয়ুর্বেদিক চিকিৎসকেরা সাধারণতঃ উষ্ণবাতারি বটি, চন্দনাদিগ বটি, শীতল চিনি ইত্যাদির প্রয়োগ করে থাকেন।

জামের চূর্ণ এই রোগের জন্য লাভদায়ক হয়। জবা যার আর সনায়ের পাতাও প্রয়োগ করা যেতে পারে। চন্দনাদি বটি তো অনেক যোগের সংমিশ্রনে বানানো হয়।

এই রোগে মূত্র-সংস্হান আর মূত্রনলী ভালমতন শুদ্ধ এবং পরিষ্কার থাকাটা অত্যন্ত জরুরী। এ ছাড়া ওষুধের প্রয়োগ চিকিৎসকের পরামর্শ অনুযায়ীই করা উচিত। নিজেই চিকিৎসক হয়ে নিজের রোগের চিকিৎসা শুরু করে দেওয়াটা ক্ষতিকর হয়।

ইউনানী চিকিৎসা

ইউনানী চিকিৎসা-পদ্ধতির সঙ্গে আয়ুর্বেদিক-পদ্ধতির তেমন কোন বিশেষ তফাত নেই। এই চিকিৎসা-পদ্ধতিতেও বেশ কিছু ভাল-ভাল

যোগের উল্লেখ আছে। সাধারণতঃ মোগল কালে এই রোগের প্রকোপ খুব বেশী ছিল। এর চিকিৎসাও সে জন্য বিস্তৃত। মোগল কালে অন্যান্য যৌন-রোগেরও আধিক্য ছিল।

গন্ধক আর কলমী শোরা ইউনানী চিকিৎসা-পদ্ধতিতে প্রয়োগ করা হয়। হব্বে সুজাক অর্থাৎ গনোরিয়া নাশক বটি প্রসিদ্ধ ওষুধ। এতে বংশলোচন, কলমী শোরা ইত্যাদি আটটি দ্রব্যের মিশ্রণ থাকে।

রোগন সুজাক, রাল, কাবাব চিনি, চন্দন তেল, লসাম, বহরোজা ইত্যাদির সংমিশ্রণে তৈরী হয়। ইউনানী চিকিৎসা-পদ্ধতিতে এই রোগের আরও বেশী কিছু ওষুধ পাওয়া যায়।

হোমিওপ্যাথিক চিকিৎসা

গনোরিয়ার মুখ্য কারণ হোমিওপ্যাথি চিকিৎসা-পদ্ধতিতেও ইউনানী এবং আয়ুর্বেদিক চিকিৎসা-পদ্ধতির মতনই মনে করা হয়। একই রোগে আক্রান্ত দুই নর-নারীর পারস্পরিক সম্ভোগ অথবা সহবাস করা ইত্যাদি এই রোগকে ছড়িয়ে তোলে।

এ্যাকোনাইট-1 **এক্স 30** ঃ রোগের প্রাথমিক অবস্থায় জননেন্দ্রিয়ে ফোলা ভাব হলে এবং রোগীর জ্বর হলে এই ওষুধের প্রয়োগ লাভাদায়ক হয়।

কোপ্যাইবা-3 ঃ রোগের শুরুতে স্রাব পাতলা হলে আর ওর রং কিছুট দুধের মত হলে এই ওষুধ ভাল কাজ দেয়।

ক্লেমেটিস-1, **30** ঃ গনোরিয়া রোগের জন্য মূত্রনলি সংকুচিত হয়ে পড়লে এর প্রয়োগে উপকার পাওয়া যায়।

থুজা-30 ঃ হলুদ পুঁজমিশ্রিত পাতলা স্রাব বেরোতে থাকলে এই ওষুধের প্রয়োগ অত্যন্ত লাভজনক হয়। অভিজ্ঞ চিকিৎসকদের মত হল যে, এই ওষুধ লাগাতার প্রয়োগ করে চললে গনোরিয়ার বিষ নষ্ট হয়ে পড়ে এবং রোগী নীরোগ হয়ে পড়ে।

থুজা মূল অর্ক 30 ঃ রোগ পুরোন হয়ে পড়লে পাতলা স্রাব বেরোন, স্রাবের রং নীল হয়ে পড়া, প্রস্রাব কার ময় জ্বলুনি হওয়া আর রোগীর বাত ব্যাধি হলে এই ওষুধে তাড়াতাড়ি লাভ পাওয়া যায়।

নাইট্রিক এ্যাসিড-6 ঃ মূত্রমার্গ থেকে পুঁজ বেরোতে থাকলে, রোগীর মূত্র মার্গে যদি ছুঁচ ফোটাবার মত যন্ত্রণা হয়, লিঙ্গ ফুলে ওঠে, প্রস্রাবে দুর্গন্ধ আসে, তাহলে এই পরিস্থিতিতে এই ওষুধের প্রয়োগ অত্যন্ত লাভদায়ক বলে প্রমাণিত হয়।

মেফমেলাইন-3 এক্স ঃ মূত্রেন্দ্রিয়ের মুখ লাল হয়ে ওঠা, ফুলে ওঠা, ইন্দ্রিয় ফুলে ওঠা, কষ্টকর যন্ত্রণা হওয়া, প্রস্রাবের সঙ্গে এ্যামোনিয়া বেরোলে এই ওষুধ ভাল কাজ দেয়।

পাল্সেটিলা-30 ঃ রোগ যখন একটু পুরোন হয়ে পড়ে, স্রাব গাঢ়, হলুদ এবং হলুদ-নীল হয়ে পড়ে, উরু আর পেটে যন্ত্রণা হতে থাকে, রোগের চিকিৎসা যদি তীব্র ওষুধ দ্বারা করা হয়ে থাকে, সেই রকম পরিস্থিতিতে এই ওষুধ খুব ভাল কাজ দেয়।

প্রমেহ

পরিচয়

মানুষ যখন ভুল আহার-বিহার করে, তখন ওর বাত, পিত্ত আর কফ দূষিত হয়ে পড়ে। পরিণামস্বরূপ মসৃণ, গাঢ় আর সাদা চ্যাট্‌চেটে মলের সঙ্গে সঙ্গে মূত্র যখন অনেক রূপ এবং রং-য়ে শরীর থেকে বেরোতে থাকে, সেই অবস্হাকে 'প্রমেহ' বলা হয়।

প্রমেহ রোগ হলে জাগ্রত অবস্হায় বিনা ইচ্ছে, বিনা কোন ভাবনা-চিন্তা এবং কোন প্রকারের উত্তেজনা ছাড়াই শরীরের কিছু তত্ত্ব মূত্রের সঙ্গে অথবা মূত্র বেরোবার আগে এবং মূত্র বেরোবার পর বেরোতে থাকে। এই স্রাব বেশ কিছু রং-এর হয়

কারণ

বাস্তবে প্রমেহ-রমূল কারণ হল মানুষের পেটে কোষ্ঠকাঠিন্য হওয়া। হজম-শক্তি দুর্বল হয়ে পড়লেও এই রোগের উৎপত্তি হয়।

বার-বার স্ত্রী সহবাস বা হস্তমৈথুনও এই রোগের অন্যতম কারণ। ভুল আহার-বিহারকেও এই রোগের মুখ্য কারণ বলে মনে কর হয়। এসব ছাড়াও সারাদিন খালি বসে থাকা, বেশীক্ষণ ঘুমোন, সামর্থের অতিরিক্ত পরিশ্রম করা, সারহীন পদার্থ সেবন করা, ঝাল এবং টক জিনিষ বেশী করে খাওয়া, মাদক দ্রব্য সেবন করা, অত্যধিক মাংসহার ইত্যাদিও এই রোগের কারণ হয়।

কফ-পিত্তকে বাড়িয়ে তোলার মত পদার্থ প্রয়োগ করলেও প্রমেহ উৎপন্ন হতে পারে।

অজীর্ন হলে কিডনীর ভেতরে ক্ষারীয় পদার্থ বেড়ে ওঠে। পরিণামস্বরূপ

কিডনীর ছিদ্র ক্ষারের অধিকতার ফলে কিছুটা চওড়া হয়ে পড়ে। পরিণাম এটাই হয় যে, কিডনী নিজের কাজ আগের মত করতে পারে না। অজীর্ন হওয়ার জন্য ভালমতন হজম না হওয়া খাবারকে কিডনী বিভিন্ন রং এবং বিভিন্ন রূপে প্রস্রাবের সঙ্গে বাইরে পাঠাতে থাকে।

লক্ষণ

ভারতীয় চিকিৎসা-পদ্ধতিতে কুড়ি রকমের প্রমেহ-র উল্লেখ আছে। এর মধ্যে 10 প্রকার প্রমেহ 'কফজ' হয়, 6 প্রকার প্রমেহ 'পিত্তজ' হয় আর 4 প্রকার প্রমেহ 'বাতজ' হয়।

কফজ প্রমেহ ঃ খাবার ভাল মতন হজম না হওয়া, খাবরে অরুচি, গা গোলানো, ভাল মতন ঘুম না হওয়া, শরীরে আলস্য থাকা, কাশি হওয়া ইত্যাদি হল কফজ প্রমেহ-র লক্ষন।

পিত্তজ প্রমেহ ঃ প্রস্রাব করার সময় ছুঁচ ফোটার মত যন্ত্রণা, জ্বলুনি, পিপাসা, টক্-টক্ ঢেঁকুর ওঠা, ক্লান্তি অনুভব করা ইত্যাদি হল পিত্তজ প্রমেহর লক্ষন।

বাতজ প্রমেহ ঃ গলায় যন্ত্রণা অনুভব করা, খাবার খেতে ইচেছ না হওয়া, ঘুম না আসা, শ্বাস কষ্ট, কাশি, মাথায় যন্ত্রণা ইত্যাদি হল বাতজ প্রমেহর লক্ষণ। রোগের শুরুতে এসব লক্ষন অত্যন্ত কম মাত্রায় দেখা যায়। কিন্তু রোগ বেড়ে উঠলে এসবের অনুভূতিও বেড়ে ওঠে।

প্রমেহ আর শীঘ্রপতনের মধ্যে পার্থক্য

প্রমেহ ঃ এতে কোনরকম উত্তেজনা আর স্ফূর্তি ছাড়াই শরীরের অন্য পোষক তত্ত্ব ধুয়ে-ধুয়ে মূত্রের সঙ্গে অথবা আগে-পরে বেরোতে থাকে। রোগীর মৈথুনের ইচেছ জাগ্রত হলে অথবা জাগ্রত না হলেও রোগী স্খলিত হয়ে পড়ে। প্রমেহর রোগীর শীঘ্রপতনের রোগও স্বাভাবিক বলে মনে করা হয়। এই শীঘ্রপতনই যখন তাড়াতাড়ি হতে শুরু হয়, তখন সেটাই প্রমেহ রোগে পরিবর্তিত হয়ে পড়ে।

শীঘ্রপতন ঃ যেমন প্রমেহতে বিনা ইচেছয় বীর্যপাত হয়ে পড়ে, ঠিক তেমনই শীঘ্রপতনেও বীর্যপাত হয়ে যাওয়াটা অত্যন্ত স্বাভাবিক। বিনা ইচেছ, স্ফূর্তি, উত্তেজনা এবং চিন্তায় রোগীর বীর্য স্খলিত হয়ে পড়ে।

রোগী যখনই মৈথুনের ইচ্ছে মনের মধ্যে পোষন করে, তৎক্ষনাত ওর বীর্য স্খলিত হয়ে পড়তে শুরু করে।

তবে, এটা জরুরী নয় যে, শীঘ্রপতনের রোগী প্রমেহরও রোগী হবে।

প্রমেহ আর স্বপ্নদোষের মধ্যে পার্থক্য

প্রমেহ ঃ প্রমেহতে জাগ্রতাবস্থাতেই বিনা ইচ্ছে, উত্তেজনা অথবা চিন্তায় মূত্রের সঙ্গে, মূত্রের আগে অথবা পরে এক প্রকারের স্রাব বেরোয়। সাধারণতঃ স্বপ্নদোষের জন্য প্রমেহ রোগ শুরু হয়। স্বপ্নদোষের জন্য মানুষের হজম-ক্রিয়ায় গণ্ডগোল হয়ে পড়ায় মানুষের স্বপ্নদোষ রোগ হয়ে পড়ে। স্বপ্নদোষের আরও অন্য কারণ হয়, হজম-ক্রিয়া ঠিক না হওয়াটা এর মুখ্য কারণ।

স্বপ্নদোষ ঃ এই রোগেমানুষের সুপ্তাবস্থায়, ওর শরীরে কোন প্রকারের বিকার হলে অথবা অত্যধিক সম্ভোগের জন্য বা এই ধরনের অন্য কথা চিন্তাকরলে নিদ্রাবস্থায় এরকমই কিছু স্বপ্ন আসতে থাকে। ব্যস, ঐ সময় ওর স্বপ্নদোষ হয়ে পড়ে আর স্বপ্নের মধ্যেই ওর বীর্যপাত হয়ে পড়ে।

স্বপ্নদোষকে প্রমেহর প্রাথমিক এবং সাধারণ অবস্থা বলে মনে করা হয়। রোগী এর ফলে চিন্তিতও হয়ে ওঠে।

রোগ যাই হোক না কেন, তার মূল কারণগুলিকে দূর করাই সর্বোত্তম উপায়। প্রমেহতে প্রস্রাবের সঙ্গে বীর্য আসে না। প্রায় যকৃত-বিকার এবং উদর-বিকারের কারণেই মূত্রের সঙ্গে ফসফেট্ বেরোতে থাকে, সেটাকেই রোগী বীর্য-প্রমেহ অথবা বীর্য-স্রাব মনে করে অস্থির হয়ে ওঠে। সুতরাং, এটা জরুরী যে, সবার আগে রোগীর হজম-ক্রিয়াকে ঠিক করা হোক। ওর হজম-ক্রিয়া যেন একদম ঠিকঠাক থাকে। ওর কোষ্ঠকাঠিন্য একদমই হওয়া উচিত নয়।

হজম-ক্রিয়া ঠিক রাখার সঙ্গে সঙ্গে রোগীর নিজের জননেন্দ্রিয়কেও সদা শান্ত রাখার চেষ্টা করা উচিত। এর জন্য কাম-চিন্তা থেকে সদা দূর থাকাটাই হচ্ছে সর্বোত্তম উপায়। এরকম করলে মানুষ অনাবশ্যক উত্তেজনার হাত থেকে নিজেকে বাঁচিয়ে রাখতে পারবে। তার সঙ্গে-সঙ্গে

বদভ্যাস এবং খরাপ আসক্তির হাত থেকে বাঁচাটাও অত্যন্ত জরুরী। নয়তো ও এই রোগের শিকার হয়ে পড়তে পারে।

'সরল জীবন–উচ্চ চিন্তা-ভাবনা'-র সিদ্ধান্ত জীবনে গ্রহণ করলে মানুষ সব রকম রোগ থেকে মুক্ত থাকে।

পথ্য

পথ্য ঃ পুরোন গম, পুরোন চাল, অড়হর ডাল, ছোলার ডাল, তিল, পটল, করলা, রসুন, জাম, খেজুর, আমলা ইত্যাদি এই রোগের অতি উত্তম পদার্থ। এসব জিনিষ পুষ্টিকর হওয়ার ফলে প্রমেহ নাশ করতে সহায়ক হয়।

দুধ, ঘি, মালাই এবং অন্যান্য পুষ্টিকর পদার্থের সেবনে রোগ বাড়ে, কমে না। আমাদের নিজেদের ক্রিয়াকলাপের ওর বিশেষ দৃষ্টি দেওয়া উচিত। তার জন্য সুপাচ্য নিরামিশাষী অথবা ফলাহার সেবন করাটা অত্যন্ত লাভদায়ক হয়।

অপথ্য ঃ মূত্রের বেগ আটকানো, দিনের বেলায় ঘুমোন, ধুম্রপান করা, মাংস, মদ্য, নতুন চাল, সীম, তেল, দুধ, ঘি, গুড়, লাউ, কুমড়ো, আখের সঙ্গে-সঙ্গে মিষ্টি দ্রব্য, মৈথুন করা অথবা মৈথুনের ইচ্ছা করা এবং অলস হয়ে বসে থাকা।

সাধারণতঃ এইসব রোগের বিশেষ করে প্রমেহতে পথ্যের ওপর দৃষ্টি দেওয়াটা অত্যন্ত জরুরী। ভারতীয় চিকিৎসা-শাস্ত্র খাওয়া দাওয়াকে চিকিৎসার ভেতরে সবচেয়ে বেশী গুরুত্ব দেয়। চিকিৎসা-শাস্ত্রবিদদের বক্তব্য হল যে, প্রমেহতে পথ্যের ওপর সঠিক দৃষ্টি দেওয়া হলে ওষুধ ছাড়াই এই রোগ দূর হয়ে যায়। প্রমেহর রোগী অপথ্যসেবী হলে ওষুধ দ্বারা চিকিৎসা বেকার হয়ে যায়।

চিকিৎসা

চিকিৎসা-শাস্ত্রের সিদ্ধান্ত হল 'ক্রিয়া যোগে নিদানম্ পরিবর্ননম' রোগের কারণকে বাদ দিয়ে ওর থেকে উৎপন্ন রোগের চিকিৎসা করাটা হচেছ সূক্ষ্ম-চিকিৎসা। এটাকে পূর্ণ চিকিৎসা বলা চলে না। জরুরী হল যে, প্রথমে রোগের মূল কারণকে খুঁজে বের করে তারপর রোগের

চিকিৎসা করা হোক।

আয়ুর্বেদিক চিকিৎসা

প্রমেহর রোগী দুই প্রকারের হয়। এক, অত্যন্ত দুর্বল আর অন্যটা হল মোটা-মোটা বলবান ব্যক্তির মত দেখতে লাগা। প্রমেহর দুর্বল রোগীকে পুষ্টিকর ওষুধ দেওয়া উচিত। যার রোগ খুব বেশী এবং বলবান দেখতে লাগা রোগীকে বমি আর বিরেচন করানো উচিত। বলহীনকে শামক ওষুধ দেওয়া হয়।

প্রমেহর রোগের জন্য সাধারণতঃ চন্দ্রপ্রভা বটি, বসন্তা কুসুমাদির রস, প্রমেহনাশক তেল, মদনমঞ্জরী বটি ইত্যাদি ওষুধ দেওয়া হয়ে থাকে।

ইউনানী চিকিৎসা

হব্স জরয়ান খাস, দবায়ে জরয়ান খাস, মাজুনে খাস ইত্যাদি বিভিন্ন প্রকারের ওষুধ এই রোগ সারাতে ইউনানী চিকিৎসা-পদ্ধতিতে দেওয়া হয়।

ইউনানী চিকিৎসা পদ্ধতিতে যৌন রোগের ওপর বিশেষ দৃষ্টি দেওয়া হয়ে থাকে। মোগলদের সামাজিক অবস্হা, থাকা-দাওয়ার কারণে এরকম করা হয়। মুস্লিম দেশ গুলিতে মোগলদের আক্রমণের জন্য আর তারপর সেইসব প্রাজিত দেশগুলিতে ওদের আগমনের সাথে-সাথে যৌন-রোগের প্রচলন হয়েছে।

মোগলদের পর ইংরেজদের আগমনে যৌন-রোগ ভারতে খুব বেশী ছড়িয়ে পড়েছে। এর আগেও এই ধরনের রোগ এই দেশে ছিল। কিন্তু যৌন রোগের বৃদ্ধির পেছনে এই দুই প্রকারের শাসক সমাজই মূল কারণ।

হোমিওপ্যাথিক চিকিৎসা

হোমিওপ্যাথির কিছু-কিছু চিকিৎসক এটা মনে করেন যে, প্রমেহ রোগ বেশ কিছু কারণে হতে পারে। যার মধ্যে একটা মূল কারণ হচ্ছে, প্রমেহ রোগের রোগীর সম্ভোগ এবং সহবাস করা। এর চিকিৎসায় পরের পাতায় উল্লেখিত ওষুধগুলি প্রচলিতঃ-

থুজা-30 ঃ অভিজ্ঞ চিকিৎসকদের মতানুযায়ী এই ওষুধের এক

মাত্রা লাগাতার নিতে থাকলে লাভ হয়।

নাইট্রিক এ্যাসিড 6 ঃ মূত্রমার্গের থেকে পুঁজের মত পদার্থ বেরোতে থাকলে, মূত্রমার্গে ছুঁচ ফোটার মত যন্ত্রণা হলে, লিঙ্গ যদি ফুলে ওঠে আর প্রস্রাবে যদি দুর্গন্ধ আসে, এসে এই ওষুধের প্রয়োগে ভাল কাজ হয়।

ফমেলাইন 3 এক্স 30 ঃ মূত্রেন্দ্রিয়ের মুখ লাল হয়ে ওঠা, ফুলে ওঠা, ইন্দ্রিয় ফুলে উঠলে আর মূত্রে এ্যামোনিটা বেরোতে থাকলে এই ওষুধ তাড়াতাড়ি লাভ দেয়।

এ্যাকোনাইট 1 এক্স 30 ঃ রোগের শুরুতে জননেন্দ্রিয়ে ফোলা ভাব থাকলে আর রোগীর জ্বর থাকলে এই ওষুধ দেওয়া যেতে পারে।

পাল্সেটিলা 30 ঃ রোগ খুব পুরোন হয়ে পড়লে, প্রমেহর স্রাব গাঢ়, হলুদ বা নীল-হলুদ হয়ে পড়লে, উরু এবং পেটে ব্যথা হলে এই ওষুধের প্রয়োগ ভাল কাজ দেয়।

থুজা মূল অর্ক 30 ঃ এই ওষুধ অনেক প্রকার রোগে লাভ দেয়। এর প্রয়োগ সব সময়ই উপকার এনে দেয়।

হোমিওপ্যাথির সিদ্ধান্ত হল যে, বিষ দিয়ে বিষের চিকিৎসা করা। এই রোগেও সাধারণতঃ সেইসব ওষুধের প্রয়োগ করা হয়ে থাকে, যা এই রোগের বিষ দিয়ে তৈরী করা হয়।

লিঙ্গ এবং অণ্ডকোষের রোগ

লিঙ্গের অণ্ডভোগ ফুলে ওঠা

পরিচয়

লিঙ্গের অগ্রভাগে যে জায়গাটা সুপারীর মত হয়, ওখানটা ফুলে ওঠে। পরিণামস্বরূপ ঐ জায়গাটা লাল হয়ে ওঠে আর ব্যথা, জ্বলুনি এবং চুলকোনি হতে থাকে।

এই ফুলে ওঠা ভাবটার যদি সময় মত চিকিৎসা না করানো হয়, তাহলে তার পরিণাম ভয়ংকর হতে পারে।

কারণ

থাকা-খাওয়াটা এই সব রোগের মুখ্য কারণ। বিপরীত রতি অথবা এই ধরনের অন্য মৈথুন-সম্বন্ধীয় অনিয়মিত ব্যবহারও এর কারণ হতে পারে। লিঙ্গকে সাফ না রাখলেও এই রোগ হয়ে।

ক্যান্সার, বিসর্প, ব্রণা, প্রমেহ, লিঙ্গমুণ্ড অথবা ওর ওপরের ত্বকে জ্বলুনি বা লিঙ্গের মুখ অত্যন্ত ছোট হলে আর লিঙ্গমুণ্ড বেশীক্ষন খোলা থাকলেও এই রোগ হয়ে পড়ে।

লক্ষণ

এই রোগে লিঙ্গের অগ্রভাব ফুলে ওঠে আর লাল হয়ে ওঠে। দিন কাটার সঙ্গে-সঙ্গে ওখানে ব্রণও হয়ে পড়ে। কিছুদিন পর রোগের লক্ষন তো শান্ত হয়ে পড়ে, কিন্তু রোগ থেকেই যায়।

লিঙ্গের অগ্রভাগের যে শ্লৈষ্মিক পর্দা থাকে, সেটা ক্রমশঃ ফুলে

ওঠে। ওর রং হলুদ হয়ে পড়ে। লিঙ্গের অগ্রভাগও হলুদ হয়ে ওঠে। লিঙ্গ অনুভূতিহীন হয়ে পড়ে। ওর মধ্যে শক্তি থাকে না আর ওটা শিথিল হয়ে পড়ে। কখনো-কখনো ঐ জায়গাটা গ্যাংগ্রীনও হয়ে পড়ে।

পরিণাম

যথাশীঘ্র এর চিকিৎসা না করানো হলে পরে এর পরিণাম অত্যন্ত ভয়ংকর হয়ে ওঠে। গ্যাংগ্রীনও যদি হয়ে পড়ে, তাহলে তার তৎক্ষনাত চিকিৎসা করিয়ে নেওয়াটা অত্যন্ত জরুরী।

লিঙ্গচর্ম সংকোচ (ফাইমোসিস)

পরিচয়

লিঙ্গের অগ্রভাগে চামড়ার একটা আবরণ থাকে। সেটা একটা নির্দিষ্ট সীমা পর্যন্ত্য খোলে আর বন্ধ হয়। এটা মোটামুটি এক ইঞ্চি পর্যন্ত্য হয়। এরপর ওটা লিঙ্গের সঙ্গে সেঁটে থাকে। যখন এই চামড়া খোলে না অথবা বন্ধ হয় না, তখন তাকে ‘চর্ম সংকোচ’ বলা হয়। এটাকে একটা রোগ বলে মেনে নেওয়া হয়েছে।

কারণ

সাধারণতঃ এই রোগ জন্মের সময় থেকেই হয়। গর্ভকালের সময় চামড়ায় কোন প্রকারের বিকৃতি এসে পড়লে সেটা খোলা বন্ধ হয় না। তবে, সব সময় এরকম হয়না। খুব কম লোকেরই এরকম হয়। সিফিলিস, গনোরিয়া, বিসর্প ইত্যাদির ব্রনের জন্যও ঐ চামড়ায় বিকৃতি এসে যায় আর চামড়ার খোলা-বন্ধ হওয়াটা বন্ধ হয়ে যায়। এই অবস্থায় এটাকে রোগ হিসেবে মেনে নিয়ে তখুনি তার চিকিৎসা করানো উচিত।

লিঙ্গের অগ্রভাগের মুণ্ড সিফিলিস অথবা গনোরিয়া রোগজনিত প্রদাহের জন্য সংকুচিত হয়ে পড়ে। সুতরাং, সুপারী খোলা যায় না। এর ফলে লিঙ্গে রোগ হয়ে পড়ে।

লক্ষণ

যেসব বাচ্চাদের এই রোগ জম্মগতভাবে হয়, তাদের লিঙ্গের অগ্রভাবে চুলকোনি হয়। ওরা ঐ জায়গাটাকে বার-বার চুলকোতে থাকে। সুপারী খোলার চেস্টা করে। চুলকোনির জন্য সেই বন্ধ ত্বকের ভেতরে ময়লা একত্রিত হয়ে পড়ে। কোন-কোন বালকের লিঙ্গের ছিদ্র অত্যন্ত ছোট হওয়ায় ওর প্রস্রাব করতে কস্ট হয়। এর পরিণাম এটাই হয় যে, মূত্রাশয়ে প্রস্রাব জমা হয়ে পড়ে আর পঁচতে থাকে। তখন ওতে প্রদাহের সৃষ্টি হয়। পরে এই মূত্রাশয়-প্রদাহ 'সিস্টাইটিস'-এর রূপ ধারন করে, যা প্রচণ্ড ক্ষতিকারক হয়।

অণ্ডশোথ (শ্রীকোইটিস)

কারণ

চোট লাগা, গনোরিয়া, সিফিলিস, গাঁটের ব্যথা, যকৃতদোষ, মূত্রাশয়ে পাথর, মূত্রাশয় ফুলে ওঠা, ফাইলেরিয়া এই রোগের কারণ। অনেক বার কাম-বাসনার অধিকতায় বীর্য নিজের জায়গা থেকে বেরোবার জন্য জোর দেয়। কোন কারণে যদি বীর্য বেরোবার অসুবিধা হয় অথবা বেরোতে না পরে, তাহলে অণ্ডকোষ ফুলে ওঠে।

লক্ষণ

কখনো এক দিকের আবার কখনো দুদিকের অণ্ডকোষই ফুলে ওঠে। এরকম হলে অণ্ডকোষ যন্ত্রণা হতে থাকে। যদি প্রচণ্ড ফুলে ওঠে, তাহলে অণ্ডকোষের চামড়ার রং লাল হয়ে ওঠে। রোগীর জ্বর হত থাকে, অত্যধিক যন্ত্রণা হতে থাকে আর প্রস্রাবে জ্বলুনি হতে থাকে। ফোলা ভাবটা পুরোন হলে রোগীর জ্বর হয় না, কিন্তু যন্ত্রণ সর্বক্ষন হতে থাকে। কখনো-কখনো এমনও হয় যে, যন্ত্রণা অনুভব হয় না, তবুও ফোলা ভাবটা কঠিন হয়ে ওঠে।

আনুষঙ্গিক চিকিৎসা

রোগের আভাষ পাওয়া মাত্রই রোগীর চলা-ফের করা একদম বন্ধ করে দেওয়া উচিত। রোগীকে বিছানায় শুয়ে থাকা উচিত। অণ্ডকোষের নীচে বালিশ রেখে নেওয়া উচিত বরফের টুকরে রাখলেও আরাম পাওয়া যায়।

পরে গুনগুনে গরম জলে বোরিক এ্যাসিড মিলিয়ে সেঁক দিন। তিসির পুলটিশ বা অরণ্ডের পাতায় মহালাক্ষাদি তেল লাগিয়ে সেটাকে অল্প করে টাইট করে বেঁধে দেওয়া উচিত।

রোগীকে লঙ্গোট পরা উচিত অথবা ইলাস্টিক ব্যাণ্ডেজ বেঁধে রাখা উচিত।

পৌরুষ গ্রন্থি শোথ

পরিচয়

এই রোগে মল ত্যাগের জায়গাটা ফুলে ওঠে আর সাধারণ যন্ত্রণা অনুভূত হয়। প্রস্রাব করতেও কষ্ট হয়। প্রস্রাবের সঙ্গে সুতোর মত ছোট-ছোট তন্তুও বেরোয়। মলত্যাগের জায়গার ভেতরের ভাগে আঙুল প্রবেশ করালে গ্রন্থি বেড়ে উঠেছে বলে মনে হয়।

সময় মত এর সঠিক চিকিৎসা না করালে, এই ফোলা ভাবটা ফোড়া অথবা ব্রণের রূপ ধারণা করে নেয়। পরে এটা ক্যান্সারও হয়ে পড়তে পারে। সুতরাং শুরুতেই এই ব্যাপারে সতর্ক হয়ে যাওয়াটাই ভাল।

কারণ

অন্ত্রে কীটাণু, পাথরী হওয়া ইত্যাদি রোগের কারণেই আধুনিক চিকিৎসকেরা এই রোগের উৎপত্তি হয় বলে মনে করেন।

লক্ষণ

যে জায়গাটা ফুলে ওঠে, সেই জায়গাটা কঠোর হয়ে ওঠে। ওখানে যন্ত্রণা হতে থাকে। যন্ত্রণার সঙ্গে-সঙ্গে জ্বলুনিও হতে থাকে। তারপর

এই যন্ত্রণা মূত্রাশয়, মলত্যাগের জায়গা পর্যন্ত্য পৌঁছে যায়।

এছাড়া বার-বার প্রস্রাব পাওয়া, মল-মূত্রত্যাগের সময় অত্যধিক যন্ত্রণা হওয়া এবং কখনো-কখনো অত্যধিক ফুলে ওঠার জন্য মূত্র বন্ধ হয়ে যাওয়া ইত্যাদি এই রোগের লক্ষণ।

রোগে বেড়ে উঠলে কিছুদিন পর মূত্রের সঙ্গে তরল পদার্থও বেরোতে শুরু করে।

রোগের তৎক্ষনাত চিকিৎসা না করালে এটা ভয়ংকরও হয়ে উঠতে পারে। তখন এই রোগের চিকিৎসা করানো অসাধ্য হয়ে ওঠে।

এই রোগের চিকিৎসার জন্য কোন যোগ্য চিকিৎসকের সঙ্গে পরামর্শ করাটা একান্তই জরুরী।

পৌরুষ গ্রন্থি বৃদ্ধি

পরিচয়

এই রোগে ফোলা ভাব ছাড়াই ব্যক্তির পৌরুষ গ্রন্থি বেড়ে ওঠে। এতে কোন প্রকার কীটাণুর আক্রমণ হয় না। এই রোগ এমনিতেই উৎপন্ন হয়। এর জন্য এই রোগে না তো কোন প্রকারের যন্ত্রণা হয়, না জ্বর হয়। সাধারণতঃ এই রোগ মানুষের বয়স পঞ্চাশ বছর পরে হয়ে যাবার পরই হয়।

কারণ

যেসব ব্যক্তি অত্যধিক মদ্যপান করে, বার-বার মৈথুনে লিপ্ত হয় আর যাদের কফের প্রবৃত্তি থাকে, মূলতঃ তাদেরই এই রোগ হয়। এটা হচ্ছে এই রোগের মুখ্য কারণ।

বেশীর ভাগ সময় ঠাণ্ডা জলবায়ুর এলাকা অথবা এইরকমই জায়গায় বসবাসকারীদের এই রোগ হয়। তবুও যে কোন স্থানে বসবাসকারী ব্যক্তিদেরও এই রোগ আক্রান্ত হবার সম্ভাবনাও অগ্রাহ্য করা যায় না।

লক্ষণ

এই রোগের একটা লক্ষণ হচেছ যে, শুরুর দিকে যখন এই রোগ বাড়তে থাকে, তখন রোগীর মূত্র অনেক কস্টে আর থেমে-থেমে বেরোতে থাকে। পরে মূত্র কোন কষ্ট এবং বাধা ছাড়াই বেরোতে শুরু করে।

রোগ বেড়ে উঠলে রোগীর বার-বার প্রস্রাব পেতে থাকে। যখন রোগ আরও বেড়ে ওঠে, তখন প্রস্রাব করার সময় রোগীর মূত্রাশয় পুরোপুরি খালি হতে পারে না। ওটার ভেতরে কিছুটা মাত্রায় মূত্র থেকে যায়। তখন রোগী এটাই অনুভব করতে থাকে যে, মূত্র পুরোপুরি বেরোচেছ না। কোন একটা কিছু মূত্রের বেরোবার রাস্তা আটকে ধরে রয়েছে। সেই জন্যই মূত্র বেরোত পারছে না।

আনুসঙ্গিক চিকিৎসা

এই রোগে ঠাণ্ডা, টক খাবার, তরকারী এবং দেরীতে হজম হওয়া খাদ্য পদার্থ, দই, কপি, বেগুন, কচু ইত্যাদি একদমই খাওয়া উচিত নয়।

রোগীকে মৈথুন থেকে সব সময় দূরে থাকা উচিত।

বাহ্য রূপ 'সয়া' তেল মাশি উপযোগী হয়।

ওষুধে রোগ ভাল না হলে আধুনিক চিকিৎসকেরা অপারেশনকেই এর একমাত্র চিকিৎসা বলে থাকেনা।

পুরুষ যৌন-রোগের ঘরেলু চিকিৎসা

পুরুষদের মধ্যে শারীরিক এবং মানসিক দূর্বলতা, কুসঙ্গতি আর খারাপ আসক্তি ইত্যাদির কারণে বীর্যের উৎপত্তি কমে যায়। কিছু-কিছু ব্যক্তির তো এজন্য কামোত্তেজনাও হ্রাস পেয়ে যায়। এই ধরণের পুরুষ নিজেকে নিজের পত্নী অথবা স্ত্রী-সহবাসের অযোগ্য বলে মনে করতে থাকে। পরিণাম এটাই হয় যে, ওদের মনের ভেতরে হীন ভাবনা উৎপন্ন হয়ে পড়ে। ও নিজেকে নিজের পত্নীর কাছ থেকে দূরে সরিয়ে রাখার চেস্টা করতে থাকে। ও যদি সহবাস করার চেস্টাও করে, তাহলে নিজের মনের অবস্হার কারণে ও শীঘ্র পতনের শিকার হয়ে পড়ে নিজের পত্নীর সামনে লজ্জার পাত্র হয়ে ওঠে। ওর মনে সব সময় এই ভয়টা বাসা বেঁধে থাকে যে, ও নিজের পত্নীকে যৌন-সন্তুস্টি দিতে পারছে না। এটা ওর কাছে প্রচণ্ড লজ্জার কারণ হয়ে ওঠে। কখনো-কখনো তো ওর মধ্যে এতটা লজ্জা এসে পড়ে যে, ওর আত্মহত্যা করতেও ইচ্ছে করে।

এতে কোন সন্দেহই নেই যে, এটা এক ধরনের দূর্বলতা। তবুও এতটা দূর্বলতা নয় যে, এর জন্য লজ্জিত হয়ে পড়তে হবে। এই ধরনের পরিস্হিতিতে পুরুষ যদি একটু সাহসে বুক বেঁধে কাজ করে, তাহলে ও এইসব কারণকে খুব তাড়াতাড়ি দূর করতে পারবে।

এখানে আমরা এমন কিছু ঘরেলু চিকিৎসার উল্লেখ করছি, যেগুলো আয়ুর্বেদিক চিকিৎসার সঙ্গে মেলে। কারণ হল এটাই যে, ভারতীয় চিকিৎসা-পদ্ধতিতে আয়ুর্বেদের স্হান মুখ্য এবং এটা এই দেশের নিবাসীদের শিরায়-উপশিরায় ঢুকে আছে সুতরাং, ঘরেলু চিকিৎসায় এই সব ওষুধের প্রয়োগ করা হয়। এসবের উল্লেখ আয়ুর্বেদিক চিকিৎসা-পদ্ধতির গ্রন্থে পাওয়া যায়।

পুরুষত্ব হ্রাসের চিকিৎসা

ধোওয়া কলাই ডাল ১৫০ গ্রাম নিয়ে সেটা পেঁয়াজের রসে ভিজিয়ে নিন। ডাল যখন ভাল মতন ভিজে ফুলে উঠবে, তখন সেটাকে শুকিয়ে নিয়ে মিহি করে পিযে নিন। তেঁতুলের বিচি ২০ গ্রাম নিন। সেটাকে ভেজে পিযে নিন। পঞ্চাশ গ্রাম সাদা মুসলী আর পঞ্চাশ গ্রাম পানিফলও মিহির করে পিযে নিন। এবার এই সব পদার্থকে ভাল করে মিশিয়ে নিন। এবার যে মিশ্রণটা তৈরী হল, সেটা প্রতিদিন 25-30 গ্রাম করে নিয়ে 25 গ্রাম খাঁটি ঘিয়ে ভেজে নিন। তার সঙ্গে 2-3 গ্রাম পিযে নেওয়া সোঁঠ আর 50 গ্রাম চিনি মিলিয়ে একটু জল ঢেলে ওটার হালুয়া বানিয়ে নিন।

এই হালুয়ার এতটা মাত্রাই প্রতিদিন সেবন করুন আর তারপর ওর সঙ্গে অথবা ওর ঠিক পরেই কম-সে-কম আধা কিলো গরুর খাঁটি এবং গরম দুধ পান করুন। চিকিৎসার মধ্যে এটাকে সর্বোত্তম ওষুধ বলে গণ্য করা হয়ে থাকে।

এর সেবনে শুধু পুরুষের শীঘ্রপতন রোগ আর ভয়ই দূর হয় না, উল্টে পুরুষের বীর্যও গাঢ় হয়ে ওঠে। বীর্য গাঢ় হয়ে ওঠাটা শীঘ্রপতনকে বাধা দেবার একটা ভাল উপায়। বীর্য পাতলা হওয়ার জন্যই শীঘ্রপতন রোগ উৎপন্ন হয়ে পড়ে। সুতরাং, পুরুষের উচিত যে, ও সাধারণ জীবনেও সেই ধরণের পদার্থের সেবন না করুক, যা সেবন করলে বীর্য পাতলা হয়ে ওঠার সম্ভাবনা থাকে। বীর্য গাঢ় হয়ে উঠলে শীঘ্রপতনকে আটকানো যায় আর পুরুষের শরীরও পুস্ট-সবল হয়ে ওঠে।

ঠিক এইরকম আরও একটা প্রয়োগও আছে। পেঁয়াজ, আদা আর ঘি-এই তিনটে জিনিষ 10-10 গ্রাম করে নিয়ে 20 গ্রাম মধু আর দুটো ডিমের সারতত্ত্ব অর্থাৎ ওর হলুদ আংশের সঙ্গে মিলিয়ে আগুনের ওপর রেখে ধীরে-ধীরে নাড়তে থাকুন। যখন ওটা ভাল মতন মিশে যাবে, তখন ওটা আপনা থেকেই গাঢ় হয়ে উঠবে। এখন ওটা আগুন থেকে নামিয়ে নিন। তারপর ওটা খাবার যোগ্য হয়ে উঠলে, খুব বেশী গরম নয় আবার খুব বেশী ঠাণ্ডাও নয় এই অবস্থায় খেয়ে ফেলুন। এর সঙ্গে

আধ কিলো গরুর খাঁটি দুধ পান করাটাও জরুরী।

পুরুষত্ব হ্রাসের এই অব্যর্থ ওষুধকে গ্রামবাসী অথবা ঘরেলু চিকিৎসায় বিশ্বাসী পুরুষরা প্রয়োগ করে থাকেন। এই ওষুধ অত্যন্ত লাভদায়ক এবং গুণকারী হয়।

ক্ষীর ঃ ধোওয়া কলাই ডাল 30 গ্রাম নিয়ে ঘিয়েতে ভেজে নিন। তার পর 300 গ্রাম দুধে মিশিয়ে ক্ষীর তৈরী করে নিন। যখন এই জিনিষটা কিছুটা গাঢ় হয়ে উঠবে, তখন প্রয়োজন অনুসারে চিনি মিশিয়ে আগুন থেকে নামিয়ে এনে গরম-গরম খান। এই ক্ষীর পুরুষদের কাম-শক্তি বাড়িয়ে তোলে আর বীর্যকে অধিক মাত্রায় তৈরী করে।

সাদা মুসলী 25 গ্রাম, ইসবগুলের ভূষি 40 গ্রাম-এইদুটো জিনিষকে ভাল করে পিষে ছেঁকে নিন। রোজ 10 গ্রাম করে নিয়ে দেড় পোওয়া (300 গ্রাম) দুধে মিশিয়ে আগুনের ওপরে রেখে নাড়তে থাকুন। চিনি মিশিয়ে খান। এই ওষুধ অত্যন্ত ভাল কাজ দেয়।

স্বপ্নদোষ

স্বপ্নদোষ রাতে ঘুমোবার সময় হঠাৎ করে বীর্য স্খলিত হয়ে পড়ে। এমনিতে কিশোরদের মধ্যে এই জিনিষটা বেশী করে হয়। সেটা অত্যন্ত স্বাভাবিক। কিন্তু রোজ-রোজ স্বপ্নদোষ হওয়াটা ক্ষতিকর হয়। এর চিকিৎসা হওয়াটা অত্যন্ত জরুরী।

চিকিৎসা ঃ রোজ ভোরে উঠে কুলকুচি করার পর এক গ্লাস ঠাণ্ডা জল খেলে এই জিনিষটা দূর হয়ে যায়। গরম স্বভাবের যুবকেদর নিয়মিতরূপে এই নিয়মটা মেনে চলা উচিত।

(1) শুকনো ধনে পিষে নিয়ে তার সঙ্গে সমান মাত্রায় চিনি মিশিয়ে রোজ সকালে ঠাণ্ডা জলের সঙ্গে 3-3 মাশা খান। এতে স্বপ্নদোষের রোগ দূর হয়ে যাবে।

(2) মোচরস, কমরকস, পোস্ত এবং মাখানা 10-10 গ্রাম করে নিন। 5 গ্রাম আজওয়াইনও নিন। সব জিনিষগুলো পিষে ছেঁকে নিন আর শিশিতে ভরে রাখুন। রোজ একটু করে চূর্ণ হাতের তালুতে নিয়ে

এক পোওয়া (250 গ্রাম) দুধের সঙ্গে খান।

(3) শীতল চিনি (মিশ্রি) 3-4 গ্রাম নিয়ে এক পোওয়া (250 গ্রাম) দুধের সঙ্গে রোজ রজত খেয়ে ঘুমোত যান।

শীঘ্রপতন (বীর্যপাত)

সেসব ব্যক্তিদের বীর্য সহবাসের সময় দ্রুত স্খলিত হয়ে পড়ে। তাদের জন্য কিছু ওযুধের উল্লেখ এখানে করা হল।

(1) ঘি 10 গ্রাম, মধু 5 গ্রাম, পেষা মূলহটী 10 গ্রাম নিয়ে তিনটে জিনিষকে এক সঙ্গে মিলিয়ে চেটে-চেটে খান। তারপর দুধ খান। এটা সহবাসের পরে সেবন করুন।

(2) গঁদের আঠা, বাবুল গাছের ছাল, কালো মুসলী, সাদা মুসলী, সেমল গঁদ, মাখানা, ইন্দ্রজৌ, লাল বহেমন–এই সব জিনিষ 1-1 গ্রাম করে নিন। এবার এই সব জিনিষের ওজনের সমান ওজনের মিশ্রী নিন। এবার সব জিনিষ পিষে ছেঁকে নিন। সকালে 5 গ্রাম নিয়ে দুধের সঙ্গে সেবন করুন। এক সপ্তাহের মধ্যে ভাল ফল দেখতে পাবেন।

(3) শুকনো ধনে পিষে নিয়ে তার সঙ্গে সমান মাত্রায় চিনি মিশিয়ে রোজ সকালে ঠাণ্ডা জলের সঙ্গে 3-3 মাশা খান। এতে স্বপ্নদোষের রোগ দূর হয়ে যাবে।

(2) মোচরস, কমরকস, পোস্ত এবং মাখানা 10-10 গ্রাম করে নিন। 5 গ্রাম আজওয়াইনও নিন। সব জিনিষগুলো পিয়ে ছেঁকে নিন আর শিশিতে ভরে রাখুন। রোজ একটু করে চূর্ণ হাতের তালুতে নিয়ে এক পোওয়া (250 গ্রাম) দুধের সঙ্গে রোজ রজত খেয়ে ঘুমোতে যান।

শীঘ্রপতন (বীর্যপাত)

সেসব ব্যক্তিদের বীর্য সহবাসের সময় দ্রুত স্খলিত হয়ে পড়ে, তাদের জন্য কিছু ওযুধের উল্লেখ এখানে করা হল।

(1) ঘি 10 গ্রাম, মধু 5 গ্রাম, পেষা মূলহটী 10 গ্রাম নিয়ে তিনটে

জিনিষকে এক সঙ্গে মিলিয়ে চেটে-চেটে খান। তারপর দুধ খান। এটা সহবাসের পরে সেবন করুন।

(2) গঁদের আঠা, বাবুল গাছের ছাল, কালো মুসলী, সাদা মুসলী, সেমল গঁদ, মাখানা, ইন্দ্রজী, লাল বহেমন–এই সব জিনিষ 1-1 গ্রাম করে নিন। এবার এই সব জিনিষের ওজনের সমান ওজনের মিশ্রী নিন। এবার সব জিনিষ পিষে ছেঁকে নিন। সকালে 5 গ্রাম নিয়ে দুধের সঙ্গে সেবন করুন। এক সপ্তাহের মধ্যে ভাল ফল দেখতে পাবেন।

93) শুকনো ধনে পিষে নিন আর প্রতি দিন সকালে হাতের তালুতে কিছুটা চূর্ণ নিয়ে ঠাণ্ডা জলের সঙ্গে খান।

(4) লজ্জাবতী গাছের বীজ নিয়ে এতটা ওজনের মিশ্রী নিয়ে পিষে নিন। রোজ সকালে নিয়মিত রূপে 6 গ্রাম করে নিয়ে দুধের সঙ্গে খান।

(5) তুলসীর বীজ 50 গ্রাম নিয়ে সমান ওজনের চিনির সঙ্গে মিশিয়ে পিষে নিন। প্রতিদিন সকালে 6 গ্রাম করে নিয়ে দুধের সঙ্গে সেবন করুন।

স্ত্রী যৌনরোগের ঘরেলু চিকিৎসা

পুরুষ রোগের ব্যাপারে আমরা বেশ কিছু ঘরেলু চিকিৎসার উল্লেখ করেছি। বাস্তবে ঘরেলু চিকিৎসার সূত্রপাত তো মহিলাদের দিক থেকেই হয়। এমন কোন বাড়ী নেই, যেখানে গৃহিনী মোটামুটি সব রকমের ঘরেলু চিকিৎসার সামগ্রী গুছিয়ে না রাখেন। প্রত্যেক ঘরেই সোঁঠ, আদা, রসুন, পেঁয়াজ, গোলমরিচ, পিপল, কর্পূর, লবঙ্গ, হিং, মধু ইত্যাদি সব সময় মজুদ থাকে। এর মধ্যে অনেক জিনিষই আমাদের বাড়ীতে রান্নার মশলা হিসেবে ব্যবহৃত হয়। এই কারণেই পাশ্চাত্য ব্যক্তিদের তুলনায় ভারতীয়রা রোগের প্রকোপে খুব কমই পড়েন। পাশ্চাত্য ব্যক্তিদের সেদ্ধ খাবার খাওয়ার ফলে ওদের হজম-শক্তি যতই ভাল থাকুক না কেন, কিন্তু ওদের খাবার-দাবারে এই সব জিনিষ না থাকার কারণে রোগ-নিরোধক ক্ষমতার অভাব সর্বদাই থাকে। এই কারণেই ওদের বাচ্চারা জন্ম থেকেই পাংশুবর্ণের হয়।

ভারতীয় গৃহিনীরা নিজেদের স্বভাবের দিক থেকে পুরোটা যদিও না হন, অর্ধেক চিকিৎসক নিশ্চয়ই হন। এই বিদ্যা ওনারা নিজেদের বাড়ীর বৃদ্ধাদের দেখে-দেখে গ্রহণ করে নেন। এসব শেখার জন্য ওনাদের কোন স্কুল-কলেজে যেতে হয় না।

মাসিক ধর্ম বিকার

স্ত্রীদের মাসিক ধর্ম এমন এক প্রক্রিয়া, যে জিনিষটা পুরুষদের মধ্যে হয় না। এর কারণ হল এটাই যে, স্ত্রী এবং পুরুষের শারীরিক গঠন সম্পূর্ণ পৃথক। নারীর মধ্যে মাতৃত্ব-শক্তি হওয়ার কারণে প্রকৃতি ওদের শরীরের রচনাও ঠিক সেইমত করেছেন। এই কারণে স্ত্রীর অনেকে রোগ আর ব্যাধি পুরুষদের থেকে ভিন্ন হয়।

মাসিক ধর্ম সম্বন্ধীয় বিকার, আজকের আধুনিক যুগে 80 থেকে 90 শতাংশ স্ত্রী-র মধ্যে দেখতে পাওয়া যায়। এর মুখ্য কারণ ওদের বর্তমান জীবনের প্রণালী। প্রচীন যুগে ভারতবর্ষে স্ত্রী আর পুরুষ সবার জীবন প্রণালী এমন ছিল যে, ওদের রোগ-ব্যাধি খুব কমই হত। কিন্তু বর্তমানে অবস্থা একদম বিপরীত হয়ে গেছে।

মাসিক ধর্ম সম্বন্ধীয় বিকারের প্রভাব স্ত্রী-র স্বাস্থ্যের ওপরও পড়ে। এর প্রভাব কখনো-কখনো প্রাণঘাতীও হয়। সাধারণ কষ্ট তো লেগেই থাকে।

মাসিক ধর্মের বিকারে সাধারণতঃ মাথায় যন্ত্রণা, ঘুম না আসা, বুক ধড়ফড় করা, স্বভাব খিটখিটে হয়ে পড়া, দূর্বলতা, কোন কাজ করার ক্ষমতা না থাকা, যে কোন কাজ করার জন্য উৎসাহের প্রভাব, এমন কি কখনো-কখনো কথা বলতেও ইচ্ছে না করা ইত্যাদি-ইত্যাদি ব্যাধি হয়।

মাসিক ধর্মের অনিয়মিততা অথবা বিকৃতির জন্য, সঠিক সময়ের আগেই রজোদর্শন হওয়া, যৌবনাবস্থা আসা সত্ত্বেও মাসিক স্রাব কম আসা অথবা একে বারেই না আসা, অনিয়মিত মাসিক চক্র, রক্তস্রাব কম হওয়া, রক্তস্রাব বেশী হওয়া, বেশী দিন পর্যন্ত রক্তস্রাব হওয়া, মাসিক ধর্মের দিনগুলোয় যন্ত্রণা হওয়া, মাসিক ধর্ম শুরু হওয়ার আগে পেটে যন্ত্রণা হওয়া ইত্যাদি রোগ উৎপন্ন হতে থাকে।

এখানে কিছু চিকিৎসার উল্লেখ করা হচেছ ঃ

(1) যদি অধিক পরিমাণে মাসিক ধর্ম হতে থাকে, তাহলে তার চিকিৎসার জন্য মোটা-মোটা গুলর গাছ ছায়ায় রেখে শুকিয়ে নিন। যখন ওটা ভাল মতন শুকিয়ে যাবে, তখন ওটা মিহি করে পিষে নিন। তারপর পেষা মাত্রা অনুযায়ী ওর সঙ্গে চিনি মেশান। এইভাবে ওর মিশ্রণ তৈরী করে পরিস্কার শিশিতে রেখে নিন। এই চূর্ণের 6 মাশা সকাল-সন্ধ্যায় গরুর খাঁটি দুধের সঙ্গে সেবন করলে মাসিক ধর্মে অধিক মাত্রায় রক্তস্রাব কম হয়ে পড়বে। এর জন্য হতে থাকা যন্ত্রণা এবং অন্য বিকৃতিও দূর হয়ে যাবে। এতে মাসিক ধর্মের রক্তস্রাব হতে থাকলে সেটাও কম হয়ে পড়বে। রক্তস্রাব হতে থাকলে সেটাও কম হয়ে পড়বে। রক্তস্রাব বন্ধ হয়ে পড়াটাও ক্ষতিকারক হয়। সুতরাং, ওষুধও সেই মত

সেবন করা উচিত। সাধারণতঃ মাসিক ধর্ম স্ত্রীদের জন্য শোধকের কাজ করে।

(3) অশোক গাছের ছাল দু তোলা নিন। একটু কেটে 250 গ্রাম দুধ আর 250 গ্রাম জলে ফোটান। জল ফুটে অর্ধেক হয়ে যাওয়া পর্যন্ত্য ফুটিয়ে চলুন। এবার সেটাকে আগুন থেকে নামিয়ে এনে ছেঁকে নিন আর মিষ্টি করে পান করুন। কিছু দিনের প্রয়োগের পরেই মাসিক ধর্মের অধিক মাত্রায় রক্তস্রাব হওয়াটা বন্ধ হয়ে পড়বে।

(4) রসৌত তিন মাশা, লাখ তিন মাশা নিন। দুটো জিনিষকে ভাল করে পিষে দু ডোজ ওষুধ তৈরী করুন। এক ডোজ ওষুধ সকলে আর একডোজ ওষুধ সন্ধ্যায় খান। দু-তিন দিন এরকম খেলেই অধিক রক্তস্রাব বন্ধ হয়ে পড়বে।

(5) মুলতানী মাটি এক তোলা নিন। সেটাকে ভাল করে কুটে রাত্রের সময় 250 গ্রাম জলে গুলে রাখুন। সকালে এই জলটা পান করুন। এটা মাসিক ধর্মের অধিক রক্তস্রাব বন্ধ করতে ভাল উপকার দেয়।

মাসিক ধর্ম বন্ধ হয়ে যাওয়া

(1) এক তোলা গাজরের বীজ আর দু তোলা গুড় নিন। আধ সের জলে রেখে ফোটান। যতক্ষন না পর্যন্ত্য জল ফুটে এক-তৃতীয়াংশ হয়ে পড়ছে, ফুটিয়ে চলুন। এবার আগুন থেকে নামিয়ে জলটা ছেঁকে নিন আরপান করুন। কিছুদিন প্রয়োগ করলে মাসিক ধর্ম আবার শুরু হয়ে পড়বে।

(2) এক তোলা কালো তিল, এক তোলা গোখরু নিয়ে দুটো জিনিষকে 250 গ্রাম জলে ভিজিয়ে রাখুন। সকাল বেলা এটা পিষে ছেঁকে নিন আর জলকে মিষ্টি করে পান করুন। কিছুদিন প্রয়োগ করলে বন্ধ হয়ে যাওয়া মাসিক ধর্ম আবার নতুন করে শুরু হয়ে পড়বে।

(3) 6 মাশা বায়বিড়ংগ, তিন মাশা, সোঁঠ, দু তোলা গুড় নিন। এসব জিনিষকে আধ সেবর জলে ফোটান। যতক্ষন না জল ফুটে এক-তৃতীয়াংশ হয়ে যাচেছ, ফুটিয়ে চলুন। তারপর আগুন থেকে নামিয়ে এনে

ছেঁকে নিয়ে পান করুন। কিছুদিন পর্যন্ত্য প্রয়োগ করলে বন্ধ হয়ে যাওয়া মাসিক ধর্ম আবার নতুন করে শুরু হয়ে পড়ে।

শ্বেত-প্রদর (ল্যুকোরিয়া)

(1) শুকনো আমলা আর মুলহটী–দুটো জিনিষ সমান ওজনে নিন। তারপর মিহি করে পিষে নিয়ে, ছেঁকে নিয়ে তিন গুণ মধুর সঙ্গে মেলান আর প্রতিদিন সকাল সন্ধ্যায় ছ'মাশা করে খেয়ে দুধ পান করুন। এই জিনিষ শ্বেত-প্রদর রোগে অত্যন্ত উপযোগী।

(2) মৌলসরী ছাল শুকিয়ে নিয়ে চূর্ণ বানান। সমান ওজনের খাণ্ড মিলিয়ে প্রতিদিন সকালে জলের সঙ্গে খান। এই জিনিষটা প্রদর রোগে ভাল কাজ দেয়।

(3) মুসলী সেমল আবশ্যকতা অনুযায়ী নিয়ে চূর্ণ বানান আর তার সমান ওজনের খাণ্ড মিলিয়ে প্রতিদিন সকালে 250 গ্রাম দুধের সঙ্গে খান। এই চূর্ণ প্রদর রোগে ভাল কাজ দেয়।

(4) যদি গর্ভাশয়ে যা হয়ে গিয়ে থাকে, তাহলে পাঁচ তোলা নিম, 6 মাশা কমীলা, তিন মাশা সুহাগা নিয়ে এক সের জলের ফোটান। জল যখন ফুটে অর্ধেক হয়ে যাবে, তখন আগুন থেকে নামিয়ে এনে ছেঁকে নিয়ে পিচকিরি দ্বারা স্ত্রী-র সেই জায়গাটা ধুয়ে ফেলুন।

(5) তিন তোলা সেলখড়ি, দু তোলা ভাজা ছোলা, এক তোলা মাজুন-তিনটে জিনিষকে কেটে-পিষে নিয়ে সমান ওজনের খাণ্ড ওর সঙ্গে মেলান আর প্রতিদিন সকালে 6 মাশা করে খান আর তারপর 250 গ্রাম দুধ পান করুন। এই জিনিষ প্রদর রোগের পক্ষে অত্যন্ত উপযোগী।

বন্ধ্যাত্ব

সন্তান না হওয়াকে বন্ধ্যাত্ব বলা হয়। কোন নারী যদি বন্ধ্যা হয়, তাহলে এই ওষুধগুলো প্রয়োগ করলে সেই নারী গর্ভবতী হতে পারবেঃ-

(1) নাগোরী অসগন্ধ মিহি করে পিষে ছেঁকে নিন। মাসিক ধর্ম থেকে নিবৃত্ত হবার পর 6 মাশা এই চূর্ণ নয়ে 250 গ্রাম দুধে ফেলে ফোটান আর

চিনি মিশিয়ে মিষ্টি করে পান করুন। 5-6 দিন এই জিনিষটা লাগাতর সেবন করলে গর্ভাধন করতে ভাল সাহায্য পাওয়া যায়।

(2) শিবলিঙ্গকে মিহি করে পিষে প্রতিদিন সকালে গরুর দুধের সঙ্গে কিছুদিন খেলে গর্ভাধান হবে।

(3) ছোট দুধীকে ছায়ায় শুকিয়ে নিন আর কেটে-পিষে ছেঁকে নিয়ে এর সঙ্গে এর সমান ওজনের খাণ্ড মেলান। মাসিক ধর্ম থেকে নিবৃত্ত হবার পর চার-পাঁচ দিন সকালে এই চূর্ণ দুধের সঙ্গে খান। ভাল ফল পাবেন।

(4) বট গাছের নরম ঝুড়ি নিয়ে ছায়ায় রেখে শুকিয়ে নিন। তারপর পিষে ছেঁকে নিন। মাসিক ধর্ম থেকে নিবৃত্ত হবার পর রাতে এক তোলা নিয়ে কালাকাঁদ খেতে পারেন। এ ছাড়া আর কিছু খাবেননা। এইভাবে দু-তিন দিন করুন। গর্ভস্থাপন হয়ে পড়বে। যদি প্রথমে মাসে সফলতা না পাওয়া যায়, তাহলে দ্বিতীয়-তৃতীয় মাসেও এই রকম করুন।

(5) নাগকেশর আর পুসারী-দুটো জিনিষ সমান মাপে নিয়ে কেটে পিষে-ছেঁকে নিয়ে চূর্ণ তৈরী করুন। মাসিক ধর্ম থেকে নিবৃত্ত হবার পর সকালে ঘুম থেকে উঠে চা-জলখাবার আগে তিন মাশা চূর্ণ দুধের সঙ্গে খান। কিছুদিন সেবন করলে সফলতা পাওয়া যাবে।

গর্ভবতীর রোগ

মাথা ব্যথা ঃ গর্ভবতী স্ত্রীর মাথা ব্যথা সাধারণতঃ কোষ্ঠকাঠিন্যের জন্য হয়। তই কোষ্ঠকাঠন্য দূর করার জন্য এক হবড়ের মুরব্বা অথবা দু-তোলা গুলকন্দ খান। কোষ্ঠকাঠিন্য দূর হয়ে পড়লে মাথা ব্যথাও ঠিক হয়ে পড়বে। যদি তখনও মাথা ব্যথা হতে থাকে, তাহলে ধান পিষে মাথায় লাগান।

অত্যধিক থুথু আসা ঃ গর্ভের শুরুর দিনগুলোয় গর্ভবতী স্ত্রী-র অত্যধিক থুথু আসতে থাকে। এই জিনিষটাকে দূর করার জন্য নাসপাল (পোস্ত বেদানা) অথবা কীকরের ছাল দু তোলা আধ সের জলে ফোটান আর সৈইটা দিয়ে বার-বার কুলকুচি করুন। খাবার খাওয়ার পর তিন মাশা সাদা জিরে মিহি করে পিষে মধুর সঙ্গে চেটে খান।

কাশি ঃ অনেক গর্ভবতী স্ত্রী-র গর্ভের শেযের দিনগুলোয় কাশি হতে থাকে, যাতে ওরা প্রচণ্ড কস্ট পায়। এই কাশির জন্য মূলহাটি, ভাজা সুহাগা এক-এক তোলা, কীকরের আঠা 6 মাশা নিন–সব কিছুকে মিহি করে পিষে নিন আর সকাল বেলা, দুপুরে আর সন্ধ্যায় চার-চার রতি ওষুধ কিছুটা মধুর সঙ্গে মিলিয়ে চেটে-চেটে খান।

বার-বার প্রস্রাব পাওয়া ঃ গর্ভবতী স্ত্রী-র গর্ভের প্রাথমিক আর অন্তিম দিনগুলোয় বার-বার প্রস্রাব পেতে থাকে। যদি গর্ভের শুরুতে এই জিনিষটা হতে থাকে, তাহলে দুধের সঙ্গে সমান মাত্রায় জল মিশিয়ে আগুনে ফুটিয়ে, তারপর ঠাণ্ডা করে পান করতে দিন। কিন্তু এই ব্যাপারটা যদি গর্ভের শেষ দিনগুলোয় হয়, তাহলে এর চিকিৎসা করানোর কোন প্রয়োজন নেই, কারণ এই সময় গর্ভের ওপর চাপ পড়ার জন্য এই জিনিষটা প্রায়ই হতে থাকে আর বাচ্চার জন্ম হওয়ার পরে এই জিনিষটা গর্ভের ওপর চাপ পড়া বন্ধ হয়ে যাওয়ার সঙ্গে-সঙ্গে আপনা থেকেই দূর হয়ে যায়।

প্রস্রাব বন্ধ হয়ে যাওয়া ঃ কখনো-কখনো গর্ভকালে প্রস্রাবের নলির ওপর চাপ পড়ার ফলে প্রস্রাব আসা বন্ধ হয়ে যায়। এই পরিস্হিতিতে দুধ-ভাত খাওয়ালে অথবা দুধে জল মিশিয়ে পান করালে প্রস্রাব ভাল মতন হতে শুরু করে।

জ্বর ঃ যদি গর্ভবতী মহিলার জ্বর হয়, তাহলে সেই জ্বরকে দূর করার জন্য কোন তীব্র ওষুধ দেওয়া উচিত নয়। জ্বরের চিকিৎসার জন্য সবার আগে কোষ্ঠকাঠিন্য দূর করার জন্য গুলকন্দ চার তোলা নিয়ে জলের সঙ্গে খাওয়ান। যদি এতে কোষ্ঠকাঠিন্য দূর না হয়, তাহলে তিন তালা অরণ্ডের তেল দুধের সঙ্গে মিশিয়ে যেতে দিন। হজম-ক্রিয়া ঠিক করার আর সমুচিত আহারের ব্যবস্হা করুন। সাধারণতঃ এতে জ্বর ভাল হয়ে যায়।

গর্ভপাত ঃ কিছু স্ত্রী-র বারবার গর্ভপাত হয়ে পড়ে। ওরা বারবার গর্ভধারণ করে, যা তৃতীয় বা চতুর্থ মাসে গর্ভপাত হয়ে নষ্ট হয়ে যায়। কিন্তু কিছু স্ত্রী-র হঠাৎ করে দুর্ঘটনা, যেমন–পেটে চোট লেগে যাওয়া,

অত্যধিক বোঝা ওঠানো আর লাফালাফি করার জন্যও গর্ভপাত হয়ে যায়। কখনো-কখনো খুব বেশী দুঃখ বিষাদ আর ভয়ের জন্যও গর্ভপাত হয়ে পড়ে।

গর্ভপাত–তা যে কোন কারণেই হোক, নির্দিষ্ট সময়ে বাচ্চার জন্ম নেওয়ার চেয়ে এতে কষ্ট অনেক বেশী সহ্য করতে হয়। গর্ভপাত হয়ে পড়লে প্রচণ্ড বেশী রক্তস্রাব হয়। ফলস্বরূপ, গর্ভবতী স্ত্রী অত্যন্ত দুর্বল হয়ে পড়ে।

গর্ভপাতের হাত থেকে বাঁচার জন্য গর্ভবতীর গর্ভপাতের সময় কাছাকাছি চলে এসে সব কাজ আর চলা ফেরা বন্ধ করে দিয়ে আরাম করে বিছানায় শুয়ে থাকা উচিত। কোষ্ঠকাঠিন্য হতে দেওয়া উচিত নয় আর কোষ্ঠকাঠিন্য দূর করার জন্য মোরব্ব আর গুলকন্দ খাওয়া উচিত। খাবার এমন খাওয়া উচিত, যা খুব সহজেই হজম হয়। খাবার খাওয়ার সময় দুধ আর তাজা ফল খাওয়াও খুব ভাল। গর্ভপাতকে আটকাবার জন্য কুল্বুল হজর ভাল করে খল-নুড়িতে পিষে নিয়ে এক মাশা আমলার মোরব্বায় মিশিয়ে খাওয়া উচিত আর প্রতি মাসে 12 দিন এমন খাওয়া উচিত। কিন্তু যদি এই প্রায় সফলতা না পাওয়া যায় আর প্রসব যন্ত্রণা হতে থাকে আর সেই যন্ত্রণা বেড়েই চলে, তাহলে গর্ভ নষ্ট করার ব্যাপারে গর্ভবতীকে সাহায্য করা উচিত।

গর্ভপাত হয়ে গেলে মল পরিষ্কার করার জন্য পোস্ত, অমলতাস, ডোডা কাপাস 2 তোলা করে আর পাঁচ তোলা পুরোন গুড় নিয়ে পাঁচ সের জলের ফোটাতে থাকুন। যখন জল ফুটে এক-চতুর্থাংশ হয়ে পড়বে, তখন খাবার খাওয়ার সময় জলের পরিবর্তে এই জলকে ছেঁকে খাওয়াতে থাকুন আর জল তেষ্টা পেলে জলের পরিবর্তে মৌরি হাল্কা গরম করে খেতে দিন। চার কি পাঁচ দিনের দিন ডালের জল খেতে দিন আর তারপর পর খিচুরি-রুটী অথবা মুগ ডাল-রুটী খেতে দিন।

যেসব স্ত্রী-র বার-বার গর্ভপাত হয়ে পড়ে, তারা খুব তাড়াতাড়ি আবার গর্ভবতীও হয়ে পড়ে গর্ভপাত হবার পর দু-তিন মাস কাটার আগেই সেই স্ত্রী আবার গর্ভবতী হয়ে পড়ে। এই সমস্যার হাত থেকে বাঁচার জন্য একবার গর্ভপাত হয়ে যাবার পর কম পক্ষে একটা বছর

পতির থেকে আলাদা থাকা উচিত। এই একটা বছর গর্ভাশয়ের দূর্বলতা দূর করার জন্য কোন অভিজ্ঞ চিকিৎসকের পরামর্শে গর্ভাশয়কে শক্তি প্রদানকারী ওষুধ খাওয়া উচিত অথবা গর্ভাশয়ে কোন প্রকার বিকার থাকলে সেটাকে দূর করা উচিত। এর পর যে গর্ভাধান হবে, আশা করা যেতে পারে যে, সেটা সুরক্ষিত থাকবে আর নির্দিষ্ট সময়ে এক সুন্দর-সুস্থ সন্তানের জন্ম হবে।

প্রসব

(1) যদি বাচ্চার জন্ম দিতে কোন রকম কঠিনতার সম্মুখীন হতে হয়, তাহলে শুদ্ধ কেশর দু মাশা, পাঁচ তোলা অর্ক কেওড়ায় মিশিয়ে পিষে নিয়ে পান করতে দিন। এতে বাচ্চা ভাল ভাবে প্রসব হবে।

(2) অমলতাসের খোসা ছাড়িয়ে নিয়ে এক তোলা কাপাসের ডোডা, এক তোলা গুড়, দু তোলা মধ্যেই বাচ্চার মৃত্যু হয়ে যায়, তাহলে সাপের কেঁচুলির ধোঁয়া জনন-স্হানে (ভগ) পৌঁছে দিন। বাচ্চা বাইরে বেরিয়ে আসবে।

হিষ্টিরিয়া

লক্ষণ ঃ এ রো যুবাবস্হায় প্রায় সেই সব মহিলাদের বেশী করে হয়, যাদের মনোকামনা কোন কারণবশতঃ পূর্ণ হতে পারে না আর যারা নিজেদের সব সময় অতৃপ্ত মনে করে কুণ্ঠায় ভরে থাকে।

এই অবস্হায় যে কোন সময় নারী হঠাৎ করে অজ্ঞান হয়ে পড়ে আর হাত-পাও শক্ত হয়ে যায়। মুখ বিকৃত হয়ে পড়ে। মুখ দিয়ে ফেনার মত বেরোতে থাকে। মাথা ঘোরা এবং রোগী উল্টো-পাল্টা বলতে থাকে আর আলোর দিকে তাকাতে পারে না। কখনো-কখনো নানারকম শারীরিক ক্রিয়াও করতে শুরু করে। নিঃশ্বাস নিতে কস্ট হয় এবং পেট আর গলায় ব্যথা হতে থাকে।

চিকিৎসা (1) ঃ যদি হিষ্টিরিয়া অথবা মানসিক আঘাতে রোগী অজ্ঞান হয়ে পড়ে, তাহলে পেঁয়াজ কেটে শোঁকালে সঙ্গে-সঙ্গে জ্ঞান ফিরে আসবে। যদি তাতেও জ্ঞান না ফেরে, তাহলে নিজের হাতের আঙুলের

নখ উল্টো করে ওর আঙুলের নখের মধ্যে ফাঁসিয়ে ফোটান। আপনার নখ রোগীর মাংসের মাঝখানে ফোটামাত্র ও নড়ে উঠবে, জ্ঞানে ফিরে আসবে আর উঠে বসবে।

(2) **ব্রাহ্মী, জটা মাংসী, শংখপুষ্পী, অসগন্ধ আর বচ**–সব জিনিষ সমান মাত্রায় নিয়ে চূর্ণ বানিয়ে একটা ছোট চামচ মাত্রায় দিনে দুবার দুধের সঙ্গে অথবা খাবার পর পারস্বতারিস্ট দু চামচ মাত্রায় দিনে দুবার জলে মিলিয়ে সেবন করতে দিন।

(3) ব্রাহ্মী বটি আর অমরসুন্দরী বটির একটা করে ট্যাবলেট মিলিয়ে সকালে আর রাতে শোবার সময় দুধের সঙ্গে সেবন করলে ভাল লাভ পাওয়া যায়।

বুক ধড়ফড় করা ঃ গর্ভাবস্হার দিনগুলোয় স্ত্রীদের বুক ধড়ফড় করতে থাকে। এই সময় গর্ভবতী মহিলাকে আরাম করে শুয়ে থাকতে বলা উচিত। ওকে আপেলের মোরব্বা দুটো রূপোর পরতে মুড়ে খাওয়ান। যদি গর্ভবতী স্ত্রী-র কোষ্ঠকাঠিন্য থাকে, সেটাকেও দূর করা উচিত।

পেট ব্যথা ঃ যদি গর্ভবতী স্ত্রী-র পেটে ব্যথা হতে থাকে আর সেই জন্য ওর হজম-ক্রিয়ায় গণ্ডগোল হয়ে পড়ে, তাহলে সাদা জিরে এক তোলা, 6 মাশা সোঁঠ, বীট নুন তিন মাশা খাওয়ান।

গা গুলোন আর বমি ঃ অনেক গর্ভবতী মহিলার ঘুম থেকে ওঠামাত্র গা গুলোতে থাকে আর বমি হতে থাকে। যদি এই ব্যাপারটা তেমন অস্বাভাবিক না হয়, তাহলে গর্ভবতী যখন সকালবেলা ঘুম থেকে উঠবে, তখন ওকে হাত-মুখ ধুয়ে কুলকুচি করার পর কোন হাল্কা জলখাবার খেতে দেওয়া উচিত আর ওকে আরাম করে শুয়ে থাকতে বলা উচিত। যদি এতে কোন লাভ না হয় আর গা গুলোন আর বমি হতেই থাকে, তাহলে গুলকন্দ আর মাখন এক-এক তোলা মিশিয়ে সকালে, দুপুরে, সন্ধ্যায়-দিনে তিন বার করে খেতে দিন। এ ছাড়া বেদানা অথবা কমলালেবুর রস চুষতে দিন।

কয়লা, মাটি ইত্যাদি খাবার ইচ্ছে ঃ অনেক গর্ভবতী স্ত্রী-র কয়লা, মাটির টুকরো খাবার অভ্যাস পড়ে যায়। ফলস্বরূপ গর্ভবতী স্ত্রী আর

তার নবজাত বাচ্চা-দুজনেরই স্বাস্থ্যের অবনতি হয়। এই ধরনের অভ্যাস ততক্ষন পর্যন্ত্য যায় না, যতক্ষন না গর্ভবতী স্ত্রী নিজে সেই অভ্যাসটা ছাড়ার চেষ্টা করে। যদি গর্ভবতীও এই অভ্যাস ছাড়তে চায়, তাহলে ওকে দু তোলা অরণ্ডের তেল খাওয়ান, যাতে ওর অস্ত্র পরিস্কার হয়ে পড়ে। তারপর গর্ভবতী সংযম বজায় রাখুন। যখন কয়লা, মাটি ইত্যাদি খাবার জন্য প্রাণ ছট্‌ফট্‌ করবে, তখন বংশলোচন অথবা ভাজা ছোলা কিছুটা চিবিয়ে নিতে বলুন।

পাতলা পায়খানা ঃ কিছু গর্ভবতী মহিলার বদহজমের কারণে পাতলা পায়খানা হতে থাকে। এই ধরনের পরিস্থিতিতে কম পক্ষে এক বেলা খাবার খাওয়া বন্ধ করে দেওয়া উচিত আর পাতল পায়খানা বন্ধ করার জন্য কোনরকম ওযুধ খাবার দরকার নেই। তবে হ্যাঁ, যখন পাতলা পায়খানা বন্ধ হয়ে যাবে আর গর্ভবতী মহিলার দূর্বলতা অনুভব করবে, তখন ওকে খিচুড়ি আর দই খেতে দেওয়া উচিত। দই না হলে লস্যি দেওয়া যেতে পারে। এতে পাতলা পায়খানা বন্ধ হয়ে গেলে ভাল কথা, নয়তো শুকনো আমলাকে কেটে-ছেঁকে চূর্ণ বানান আর তিন-তিন মাশা এই চূর্ণ জলের সঙ্গে খাওয়ান।

মাসিক ধর্ম

মাসিক ধর্মকে স্ত্রীদের মধ্যে যৌবনের আগমন-চিহ্ন হিসেবে মেনে নেওয়া হয়। বারো বছর বয়সের ওপর এবং পঞ্চাশ বছর বয়স পর্যন্ত্য স্ত্রীদের যোনি-মার্গ দ্বারা গর্ভাশয় থেকে এক প্রকারের বিকৃত রক্ত নিয়মিত সময়ে বেরোতে থাকে। সাধারণতঃ এই জিনিষটা 28 দিন পর-পর হয়। প্রতি আঠাশ দিনের মাথায় ঋতুস্রাব শুরু হয়। কিন্তু এর ব্যতিক্রমও দেখতে পাওয়া যায়। ব্যতিক্রমের ক্ষেত্রে এই জিনিষ 28 দিন পর-পর না হয়ে বিভিন্ন রকমের হয়। কারণও 25 দিন অন্তর-অন্তর ঋতুস্রাব হয়, আবার কারো-কারো 32 দিন পর-পর হয়। যদি 21 দিনের কম আর 35 দিনের বেশী তফাত হয়ে পড়ে দুটো মাসিক স্রাবের মধ্যে, তাহলে সেটাকে অসুখ বলে মনে করা যেতে পারে।

মাসিক ধর্মের ওপর স্ত্রী-র খাওয়া-দাওয়া, থাকা, মানসিক উত্তেজনা আর অতৃপ্ত কাম-বাসনার গভীর প্রভাব পড়ে। কিশোরীদের যখন প্রথম বার ঋতুস্রাব হয়, তখন ওদের শরীরে আকস্মিক পরিবর্তন হতে থাকে। ওরা হঠাৎ করে লম্বা হয়ে পড়তে শুরু করে আর ওদের নিতম্ব এবং স্তন ভারী হয়ে উঠতে শুরু করে। ওদের যোনির ওপরে আর বগলে চুল গজাতে শুরু করে। এই সময় ওদের স্নায়ুমণ্ডলের পরিবর্তন হতে শুরু করে আর ওদের মনোবৃত্তিও বদলাতে থাকে। এই সময় থেকেই ওদের মধ্যে কামোচ্ছার সৃষ্টি হতে শুরু করে। গর্ভাশয় এবং বীজকোষও এই সময় থেকেই বাড়তে শুরু করে। বাস্তবে গর্ভাশয় আর কোষ বৃদ্ধি হওয়া জন্যই ঋতুস্রাব হতে শুরু করে।

প্রায় এটা দেখতে পাওয়া যায় যে, শুরু-শুরুতে ঋতুস্রাবের দিনগুলোয় কিশোরীদের স্বাস্থ্য খারাপ হয়ে পড়ে। হঠাৎ রক্তস্রাব হতে দেখে কিশোরী ঘাবড়ে যায়। এই বিষয়ে অবশ্য যেসব কিশোরীরা জানে, তারা

ঘাবড়ায় না। কিন্তু ভারতবর্ষের অধিকাংশ কিশোরীরাই এই ব্যাপারে অনভিজ্ঞ থাকে। শিক্ষার প্রসার যেমন-যেমন বেড়ে চলেছে, এখন মায়েরা এই ব্যাপারট বুঝতে শুরু করেছেন যে, এই ব্যাপারে নিজেদের মেয়েদের জানানো উচিত। কিছু কিশোরীতো নিজেদের বান্ধবীদের কাছ থেকে এই ব্যাপারে জেনে নেয়। বিশেষ করে যেসব কিশোরীরা স্কুলে পড়তে যায়, তারা এখন এই সব ব্যাপারে ভাল করেই জানতে শুরু করেছে।

মাসিক ধর্ম শুরু হবার বয়সটা অনেক কিছুর ওপর নির্ভর করে। দেশ, কাল আর পরিস্হিতি এর জন্য বিশেষ রূপে দায়ী থাকে, উষ্ণ দেশের বাসিন্দা কুমারীর দশ বছর বয়সেই রজোদর্শন করে। বারো বছর বয়স হতে-হতে তো সব কুমারীদেরই মাসিক ধর্ম শুরু হয়ে যায়। যেসব কুমারীরা শীতপ্রধান দেশে বাস করে, ওদের ঋতুস্রাব 15 থেকে 18 বছর বয়সে হয়। সমুদ্রের ধারে বসবাসকারী কিশোরীদের পার্বত্য অঞ্চলে বসবাসকারী কিশোরীদের তুলনায় তাড়াতাড়ি মাসিক স্রাব শুরু হয়ে পড়ে। ঠিক এই মতন শহরের বাসিন্দা আর গ্রামের কিশোরীদের ক্ষেত্রেও এই ব্যাপারটা প্রযোজ্য আহারের ওপর এবং আনুবংশিকতার ওপরও মাসিক ধর্মের ব্যাপারটা নির্ভর করে।

কেবলমাত্র 20 শতাংশ কিশোরী এমন হয়, যাদের মাসিক স্রাবের সময় কোনরকম কস্ট হয় না। নয়তো, কম-বেশী কস্ট প্রত্যেকেরই হয়। মসানা ফুলে ওঠার জন্য কঠোর হয়ে পড়ে। বার-বার প্রস্রাব করতে ইচেছ হয়। একটু-একটু কামোদ্দপনও থাকে। যোনি-মার্গে এক প্রকারের দাহ অনুভব হতে থাকে। স্তন ফুলে ওঠে আর স্তনে পীড়া অনুভব হতে থাকে। শরীরে ক্লান্তির সঙ্গে-সঙ্গে যন্ত্রণাও হতে থাকে। উদাসীনতা, মুখ ফুলে ওঠে, পেট মোচড়ানো, কোমরে যন্ত্রণা, ঢুম না আসা, খিট্‌খিটে ভাব, খাবারে অরুচি ইত্যাদি এর লক্ষণ।

শুরুতে মাসিক স্রাব কম করে হয়। রং লাল হয় না। ওটা থেকে কেপ্রকারের গন্ধও বেরোয়। দ্বিতীয় আর তৃতীয় দিন স্রাব বেড়ে ওঠে। সাধারণতঃ দ্বিতীয় দিন অধিক মাত্রায় স্রাব হয় আর পঞ্চম দিন কমে যায়। মোটামুটি এই দিন ক'টায় দু' ছটাকের মত রক্ত বেরোয়। কিন্তু দৌড়ালে, কামোত্তেজিত হয়ে উঠলে, মাদক দ্রব্যের সেবন করলে, উষ্ণ

খাবার খেলে এই স্রাব বেড়ে যায় আর ঠাণ্ডায় থাকলে এবং চিন্তায় ডুবে থাকলে এই স্রাব কম হয়ে যায়।

সাধারণতঃ মাসিক ধর্মের সঠিক মেয়াদ চার বা পাঁচ দিন হয়। 24 ঘন্টার কম এবং 8 দিনের বেশী মাসিকস্রাব হলে সেটাকে বিকৃতি মনে করে তার চিকিৎসা করানো উচিত।

রক্তস্রাব হলে মহিলারা চিন্তায় ডুবে যান যে, ওদের শরীর থেকে এতটা রক্ত বেরিয়ে গেলে। কিন্তু বৈজ্ঞানিকদের দৃষ্টিতে এই রক্ত শুদ্ধ রক্ত নয়। এটা হচ্ছে এক প্রকারের মল। এর রং-ও রক্তের রং-য়ের মত হয় না এমন ধারণা আছে যে, ঋতুমতী মহিলা যদি কোন ফুল ছুঁয়ে ফেলে সেই ফুল শুকিয়ে যায়। ঋতুমতী হিলা যদি কোন ফুল ছুঁয়ে ফেলে সেই ফুল শুকিয়ে যায়। ঋতুমতী মহিলার স্পর্শে খাবার-দাবার দুষিত হয়ে পড়ে। তাই বিদ্বানেরা পরামর্শ দিয়েছেন যে, ঋতুমতী স্ত্রী-র অত্যন্ত সাবধানে থাকা উচিত আর শারীরিক এবং পুষ্টিকর কিন্তু সুপাচ্য খাবার খাওয়া উচিত। শরীর-বিশেষ করে যোনি আর অন্যান্য গুপ্তাঙ্গকে পরিস্কার-পরিচ্ছন্ন রাখা উচিত।

মোটামুটি 80 শতাংশ মহিলার মাসিক ধর্মের সময় কষ্ট হয়। এই কষ্ট কোন রোগের লক্ষন নয়। ঋতুস্রাবের দিনগুলোয় শরীর সাফ করে রাখা হলে আর ঠাণ্ডা হাওয়া থেকে নিজেকে বাঁচিয়ে রাখতে পারলে মহিলারা অনেকটা কষ্ট থেকে বাঁচতে পারবেন। এমন ধারণা প্রচলিত হয়ে আছে যে, ঋতুস্রাবের দিনগুলোয় পরিস্কার-পরিচ্ছন্ন থাকার কোন প্রয়োজন নেই, উল্টে নোংরা হয়ে থাকাটাই ভাল। কিন্তু বৈজ্ঞানিক দৃষ্টিতে এই পদ্ধতি অত্যন্ত ক্ষতিকর। যোনি মার্গে যে কাপড়টা মাসিক ধর্মের সময় লাগানো হয়, সেই কাপড় অত্যন্ত পরিস্কার হওয়া উচিত। সেই কাপড় পরিস্কার না হলে ওতে থেকে যাওয়া কীটাণু যোনি মার্গ দ্বারা গর্ভাশয় পর্যন্ত্য পৌঁছে যায়। এর ফলে অনেক রকম রোগের উৎপন্ন হতে পারে।

যোনিমার্গ থেকে প্রাকৃতিক ভাবে এক ধরনের স্রাব বেরোতে থাকে। এই স্রাব অত্যন্ত টক হওয়ায় এটা কীটাণুনাশক হয়। ঋতুস্রারে দিনগুলোয় রক্তের প্রবাহ চালু থাকায় এই রস কম হয়ে পড়ে। এটা হচ্ছে এক প্রাকৃতিক সুরক্ষা। সুতরাং এটা অত্যন্ত জরুরী যে, ঋতুস্রাবের দিনগুলোয়

যোনি পরিস্কার রাখা হোক, যাতে এই প্রাকৃতিক টক স্রাব প্রবাহিত হতে থাকে।

প্রতিদিন যোনিকে দুবার গুনগুনে গরম জল দিয়ে ধোওয়া উচিত। জল যেন খুব বেশী গরম না হয়। জলে কোনও প্রকারের কীটাণু নাশক ওষুধ মেশাবার প্রয়োজন নেই। শহরের বাসিন্দা মহিলাদের জন্য দোকানে বিশেষ প্রকারের স্বচ্ছ স্যানিটারী টাওয়েল কিনতে পাওয়া যায়। রোজই আকাশবাণী এবং দূরদর্শনে সেসবের বিজ্ঞাপনও দেওয়া হয়। যেসব স্থানে এই ধরনের স্যানিটারী টাওয়েল কিনতে পাওয়া যায়, সেই সব জায়গায় এর ব্যবহার করাই ভাল। নয়তো পরিস্কার তুলো দিয়ে কাজ চালিয়ে নেওয়া যেতে পারে।

গর্ভ-নিরোধের জন্য যোনি-মার্গে চেক-প্যাসরী লাগানো হলে মাসিক ধর্মের সময় সেটাকেও বের করে নিয়ে ভাল করে পরিস্কার করে আবার লাগানো উচিত। সেসব জায়গায় পিচকিরি দিয়ে যোনি পরিস্কার করাবার সুবিধা আছে, সেখানে এটার লাভ ওঠানো উচিত। মাসিক ধর্মের দিনগুলোয় নদীতে স্নান করাটা বর্জিত বলা হয়েছে। যদি কোষ্ঠকাঠিন্য থেকে থাকে, তবে সেটাকে দূর করার চেস্টা করা উচিত। ঋতুকালের সময় সাধারণতঃ সব রকমের ওষুধ সেবন বন্ধ করে দেওয়া উচিত। তবু এমন ওষুধে সেবন সঙ্গে-সঙ্গে বন্ধ করে দেওয়া উচিত, যেসব ওষুধে লোহার কোন রকম মিশ্রণ আছে।

মাসিক ধর্মের সময় স্ত্রী-র বীজকোষ এবং গর্ভাশয়ে এক প্রকারের বিকার উৎপন্ন হতে শুরু করে। এটার একটা চক্র আঠাশ দিনে সম্পূর্ণ হয়। যদি এই আঠাশ দিনে গর্ভস্থাপন হয়ে পড়ে, তাহলে প্রসবকাল পর্যন্ত্য এই চক্র বন্ধ হয়ে যায়। এরকম মনে করা হয় যে, যতক্ষন নবজাত শিশু মায়ের বুকের দুধের ওপর সম্পূর্ণরূপে নির্ভর করে থাকে, ততদিন মায়ের ঋতুস্রাব হয় না।

বীজকোষ থেকে দু প্রকারের অন্তঃস্রাব হয়, যা রক্তের সঙ্গে মিশে কাম-বাসনা উৎপন্ন করে। রজোগোল, যেটা বীজকোষে বেড়ে ওঠে, সেটা মাসিক স্রাব হওয়ার প্রথম দিন থেকে শুরু করে তেরো কি চৌদ্দ দিন পর্যন্ত্যে যেকোন দিন বীজকোষের পর্দা ছিঁড়ে বীজকেষ নলির পথ দিয়ে গর্ভাশয়ে গিয়ে পৌঁছয়। এখন গর্ভাশয়ে যদি আগে থেকেই বীর্য-কীট

বিদ্যমান না থাকে অথবা ওখানে পৌঁছে ওর সঙ্গে বীর্যের সঙ্গম না হয়, তাহলে সেটা ফিরে যায়।

রজোগোল যখন বীজকোষ থেকে বেরোয়,তখন ওর ওপরের খোলটা কিছুদিন পর্যন্ত্য একই রকমের থাকে। এটা থেকেও এক ধরনের অন্তঃস্রাব গর্ভাশয়কে ঠিক অবস্হায় রাখে। গর্ভধারণ না হলে এই খোল শুকিয়ে যায়। অন্য স্রাব ধীরে-ধীরে কম হয়ে বন্ধ হয়ে যায়।

গর্ভধারণ হলে এই খোলটা 9 মাস পর্যন্ত্য থাকে আর ওর স্রাবও জারী থাকে। কিন্তু প্রথম স্রব জোরদার হলে প্রসব হয়। এই প্রকার প্রথম স্রাব, যেটা বীজকোষ থেকে হয়, স্ত্রী-র জননেন্দ্রিয়ের জন্য লাভদায়ক হয় আর দ্বিতীয় স্রাব গর্ভধারণ করার পক্ষে উপযোগী হয়।

এই দুটো স্রাব পরস্পর বিরোধী। তাই, বীজকোষের স্রাব প্রবল হলে গর্ভধারণ হবে না। গর্ভধারণ হয়ে পড়লে বীজকোষের স্রাবের ইঞ্জিকশন দিয়ে দিলে গর্ভনষ্ট হয়ে পড়বে। আর বীজকে কেটে বের করে দিলে আর বীজকোষের কাজ বন্ধ হয়ে পড়লে যোনি মার্গ, গর্ভাশয় আর স্তন শুকিয়ে যাবে। যদি অন্তঃস্রাবের ইঞ্জেকশন আবার দিয়ে দেওয়া হয়, তাহলে মহিলা আবার নিজের আগের অবস্হায় ফিরে আসবে।

❑ ❑ ❑

BENGALI BOOKS